Centenary
Elite of
Peking University

北大百年讲堂精华

北大
人文课

精讲

张卉妍　编著

一流学府的思想精髓

有一种光芒永不消逝，有一种精神永远留存
关于北大人文智慧，读完这一本就够了

HUMANITY

浙江工商大学出版社　杭州
ZHEJIANG GONGSHANG UNIVERSITY PRESS

图书在版编目（CIP）数据

北大人文课 / 张卉妍编著 . — 杭州：浙江工商大
学出版社 , 2021. 1

ISBN 978-7-5178-3437-3

Ⅰ . ①北… Ⅱ . ①张… Ⅲ . ①人文科学—通俗读物
Ⅳ . ① C49

中国版本图书馆 CIP 数据核字（2019）第 190888 号

北大人文课
BEIDA RENWEN KE

张卉妍 编著

责任编辑	唐　红
封面设计	思梵星尚
责任印制	包建辉
出版发行	浙江工商大学出版社
	（杭州市教工路 198 号　邮政编码 310012）
	（E-mail：zjgsupress@163.com）
	（网址：http：//www.zjgsupress.com）
	电话：0571-88904980，88831806（传真）
排　版	北京东方视点数据技术有限公司
印　刷	唐山富达印务有限公司
开　本	710mm×1000mm　1/16
印　张	20
字　数	241 千
版印次	2021 年 1 月第 1 版　2021 年 1 月第 1 次印刷
书　号	ISBN 978-7-5178-3437-3
定　价	59.00 元

前 言

　　北京大学是一所屹立百年的高等学府，在中国乃至世界，北大都享有极高的声誉。人是精神的载体，说到北大，自然要说起北大的人和北大的人文精神。北大的人文气息仿佛少女脸颊上的红晕，历经岁月的渲染，愈加有韵味。从清末开始，这里诞生了无数的思想巨子、文化大家。

　　作为中国最具精神魅力的学府，北大英才辈出，堪称大师之园。百余年来，从北大走出了一大批优秀的学者、教授。早期的北大涌现出的杰出人物有蔡元培、陈独秀、李大钊、鲁迅、胡适、蒋梦麟等，这些人是北大的先驱，也是北大精神的奠基者。之后，北大又培养了冯友兰、季羡林、梁漱溟、林语堂、朱光潜、张岱年等学者。他们以各自的思想和行动，共同为我们构造了一个独属于北大的人文体系。

　　北大的人文气质不是物质的留传，而是一种灵魂的塑造和远播。一代又一代北大人传承和发扬着北大独特的精神气质和文化内涵，也彰显着自身与众不同的人生经验与生活智慧。他们广博的学识、闪光的才智与庄严无畏的思想，像一盏盏明灯，点亮我们的心灵，也照亮我们未来的道路。他们身上有太多值得我们学习的东西：勤奋、宽容、克己等等。当然，更重要的是，这是北大人经过几年、十几年，甚至是几十年的思考而归纳出来的人生哲理。

当我们困惑迷茫之时，鲁迅会告诉我们希望总在前方；当我们缺乏信念之时，冯友兰会告诉我们各人的历史由各人写就；当我们陷入悲观之时，季羡林会告诉我们每个人的生命都各有其意义；当我们总是匆匆地生活，无暇顾及身边的事物之时，朱光潜会提醒我们慢慢走，要懂得欣赏生活之美……有一种光芒永不消逝，有一种精神永远留存。无数北大人以其博大的胸襟，为我们提供了取之不尽、用之不竭的精神宝藏。不管我们处于何种精神状态，我们都能从他们所散发的智慧之光中，摘取一片我们需要的光芒，以驱散积存于我们内心的阴影，并且以另外一种眼光看待世界，看待现实生活带给我们的不如意。

因此，即使我们没有进入北大学习，即使很多先哲已经离我们远去，但是探寻大师们行走的足迹，倾听他们永恒的人文精神，我们就可以从他们丰富的人生经历中汲取智慧和力量，用来帮助我们更好地经营自己的人生，从而能够拥有一份成熟、稳重和练达，悦纳世间百态，笑看人生风云。

《北大人文课》借助一流学府的智慧，深入探寻社会各个领域，让读者把握社会脉搏，沐浴人文气息，修养人生智慧。或许你无法抵达大师的思想境界，但是你却能从中寻找一盏指引你前行的明灯，抵达人生的豁然之境。

阅读本书，聆听谆谆教诲，汲取其人生经验和智慧，学会从容地面对生活中的各种问题，深刻地理解和把握人生，多一些得、少一些失，多一些成功、少一些失败，创造出属于自己的辉煌。

目录

独立人格， 北大人都有独立思考的精神

独立之精神包括独立人格、独立思考和独立判断；独立思考是标示自己个性的形式之一，这是一个习惯与思维养成的过程，并非人人都有，却可以后天训练而得。保持理性、中立和客观的态度看待问题，不附庸流俗，方能保持本色。

天行健，君子以自强不息

古今中外，凡能成就一番伟大的事业，对社会有着突出贡献的人，无一不是自强不息、脚踏实地、艰苦奋斗的结果。

——皮名举

"自强不息"，语出《易经·乾卦》："天行健，君子以自强不息。"意思是，天（即自然）的运动刚强劲健，相应于此，君子处世，应像天一样，自我力求进步，刚毅坚卓，发愤图强，永不停息。自强不息，是要人们效法天地，在学、行各方面不断去努力。

世间沉浮如电光石火，盛衰起伏，变幻难测。如果你有天赋，勤奋使你如虎添翼；如果你没有天赋，勤奋将使你赢得一切。同样，推

动世界前进的人并不是那些严格意义上的天才，而是那些智力平平但又非常勤奋、埋头苦干的人；不是那些天资卓越、才华四射的天才，而是那些不论在哪一个行业都勤勤恳恳、劳作不息的人们。

自强不息，不仅是一种做人的精神，更是一种做人的意志、一种做人的坚强斗志。古往今来，成就大事之人，无一不是自立自强的人。

一个人只有不依赖别人，能够自立才能够走向自强。一个人只有自强不息，才能够做到坚韧不拔，不畏困难与挫折，才能做到志存高远。

郑板桥，清代书画家。他的一生都以"难得糊涂"为准则，但唯独在教育后代方面，一点也不含糊！据史料记载，郑板桥52岁才有了儿子。当时，郑板桥身为县令，有三百亩田产，家庭富裕。不过，对于儿子的教育，郑板桥一直秉承言传身教的准则，从不溺爱儿子。就连自己病危的时候，也不忘教育儿子。

这天，郑板桥的病情恶化，所有人都在担心他，而他却让儿子给自己做馒头吃。此时，儿子就犯难了，馒头怎么做啊？为了满足父亲的最后一个愿望，儿子只得硬着头皮答应了。

儿子从来没有蒸过馒头，根本不知道从哪下手，只是站在那里干着急。后来，郑板桥又让儿子去找厨师，看看做馒头的步骤。不过有一个要求，那就是儿子必须亲手做，不能让厨师代劳。在厨师的指点下，儿子终于将馒头做成了，可郑板桥已经离世，没有亲口尝到儿子用心做的馒头。

儿子见此情景，悲痛欲绝。就在他再看父亲一眼的时候，猛然看见茶几上放着一张纸条，上面写着："淌自己的汗，吃自己的饭，自己的事自己干，靠天靠地靠祖宗，不算是好汉！"

看完父亲最后的遗言，儿子终于明白为什么父亲临终前让自己亲手做馒头了，就是为了告诉自己今后一定要自力更生，自强不息！

郑板桥老来得子，按理说应该对儿子疼爱有加，可他没有那样做，而是言传身教，让儿子做一个自力更生、自强不息的男人。中国的父母对孩子的溺爱，恐怕在全世界范围内都要首屈一指。不得不承认，这是人之天性使然。疼爱子女无错，但一定要有度，过分溺爱只会让孩子养成凡事依赖他人的习惯，从而使自己变得懦弱无能。

人生道路上，有人一路陪伴自然是极好的，但是这一路很长，别人包括父母也不可能永远陪伴自己左右。因此，我们应该自力更生，学会从自身力量的源泉中吸取动力，从而品尝到甜蜜的味道。这也是所谓的"自立者，天助也"。

现在的你，也许一无所有，但只要自强自立，总会有登及顶峰的时候。有志向的人，在成功的道路上可以战胜任何困难。换言之，成功的大门，永远都会向自立自主的人敞开。

相信吧！相信自己的力量，好好活在当下，不要在悲伤与痛苦中迷失了自己，只有自爱、自强、自力更生，人生的春天才更长久，更美丽！

君子慎独

淡泊名利并不是拒绝名利，而是要以平常心对待名利。

——季羡林

古人云："修身，齐家，治国，平天下。"修身排在第一位，而慎独便是修身的目标，这也是儒家提出的一种修身的方式。

春秋时期的鲁国，有一位名叫公仪休的博士，因为德才兼优被选拔为鲁国的宰相。他刚正不阿，遵守法度，按章办事，杜绝"走后门"、拉关系。所以，百官都很尊敬他，学习他的品行。

公仪休担任鲁相以后，规定鲁国一切做官的人，不得经营产业、与民争利。他认为，做官的人，在大的方面已经得到利益了，而民众务农、务工、做生意，只取得一些小利，受大者不得再取小。因此，做官的人是不能兼做生意的。

公仪休喜欢吃鱼，有人就送鱼给他，他拒而不受。送鱼的人说："听说你喜欢吃鱼，为什么不肯接受我送的鱼呢？"

公仪休说："正因为我喜欢吃鱼，所以更不能接受你的鱼！我现在做宰相，买得起鱼，自己可以买来吃。如果我接受了你送的鱼却被免去宰相之职，那以后就买不起鱼了，这样的话，你还会再给我送鱼吗？这样一来，我还能再吃得到鱼吗？所以，收回你的鱼吧！"

"拒不收鱼"的公仪休或许会被现在的人嗤之以鼻，甚至觉得这样的人太迂腐。但在当时，正是他们这种看似迂腐的品行征服了千千万万的人。从这一角度来说，公仪休可称之为"慎独"君子。他们在独处的时候，会有强大的自律心，不会被外界的东西所影响，从而违背自身的原则。

公休仪的自律并非毫无根据，公仪休明白了今日受鱼，则他日无鱼可食，有理有据地去节制自己的行为。所以说，慎独，符合先贤所教，防止有违背道德和损害心中本源的良好意念行为的发生，是一种智慧的表现。

"慎独"是衡量人们是否坚持自我修身，以及在修身中取得成绩大小的重要标尺。做不做坏事，能不能做到"慎独"，以及能不能坚持"慎独"，这些都是考验自身的标尺。

慎独，仿佛是把自己的遮羞布掀开，扒了个精光，掏出内心晾在炎炎赤日之下，让众人都来看个清楚，是黑是白，是清是浊，是明是晦，绝无半点虚假。所以说，它是一种残酷的自我修炼方式。

慎独的人在审视自我的时候，就像是看到水晶玻璃制成的人，一眼就能看穿是否真的如自己所说般坦荡、善良、勇敢、正直。

司马光任宰相的时候，登门拜访者络绎不绝。为此，司马光在自家客厅里挂了一幅亲笔写的条幅：杜门谢客。条幅大意是：需要进谏言的，请上奏朝廷；想要指出他的错误的，请写信给他，他会认真对照反省；私事相求的，他会酌情处理，并且不愿意接待一有事就来造访他的人。

司马光为我们很好地诠释了"慎独"，他挂条幅的行为不仅谢绝了造访者，避免了可能发生的"公事私办"等问题，还凸显了自己的笃诚廉洁、正大光明。

"知人者智，自知者明。"睿智的处世方法就是"慎独"。人生在世，人前要正直，人后要正派，独处要正心。这就是"慎独"的内涵和延伸，"慎独"是时刻高悬在心灵上的一把利剑，这把利剑可以警示、勉励和磨砺自己。

成功源于独立深入的思考

年轻人就是应该有梦想、有追求。年轻人就像一张白纸，每个人都可以在上面画出自我的东西，都可以有自己的创造。

——王志东

美国犹他大学的助理教授 MattMight，曾经这样描述过博士学位的概念："假如人类所有的知识是一个圆圈，圆的内部代表已知，圆的外部代表未知。那么在小学和初中阶段，你学完了圆心部分；在本科阶段，你找到了自己的专业方向；在硕士阶段，你在学业上继续前进；在博士生阶段，你接触到本专业最前沿的知识。这个时候你再深入思考，终于突出了圆的边界。这时，你才成为博士。"在这个过程中，最关键的一点就是：要有深入学习的精神和独立思考的能力。

其实，不论是在学术领域，还是在现在的社会中，都需要"一"

字型的人才，更需要"十"字型的人才。意思是：你不仅需要有广博的知识，更需要有深入钻研的精神和独立思考的能力。否则，你就只能走别人踩出的路，永远体会不到在广阔的新天地中翱翔的滋味。

如果你想自己独立思考，有一点是很重要的，就是：不能限于思维定式！

在古代，有一个科普作家叫阿西莫夫，他从小就很聪明，智商测试得分在 160 分左右，属于"天赋极高"之列。

有一次，他遇到一位熟悉的汽车修理工，修理工对他说："嘿，博士！我给你出一道题，看你能不能答出来。"

阿西莫夫点头同意。

接着，修理工说出题目："一位聋哑人想买几根钉子，就对售货员做了这样的手势——左手食指立在柜台上，右手握拳做出敲击的样子。售货员见状，拿来一把锤子，聋哑人摇摇头。很快，售货员就明白了聋哑人想买钉子。聋哑人走后，没多久又来了一位盲人。这位盲人想买一把剪刀，请问，盲人会怎么做呢？"

阿西莫夫不假思索地回答道："他肯定会这样……"阿西莫夫伸出食指和中指，做出剪刀的开合形状。

看到阿西莫夫做出的手势，修理工大笑："哈哈，答错了吧！盲人虽然眼睛看不见，但是并不是聋哑人啊！如果他想买剪刀，只要开口说'我要剪刀'就行了，为什么还要做手势呢？在你答之前，我就猜测你不会知道这个答案，哈哈！因为你接受的教育太多了……"

很多人都知道：读书会使人明理有智慧。但为什么有些人却"越读越傻了"呢？其实，让人"读傻"的不是书，而是这个人缺乏独立思考的精神和求异的思维。

中世纪时，有两个年轻人在纽约到波士顿的某个车站相遇。

年轻人听另一个年轻人说要去纽约找工作，一脸惊讶地说："什么，老兄，你要去纽约？听说纽约人个个都很冷漠，向他们问个路他们都会向你收钱的！所以你还是不去的好！本来我也打算去纽约的，听了这件事以后，我就决定去波士顿了。你知道，波士顿人可是出了名的热情好客呢！"

年轻人的这番话并没有打击到要去纽约的年轻人，他反而觉得这是一个很好的商机，他想："既然指路都可以挣钱，那纽约的钱也太好挣了！"于是，他坚持自己当初的选择，踏上了去往纽约的路。

到了纽约之后，这个年轻人惊叹道：这里果然是发财的好地方！只要肯思考、多想办法，再用点力气，很容易挣到大钱。

就这样，这个年轻人在冷漠的纽约站稳了脚跟，成了一个富有的人。再看看那个前往波士顿的年轻人，依然是一事无成。

从这个故事中，我们明白了：质疑是锻炼深入思考能力的切入点。若没有疑问，就表示你还沉浸在懒于思考，只想听他人意见的懈怠状态中，甚至没有开动自己大脑的发动机；要避免从众行为，要有自己的选择和判断。从众行为只会让我们穿着同样的大衣，戴着同样的面具自欺欺人。没有自己的选择和判断，就不会有独立、深入的思考和改变生活的勇气。

我们要敢于尝试，不要害怕失败和别人的目光。失败是成功的孪生体。成功源于失败，而失败奠定成功。只要敢于尝试，就没有思考不出来的真理。而要选择尝试，就一定不要害怕失败。别人的目光和失败，无法左右和影响你。

由此，我们总结出：人们能够成功不是因为厚重的学识和基于道听途说的猜测，而是因为有求异思维和独立思考的能力。

著名学者培根曾经把三种不同的哲学家，形象地比喻为蜘蛛、蚂蚁和蜜蜂。在他的比喻里，盲目地堆积材料的求知识的方式为蚂蚁方式；把主观的、随意创造体系的方式称为蜘蛛方式；最好的方式是像蜜蜂一样，从花园里和田野里的花朵中采集材料，并用自己的一种力量来改变和消化这些材料。通过蜜蜂的消化、酿造，"蜜成花不见"，所以蜂蜜才比一般鲜花的甜汁甜美和精粹得多。他的这个比喻，也是一种自我消化和自我思考的能力。

在当今竞争激烈的社会，只有不断地、独立地、深入地进行思考，才能实现自身的价值，成为时代的主角。当面对庞杂的生活、工作的时候，才能保持清醒的头脑，取得常人难以企及的成就。

提升自己的思考能力

我很赞赏北大博士生的一句话：不要致力于满口袋，而要致力于满脑袋。满脑袋的人最终也会满口袋，我是相信这点的。

——王　选

有一句话讲得好："发动机只有发动起来才会产生动力，一旦停止，那么动力自然也就停止了。"思考也如同发动机一样，只有一直思考，才能给我们的工作或生活带来持续不断的动力。从某种意义上来说，正是因为思考的力量，人类才逐渐成为世界的主宰者。

或许有人会说，我是想思考，可是我根本就分不清楚哪些东西该思考，哪些东西不该思考！瞧，问题出来了吧！不管你能不能够分得清，只要犹豫，那也是一种思考。

这个"知识爆炸"的时代，对每个人的思考能力提出了挑战。愈有思考能力的孩子，求知欲望就愈强，终身学习的能力就愈强，创造力就愈强。这种能力，使他能够与时俱进，备受社会的欢迎。

一次，美国电视台的著名主持人问一个七八岁的小女孩："你长大以后想做什么？"

女孩很自信地答道："总统。"

全场观众哗然。

主持人做了一个滑稽的吃惊状，然后问："那你说说看，为什么美国至今没有女总统？"女孩想都不用想就回答："因为男人不投女人的票！"全场一片笑声。

主持人又问："你肯定是因为男人不投女人的票吗？"

女孩不屑地说："当然肯定。"

主持人意味深长地笑笑，对全场观众说："请投她票的男人举手。"伴随着笑声，有不少男人举手。主持人笑了笑说："你看，有不少男人投你的票呀。"

女孩不为所动，淡淡地说："还不到三分之一。"

主持人做出不相信的样子，对观众说道："请在场的所有男人把手举起来。"言下之意，不举手的就不是男人，哪个男人"敢"不举手。在哄堂大笑中，男人们的手一片林立。女孩露出了一丝轻蔑的笑意："他们不诚实，他们心里并不愿投我的票。"

许多人目瞪口呆。然后是一片掌声，一片惊叹……

这是一个典型独立思考的事例，女孩在没有任何人提示或帮助的情况下，凭借自己的判断和思考，对主持人的提问做出从容的作答。这种独立思考的能力正是许多孩子所欠缺的。

如果说思考是一种能力，那知识就是思考的必要工具。换句话说，如果没有足够的知识积累，就无法进行正确而有效的思考。

被誉为亚洲成功学权威的陈安之说："在我二十五岁重新创业的时候，立志成为世界顶尖的演说家，要有巨大的影响力，要帮助无数人成功。然而慢慢地，我发现在这世界上可以做到这些的人，比如说我的老师安东尼罗宾、世界销售冠军汤姆霍普金斯、世界第一名激励大师金克拉先生、世界潜能大师博恩·崔西等等，他们每一天都在不断地阅读、不断地学习，在一年里至少阅读一百到两百本图书。假如我在未来变得像他们一样，有如此大的成就，那我就必须做同样的事情。所以，从二十五岁开始，我每年读三百本到五百本书籍以上。只要当天晚上没有演讲，我就会开始学习，阅读。

"我每天在办公室里面，不断地训练业务员，告诉他们我以前在安东尼罗宾机构成为第一名的行销代表的原因——我每天站着打电话，打一百通陌生电话——这是别人不愿意做的事！

"有人说：'陈老师你的演讲为什么讲得这样流畅？'——事实上，以前我每天对着镜子练习三个小时以上。

"在这个世界上，很少有人每天站着打一百通电话，很少有人对着镜子练习三个小时演讲，很少有人愿意去做别人不敢做的事情，做别人做不到的事情。"

通过陈安之的言辞，我们终于可以理解这句话：世界上只有百分之三的人可以称之为成功者。成功者之所以成功，是因为他愿意做别人不愿意做的事情；是因为他愿意做别人不敢做的事情；是因为他愿意做别人做不到的事情。

假如你没有做这三件事，那你可能就属于百分之九十七了。假如你愿意开始做别人不愿意做的事情，做别人不敢做的事情，做别人做不到的事情，我相信下一个成功的人一定就是你！

当我们遇到难以解答的问题时，不要怕麻烦、以偏概全地敷衍了事，要试着进行深入而具体的思考，培养自己的逻辑思维能力。要弄清事物的构成因素，探究各因素之间的关系，如大小、因果、是非等。这样的训练能让人们拥有更敏锐的思考力，认识某一事物时更加透彻和迅速。

除此之外，我们还要做一个敢于试验的人。不要沉迷过去，不要有"我们以前就是这样做的，我们现在也应该这么做"的偏执观念，要试图改变："我们怎样做才能比以前做得更好"，"我们怎样改变，才能更有效地完成这些事"，"我们如何在短期内完成一个长期目标"……

从今天起，我们要打破固有的传统，走出"宅男宅女"的天地，去拥抱世界，去结交新朋友，感受从未感受过的东西，体验从未体验的经历。总有一天，思考会伴随你，并且丰富你的人生。

自审，不跟随他人的节拍

你可以说自己是最好的，但不能说自己是全校最好的、全北京最好的、全国最好的、全世界最好的，所以你不必自傲；同样，你可以说自己是班级最差的，但你能证明自己是全校最差的吗？能证明自己是全国最差的吗？所以不必自卑！

——俞敏洪

在现代社会中，人们生活压力大，生活节奏快。即使心里已经非常疲倦与焦虑，但抬眼看看四周，这个朋友换了新车，那个朋友换了新房，一种紧张的情绪就从心底弥漫上来，催着人们去努力、去奋斗，从步行变成了小跑，从小跑变成了奔跑，最后筋疲力尽，再道一声"人在江湖，身不由己"。

如果你觉得，自己快不认识自己，也搞不清楚今天是几月几日时，或者是连续一个星期没睡过一个好觉，那就到了要自审，调节生活节奏的时候了！

自审就是自己审视自己，就像宏阔壮美的高山大川审视饱经风霜的沧海桑田，就像浩瀚无边的大海审视广袤无垠的苍穹。

自审就是用灵魂的双手擦亮韧性的眼睛，让人生更加清醒，让自我更加亮丽。

审视闲适，你会发现空虚；审视痛苦，你会发现孤独；审视懒惰，你会发现沦落；审视无知，你会发现浅薄……所以说，只有审视自己才能发现自我，认识自我。

有人说：人生好比是一段不可预知的旅程，有平路也有急弯，最重要的是把握好自己人生的方向盘。如果把方向盘交给别人，那就等于失去了自我。

在生活中，我们经常听人抱怨："我这简直是戴着镣铐跳舞！"他之所以有这样的感叹，就是因为他没有自主性。事实上，并没有人强迫我们戴上镣铐跳舞，而是我们强迫自己，不由地跟随别人的节拍跳舞。

有这样的一个故事：

一天，爱因斯坦的父亲和邻居进入烟囱维修，当看见前面邻居的身上全是油烟和灰尘，爱因斯坦的父亲也以为自己浑身肯定也脏透了。于是，爱因斯坦的父亲就去河边清洗身体。而在当时，邻居看到爱因斯坦的父亲只是脸上脏了，身上没有脏，就误以为自己也是这样，所以自己只洗了脸。

结果，当街上的人看到依然脏兮兮的二人，不由得发出了笑声。

爱因斯坦的父亲回家后，就给爱因斯坦讲了这个故事：自己才是自我审视的镜子，如果拿别人做镜子，永远照不出自己的样子！在今后的成长中，爱因斯坦一直记得这个故事，始终以自己为镜子，才照亮了自己的人生路。

试想一下，如果邻居没有拿别人当成镜子，只要看一眼自己身上的脏，就能知道该不该洗澡了。这样，也就不会遭到街上人的嘲笑。所以说，自审真的很重要！盲目地跟随别人的脚步，并不一定能得到真实的结果！

在生活中，有很多人每天都做着自己不愿意做的事情，甚至将其当成习惯，还美其名曰：为了生存！更有甚者，让别人来主宰自己的命运，将自己的灵魂交付给了别人。这样的做法是愚蠢的！对于个人来讲，一个好的向导、一个好的价值观念、一个有责任的信念会带领自己不断向前。要知道，把自己葬送的人只有自己，把自己解救出来的人也只有自己。古人也说："吾日三省吾身。"可见自审的重要性，自审的目的就是认清自我，拯救自我。

挪威剧作家易卜生曾说："人的第一天职是什么？答案很简单，做自己。"是的，想要实现自己的人生价值，首先就得做自己，认清自己，把握好自己的命运，愿望才能最终达成。

人生就像是一趟没有回程的火车，人生的意义并不是忙碌得停不下脚步，哐哐地跑到终点了事，而是要活着，要做人生的数学题，也要看窗外的风景；要朝前看，也需要常常回首审视自己。那些忙于工作、忙于赚钱、忙于奔命、忙得忘记了时间的存在、来不及静下心看风景的人，在他的生命突然到达终点的那一刻，难道不会有遗憾吗？

记住，人生需要自己买单，不要把责任推给任何人！而只有通过自审，让自己来掌舵，才能成为命运的主人。

自强始于自尊

第一是自尊心的培养，特别值得注意。因为即以游侠精神而论，若缺少自尊心，便不会成为一个站得住脚的大角色。

——沈从文

自尊是自强的前提和基础，自强是实现自尊的途径和结果。什么是自强精神？自强精神是努力向上、奋发进取，是对美好未来的无限憧憬和不懈追求。它强调一个人在社会生活中，应当自力更生，要有一种在困难情况下知难而进的勇气和不屈不挠、顽强拼搏的精神。

那什么是自尊精神？自尊，也是自重，尊重自己的人格。自尊精神使人能够以国家和人民的利益为重，在任何逆境中都能保持自己的本分，在生活和工作中，能够以身作则、言行一致，以自己的道德人格来影响他人，造福社会。

一个能尊重自己人格的人，不管在什么环境下，一定会在事业中切实负责、兢兢业业，努力学习，严肃认真地履行自己的职责，把工作做好。世界著名的数学家华罗庚就是自尊自强，靠自己的努力奋斗成为誉满国际的伟大人物。

中学毕业后，家贫的华罗庚因交不起学费辍学在家。辍学后的日子里，他没有放弃学习，一边帮着家里干活，一边如饥似渴地自学。由于身体和环境的问题，他患了重病，卧病床半年之久。痊愈之后，留下了左脚关节变形的终身残疾。当时，他才19岁。

面对这突然而至的不幸，他迷茫过，也挣扎过。在那些绝望到看不见光亮的日子里，他想起了孙膑等身残志坚的名人。于是，他坚强地告诉自己："古人尚能身残志不残，我才只有19岁，更没理由自暴自弃，我要用健全的头脑，代替不健全的双腿！"

接下来的日子里，他以超强的毅力，顽强地同命运斗争，与自己的瘸腿抗衡，关节的剧烈疼痛没有让他倒下，他一边坚持做着家中的农活，一边利用夜晚的时间，忍受着病痛的折磨，自学到深夜。

1930年，他将历时几年所著的论文发表于《科学》杂志，并惊动了清华大学数学系主任熊庆来教授。熊教授佩服他身残志坚、顽强拼搏的精神，将他推荐给了清华大学。后来，清华大学破例聘请他当了助理员。

面对着来之不易的机会，华罗庚更为珍惜，他一边工作，一边在名家云集的清华大学里旁听着数学系的课程。用四年的时间，他自学了英文、德文、法文，发表了十篇论文。正因为如此的自强不息，才25岁他就已经成为闻名世界的青年学者。

华罗庚的故事告诉我们：不要因出身贫寒而感到自卑，更不要自甘堕落，而是要努力改变困境，不轻言放弃！换句话说，华罗庚的成功与他的自尊心有着密切的联系。如果他没有强烈的自尊心，而是接受命运的安排，那他就不会自强，更不会有机会走向人生的巅峰。

有一天，主人家举行晚宴，女佣要工作到很晚，她只好将四岁的儿子带到主人家。她很自卑，怕儿子知道自己是一个佣人，于是把儿子藏在卫生间里，并告诉他，他将在这里享用晚宴。

男孩在贫困中长大，从没见过这么豪华的房子，更没有见过卫生间。他不认识抽水马桶，不认识漂亮的大理石洗漱台。他闻着洗涤液和香皂的香气，幸福得不能自拔。他坐在地上，将盘子放在马桶盖上，盯着盘子里的香肠和面包，为自己唱起快乐的歌。

晚宴开始的时候，主人想起女佣的儿子。主人看女佣躲闪的目光就猜到了一切。他在房子里静静地寻找，终于，顺着歌声找到了卫生间里的男孩。那时男孩正将一块香肠放进嘴里。

主人愣住了，问："你躲在这里干什么？"

"我是来这里参加晚宴的，现在我正在吃晚餐。"

"你知道你是在什么地方吗？"

"我当然知道，这是主人单独为我准备的房间。"

"是你妈妈这样告诉你的吧？"

"是的，其实不用妈妈说，我也知道，晚宴的主人一定会为我准备最好的房间。"男孩指了指盘子里的香肠，"不过，我希望能有个人陪我吃这些东西。"

主人默默走回餐桌前，对所有的客人说："对不起，今天我不能陪你们共进晚餐了，我得陪一位特殊的客人。"然后，他从餐桌上端走了两个盘子。

他来到卫生间的门口，礼貌地敲门。得到男孩的允许后，他推开

15

门，把两个盘子放到马桶盖上。他说："这么好的房间，我们一起共进晚餐。"

那天他和男孩聊了很多。他让男孩坚信卫生间是整栋房子里最好的房间。他们在卫生间里吃了很多东西，唱了很多歌。不断有客人敲门进来，他们向主人和男孩问好，他们递给男孩美味的苹果汁和烤成金黄的美食。他们露出夸张和羡慕的表情，后来他们干脆一起挤到小小的卫生间里，给男孩唱起了歌。每个人都很认真，没有一个人认为这是一场闹剧。

多年后，男孩长大了。他有了自己的公司，有了带两个卫生间的房子。他步入上流社会，成为富人。每年他都拿出很大一笔钱救助一些穷人，可是他从不举行捐赠仪式，更不让那些穷人知道他的名字。有朋友问及理由，他说："我始终记得许多年前，有一天，有一位富人，有很多人，他们小心翼翼地保护了一个四岁男孩的自尊。"

一个拥有自尊的人，才能拥有奋发向上的原动力，才能争做生活中的强者；一个拥有自尊的人，才能在遭遇不幸或身处逆境时，不轻易向困难低头，而是保持积极进取的心态，与挫折顽强搏击，战胜困难。

美国石油大王哈默曾是一个落难者。一天，他和一群人来到一个小镇上。镇长给每个人发了食物。哈默却说："您这有活干吗？我干完活再吃您的饭。"

镇长说："没有。"

哈默转身要走。这时，镇长说："年轻人，愿意到我的农场干活吗？"

于是，他留了下来，并在 20 年后成为著名的实业家。

自尊的人才能自强。在遇到困难和挫折时，自尊的人能够奋发向上，自强不息，征服挫折和失败，在挫折与失败中获得成功。而丧失自尊的人，遇到困难和挫折时，往往自暴自弃。自轻自贱的人在遇到困难和挫折时，首先想到的是自己不行了，从而放弃了努力奋斗。没有自尊的人，是不可能在事业上取得成功的。

　　有位学者说："人活在世上就是为了呼吸。"呼与吸虽然连在一起，但各有一半含义：呼者，为出一口气！吸者，为争一口气！这一"呼"一"吸"中就包含了人生的境界和尊严。人有了自尊，才能自强。

第二课

欣赏他人，以人为本，尊重他人的价值

人人都渴望别人欣赏自己，可是要别人欣赏自己，首先要学会欣赏他人。在以人为本的社会里，懂得承认并尊重他人的价值，才能赢得属于自己的尊重。在欣赏他人的过程中，我们会自然而然地发现自己的缺点和不足，从而反省和提高自己，这才是双赢。

多看他人的优点

大智者必谦和，大善者必宽容。唯有小智者才咄咄逼人，小善者才会斤斤计较。

——周国平

中国历史上最早提出的"以人为本"理念来自《管子·霸言》，篇中论道："夫霸王之所始也，以人为本。本理则国固，本乱则国危。"政治家发现此道理也可用在治国上。例如，齐桓公接受了管仲"以人为本"的理念，制定实施了一系列的利民政策，使得国富民强，最后争得了春秋时代第一个霸权。"以人为本"对于统治者而言，是追求统治稳定向着强大进发，对于人们而言则更多的是一种人生智慧。

人们常说要以人为本，就是要大家能够懂得从别人的角度去看待问题、理解问题，多一点欣赏，少一点挑剔，这样就会发现别人最大的优点。

《西游记》里的师徒四人，每个人都有自己的优点，也都有自己的不足：唐僧似乎应该是一个完美的人，有理想、有抱负、组织能力强，但是从另一个方面看，又会觉得他唠叨、胆小怕事、缺乏主见；孙悟空是齐天大圣，惩恶扬善，聪明能干，能力强，忠心耿耿，总是能救大家于危难之中，但是，他刚愎自用，不服从领导，冲动，也是不完美的；猪八戒活泼好动，是整个团队的开心果，对师傅也最贴心，可以调动团队氛围，可是，他好吃懒做又好色；沙僧老实肯干，总是默默承担、奉献的那个人，可是他为人呆板，不太会变通，关键时刻只能等着大师兄来撑住局面。就是这样一个不完美的四人团队，最终经历九九八十一难，取得真经。

从管理者的角度来说，每个人都是不完美的，但更重要的是能用欣赏的眼光去看待他们的优点，如果不完美的个人互相能够取长补短组成团队，大家都发挥所长，那么这个团队就不可限量。

《列子》里有这样一则故事：

有一天，秦穆公对伯乐说："您的年纪大啦，您的子孙中有没有可以派去访求良马的人呢？"

伯乐回答："良马凭借体型外貌和筋骨来鉴别，但是真正的好马在于其内在的神气。这股神气却在良马若有若无、似明似灭之间。想要得到天下稀有的骏马，必须能够发现马的内在神气，我的子孙不才，只能辨识良马，尚无人能够寻得好马。大王，我倒有一人选，请让我为您引见。他名叫九方皋，和我一起挑过担子、搂草、喂马，他相马的本领不在我之下。此人可信任。"

于是，九方皋被秦穆公召见，并被派去外出找马。三个月过后，他回来报告说："已经找到一匹好马，在沙丘那边。"

秦穆公甚欢，问："是什么样的马？"

九方皋回答："是一匹黄色的母马。"

秦穆公派人前去沙丘取马，回报的人说马是黑色公马。穆公很是生气，召伯乐来问话："你给我介绍的那位相马人实在是糟糕！连马的颜色和性别都不能区分清楚，他怎么能为寡人寻到骏马呢？"

伯乐自愧，长叹了一口气，说："九方皋相马竟到了这种境界！看来他比我高明不止千万倍啊！九方皋看马只看他所应看的东西，不看他所不必看的东西，只注意他所应注意的内容，而忽略他所不必注意的形式。他看到了马的内在神气，观察时，忽略其表面现象，而是看到它内在的精粹，忘记它的外表，洞察它的实质。九方皋这样的相马，包含着比鉴别马本身还要宝贵得多的意义。"

后来，九方皋相中的马还是被送到宫中，穆公见后大喜，这果然是一匹天下少有的骏马。

伯乐相马如此，看人也是一样，不能只看表面光鲜，而是要重视一个人的内在和才智。

相貌的好坏并不能决定一个人的才华如何，面如冠玉不一定就才高八斗，鼠目獐头的人也不一定一无是处。

有一个著名的法师到朋友家坐客。朋友很高兴，赶紧端出好茶来招待法师。可当把茶递上来的时候，却发现这只装茶的杯子有个小小的缺口。可是，这茶已经递到了法师的面前，要换也来不及了，朋友只得不好意思地说："大师，很抱歉，这杯子坏了一角。"

大师笑了笑说："我不去注意那坏掉的一角，我只看到这只杯子是圆的，但用无妨，无妨。"

每个人都是那只坏掉一角的杯子，每个人都有缺点和不足，从欣赏的角度去看待他人，而不是只看到缺陷，生活会更美好。

功过辩证看，切勿片面看人

富兰克林说："有三个朋友是忠实可靠的——老妻，老狗与现款。"妙的是这三个朋友都不是朋友。倒是亚里士多德的一句话最干脆："我的朋友啊！世界上根本没有朋友。"这些话近于愤世嫉俗，事实上世界里还是有朋友的，不过虽然无须打着灯笼去找，却是像沙里淘金而且还需要长时间地洗练。一旦真铸成了友谊，便会金石同坚，永不退转。

——梁实秋

当我们的主观意识对一个人产生排斥，那无论他做什么事情，都会给予一种否定的和负面的评价，即使他身上有值得我们学习的地方，我们也会选择排斥他，远离他。但其实，这是一种误区！

评论一个人，切忌片面地去评价！无论敌友，我们都要用客观公正的角度去对待，过度推崇或贬低都不是明智之举。要知道，每个人都有着或多或少的优点，如果我们没有发觉，那就是我们缺少发现美、发现优点的眼睛。

培根曾经说过："欣赏者心中有朝霞、露珠和常年盛开的花朵。"的确，你看到别人是什么样子，那也是看到了自己。换句话说，欣赏别人，就是欣赏自己。

人生在世，应该没有一个人不渴望别人欣赏自己吧！欣赏别人，在友谊、爱情、亲情中是一种理解，是一种沟通，是一种信任，是一种肯定。在人际交往中，欣赏别人，是让自己扬长避短的一种途径，是对对方的一种鼓励，一种鼓舞！

我们不经意的一句鼓舞，说不定对他人有着至关重要的作用。比如下面这个故事：

著名作家林清玄读高中时，被学校记了两次大过、两次小过、留校察看。在老师的评价中，他的学业和操行都是劣等，一张口就是失望和负面的信息。不过，也有一个人例外，那就是他的国文老师王雨苍。

王老师经常邀请林清玄到家里吃饭，甚至指导林清玄给同学们上国文课。王老师对林清玄说过一句话："我教了50年书，一眼就看出你是个能成大器的学生。"

就是这句欣赏的话，让林清玄感动不已。为此，他发奋努力，决心不负老师的厚望。终于，林清玄成了台湾乃至世界著名的文学家。

每个人的身上都会有优点与缺点，当他的缺点比较明显，优点不突出的时候，我们应该努力去挖掘优点，而不是把他的缺点批评得一无是处。

从林清玄的故事中，我们明白了：要用客观辩证的态度去对待、分析事情，不要因片面武断的评价，就否定一个富有潜力的优秀人才。只要我们有一双善于发现别人优点的眼睛，我们就会越来越完美。

或许是因为受到了"功过辩证看，切勿片面看人"的正面教育，林清玄一直秉承着这样的理念做人做事。

一天，林清玄路过一家羊肉馆，一位陌生的中年人跑过来热情地跟他打招呼，还说起20年前他们第一次会面的情景。事情是这样的：

当时，年轻的林清玄在一家报馆做记者，写一些关于社会新闻的报道。有一天，警察抓到一个小偷，报馆派林清玄去采访。警察向林清玄介绍：这个小偷犯了很多的案子，数不胜数，但这是第一次被抓到。一些被偷的人家，几星期后才发现失窃，作案手法真是令人不得不佩服！

当警方拿出一沓失窃案的照片让小偷指认时，小偷一看屋子被翻得凌乱的照片，说："这不是我做的，我的手法没有这么粗！"警察再问，小偷便接着说："大丈夫敢作敢当！这不是我做的！"

看到小偷有这样敢于承认的态度，林清玄不由心生敬意，写了一

22

篇特稿，文中欣赏地感慨："像心思如此细密、手法这么灵巧高明、风格这样突出的小偷，如此专业，斯文又有气魄，真是罕见！如果不做小偷，做任何一行都会有成就吧！"

没想到，就是这句话影响了小偷的一生。如今，当年的小偷已经是台湾几家羊肉炉店的大老板了！这位老板诚挚地对林清玄说："林先生写的那篇特稿，打破了我生活的盲点，使我想，为什么除了做小偷，我就没有想过做正事呢？"

如果没有林清玄当年对小偷的"欣赏"和期盼，恐怕就没有小偷如今的事业和成就。可见，不片面看人，懂得欣赏别人对人生多么重要啊！

从林清玄的经历，我们明白了：一句欣赏的话可以成为别人一生的阳光，尤其是穷途末路时的关怀、呵护和鼓励。一句欣赏的话犹如一团燃烧的烈火，能给人温暖，点燃自信，燃亮自尊，能让人在黑暗中看到前路的光明，从而使人奋发，积极向上，冲破阴霾，走出困境。

正如威廉·詹姆斯所说："人性中最深切的心理动机，是被人赏识的渴望。"我们都渴望得到别人的欣赏。欣赏与被欣赏是一种互动的力量之源，欣赏者必具备愉悦之心、仁爱之怀、成人之美的善念；被欣赏者也必发生自尊之心、奋进之力、向上之志。

在这个世界上，我们无法寻找到完美的东西，任何事物都存在着一定的缺陷。只要我们记住：每个人都有他闪光的一面，也有他暗淡的一面，只是程度不同而已。我们能做的，就是要以海纳百川的襟怀去接纳不完美的别人。

总之，我们不要用片面的眼光去看待别人，即使他是一个满身缺点的人。要知道，欣赏别人是每个人都需要学会的能力。我相信，只要我们学会去欣赏别人，别人和我们自己一定会变得更加完美！

争执不如交流

"急不择言"的病源，并不在没有想的工夫，而在有工夫的时候没有想。

——鲁迅

俗话说，己所不欲，勿施于人，但在生活中，人们常常忘了这个道理。当你用不恰当的方式表达出对别人的指责或否定，都会让对方产生不悦的心情。同样的道理，当被别人否定与批评时，相信你心里多多少少都会有些不悦，即使对方是一番好意，但由于对方的表达不当，会让自己觉得难堪、没面子，进而不想接受和采纳，甚至以恶言恶语相对待！

有时候，人们喜欢用主观意识去评断别人，例如：别人做了某事和自己的设想有所出入，就会说对方错，这样的做法并不妥当！我们应该先将这件事好好分析，听听他人的解释，即使对方做得不是很好，也不要急于批判。

每个人都不是度量不凡的超人，更不是修炼到家的圣人。所以说，每个人都有着复杂的情感和情绪，在交流中很容易主观地去否定一个人，不经意间就会流露出偏见、傲慢和虚荣等。

在人们的心中，都是渴望得到尊重，希望得到肯定和认同，一味地对他们否定，只会为彼此的沟通增添障碍。

所以，当别人和自己意见不一样时，即使你觉得自己是对的，也不要急于否定别人，用强硬的语气和不友善的言语强迫别人接受你的想法和见解。此时，你只要将自己的理解和观点表达清楚即可。直接否定别人，那是对别人的智商、自尊心赤裸裸的打击，这种直面的攻击，只会让对方产生敌意，令他想要反击。

众所周知，庄子是一个非常聪明的人，想找到一个能够和他论道的人实属不易，这世上也只有他的好朋友惠施能够与他辩论。

　　惠施即惠子，著名的政治家、辩客和哲学家，是名家学派的开山鼻祖和主要代表人物。他和庄子是好朋友，经常聚在一起辩论。俩人虽然时常交锋，但是关系很好。

　　一天，庄子与惠施相约一起在濠水的桥上游玩。水里游来游去的鱼儿使得庄子心生感叹："小鱼儿真是快乐啊，无忧无虑地游来游去！"

　　惠子却不认同，反问道："你又不是鱼，怎么会知道鱼是不是快乐呢？"

　　庄子说："你不是我，怎么会知道我不晓得鱼的快乐？"

　　惠子辩说："是啊，我不是你，所以，我不知道你的想法，那么以此类推，你也不是鱼，你当然也就不知道鱼的想法了，这是同样的道理啊！"

　　庄子不甘，继续说道："既然这样，那咱们从头说起，你说我不知道鱼的快乐，也就是你知道了我的意思，所以才这样质疑我。那么，以此类推，我在濠水的桥上也就能知道鱼的快乐了。"

　　两个人各持己见，争执不下，不断地依据对方的言论提出反驳。不过，双方只是表达自己的想法和观点，言辞中也保持风度，不急不躁，从不直接彼此否定对方，说对方说的是错误的，他们都是想以理服人，以德服人，而不是靠嗓门，靠耍赖。

　　也许正是因为君子的辩论方式，才会让两位一直成为好朋友，从来不会因为讨论某事而伤感情。惠子和庄子的这种友谊十分难得。惠子离世以后，庄子受到了很大的打击。当庄子路过老友的墓地时，不禁感叹道："先生丢下我一人，从此我便再也没有可以好好辩论事情的朋友了，好孤独啊！"

　　人们总是自以为是地认为自己的想法才是"绝对真理"，对别人的意见不屑一顾。其实，真理都是靠时间沉淀的，而不是一句对与错的评判话语。要改变别人的观念，不是一件容易的事情。不可能单凭一些理论、大道理就可以改变别人。

虽然人们有时候会沉迷于权威，但是涉及自身长期的认知或者利益时，都会有所保留。再者说，人都有一个自我保护意识，当你直接给予否定时，言语伤害也会启动人潜意识里的自我防御，就会不自觉激起对方的反抗和敌对情绪，这种情绪可以让一个人钻进牛角尖，不顾一切来对抗否定他的人。结果可想而知，那将是一场无休止且毫无意义的争执。

随着网络的发达，人们表达自己观点的途径越来越多，网络上、报纸上……口水之争处处可见。原本心平气和的讨论，变为唾沫横飞的辱骂；同一话题的分歧，成了互揭隐私的竞赛。然而，我们在批评别人的同时，是否想过自己做得好不好？

与其直接否定别人，不如尊重别人的意见，留给他认识错误的时间。与其与别人有失风度地争一个你死我活，不如保持像庄子和惠子那样的君子之风，互相尊重，礼貌地交流。

当脑海里浮现了"你错了"三个字的时候，我们要学会停下来，思考一下，换个委婉的表达方式，让对方容易接受自己的观点，彼此也可以保持良好的沟通。

当你抱有足够的诚意和尊敬时，人们就会乐于承认自己的错误，乐于接受你的意见。人际交往中，互相尊重很重要。总之，一个人要先自己做到友善，懂得尊重别人，才会得到别人的尊重和友善对待。

尊重别人的选择

一个自己有人格的尊严的人，必定懂得尊重一切有尊严的人格。同样，如果你侮辱了一个人，就等于侮辱了一切人，也侮辱了你自己。

——周国平

古人云："人各有志，不能强勉。"不要去干涉别人选择的权利，每个人都有自己的生活方式和思维方式，你不可能比他本人还要了解他。或许，他做出的每个决定经过了深思熟虑，我们只要尊重就好了。

如果我们以己度人，妄自揣摩，那就如同"鲁侯养鸟"一样了。

从前，有一只海鸟停留在鲁国国都的郊外，被发现的人报给鲁王，并说这是一只仙鸟，是天降祥瑞到鲁国。鲁王听后大喜，立刻派人去迎接海鸟，并请到宗庙里供奉。

鲁王为讨海鸟欢心，就让最好的乐手为海鸟演奏自己最喜欢的《九韶》，并准备了牛、羊、猪三牲全备的肉和最好的美酒供奉。海鸟不知道鲁王为何如此热情，终日惶恐焦虑，一块肉也不敢吃，一杯酒也不敢喝，结果三天后就死了。

人有人道，鸟有鸟道。这个故事告诉我们：要懂得尊重事物的规律，不要试图打破。如果我们只按照自己的想法，以自己的生活方式养鸟，那怎么可能成功呢？同样的道理，我们也不应该按照自己的想法和处境，去揣摩别人的心思，去评判别人的对与错。

我们不是别人肚子里的蛔虫，又怎么会懂得别人的真正用意呢？所以，当别人已经做出了选择时，你要做的只有尊重。任何人都有做出选择的权利，人们应该懂得尊重别人，因为这是修养的一种体现。

"尊重每一位学子的选择"，也是北大的治学之道。蔡元培和马寅初都是以"兼容并包，思想自由"著称。曾任北大校长9年的许智宏教授，也是以他们为榜样，建立了自己的管理指导思想。虽然许智宏没有达到蔡元培和马寅初的高度和地位，但他堪称是"北大精神的良好继承者和掌舵手"。

在他任职期间，是北大建校以来最好的发展期，被称为"中兴北大"。有人说，这是因为许校长把自己看作是北大这个大家庭的家长，善于和大家沟通，尊重他人的意见和建议，而不是一个人高高在上地管理学校。他曾在校长室的门上挂了一个牌子，上面写着："不必敲门，请进！"北大自由、平等的氛围在许校长的身上展露无遗。

有一次，北大理科班有一位非常出色的女学生，她成绩优异，还是学生干部。然而，她突然要转系，这让所有的系领导都很不理解。为了防止对学校造成不好的影响，学校的领导就没有批准她转系。为此，女学生很苦恼，便给校长许智宏教授写了一封信，诉说自己对理科实在没有兴趣，自己所有的业余时间都在北大图书馆里面看文科方面的图书，她希望转到文科去，却遇到了麻烦，希望许校长能够帮助自己。

许智宏校长读过信后，很理解女学生的心情，他认为：既然对理科没有兴趣，就应该按照她的意愿，这样才是因材施教。于是，他立刻叫来老师们，对他们说："为什么不让这个女学生转到一个自己喜欢的专业去呢？既然她不喜欢理科，就不要让她浪费这个时间学习不喜欢的东西……"

最后，女学生终于如愿以偿，转到了自己喜欢的科系。

身为北大校长，许智宏之所以能够为一个女学生转系的事情亲力亲为，就是因为他发自内心地去理解和接受别人的选择，甚至给予支持。北大在许智宏的改革之下，也愈加重视学生转系的请求，转系的比例，已经从原来的 3% 提高到了 20%。以人为本，涉及每一个人的教育理念、教育思路，这就是许智宏教授改革的主旨。为了降低学生们的压力，他给北大学子留下了一种较为宽松的学分制度，让他们有时间和空间去选择自己感兴趣的专业。

正如周国平所说：一个自己有人格的尊严的人，必定懂得尊重一切有尊严的人格。因此，如果你侮辱了一个人，就等于侮辱了自己。每个人都有选择的权利。请不要因为个人认为的建议而否定别人的选择，即使他的选择不一定是最好的。不论好坏，只要这个选择是出于自愿的，那对他来说，就是最佳的选择。

记住："子非鱼，焉知鱼之乐。"不要把自己的意愿强加于别人的身上，你并不知道这个选择对别人来说有何种意义。而在生活中，总是有一些人，打着"救世"的旗号来干扰别人的生活，或者也有些人打着"为你好"的旗号，来干扰别人的选择，这种做法不但是对别人生活的一种干扰，也是自己没有修养、甚至没有道德的一种表现。如果一个人完全以自己的喜好，将自己的意志强加于别人身上，那么只会让彼此之间产生摩擦和不悦。若只是一厢情愿，把自己喜欢而他人不想要的东西强加于人，则是对他人的一种干涉或侵犯。

为人处世应该顺应他人的意愿和本性，要知道，不同的人有不同的喜好和厌恶。我们应该互相尊重，待人处事应从他人的角度出发。人与人之间本来就是存在着差异，我们不要将己之所欲，强施之于人，这是一种干涉别人的独立人格和精神自由的行为。尊重别人的意愿和选择，尊重别人的活法，才是真正的尊重。只有懂得尊重别人的人，才会获得别人的尊重。

君子上交不谄，下交不渎

当那水打着一座石壁时，它自会绕之而行的；当那水流到了一所可爱的低谷去时，它自会在那里停留荡漾一下，当那水流到一所深深的山涧时，它便会经常留在那里；当那水流至激湍时，它便会直向前去。这样，一点也没有什么勉强或决定的目的，它一定有一天会流入大海的。

——林语堂

《周易》中有言："君子上交不谄，下交不渎。"在这里，先哲提出了一个重要的待人处世原则。意思是说，君子之交，是不以权势去衡量一个人的，不管是地位高高在上的达官贵人，还是平民百姓，都应该一视同仁，交往时不阿谀奉承，也不轻视怠慢他人，保持一颗平常心，不卑不亢，与之真诚相待。平等、真诚、互助正是与人相处的艺术！

而在现实生活中，有些人一味追求利益，"天下以势道交，君有势我则依君，君无势则去"，不要社会公德，抛却礼义廉耻，想要不劳而获，不择手段，以不正常的渠道获取最大利益。正所谓，"人情似纸张张薄，世事如棋局局新""逢人只说三分话，未可全抛一片心"。

裴佶的姑父在朝中为官，一直自命清廉，众人也认为他是好官。小裴佶也一直对姑父十分钦佩和崇拜。直到有一次，他亲眼看到姑父受贿。

这天，小裴佶刚到姑父家，正赶上姑父退朝回来。姑父一边叹着气，一边感叹道："崔昭何许人也，众口竟然一致说他好。这其中一定有见不得人的勾当，这样下去，国家必衰。"裴佶的姑父话音未落，门卫便前来禀报寿州崔刺史求见。

一听是崔刺史，裴佶的姑父很是生气，呵斥门人立刻将崔刺史赶出府。不料，这位崔刺史竟然强行进入府内，拜见裴佶的姑父。一开始，裴佶的姑父一脸不悦，但没过一会儿，姑父便礼数待之，命家人给崔刺史上茶，又热情款待崔刺史留在府上用膳，美酒好菜，甚是丰盛。酒足饭饱之后，裴佶的姑父又亲自送崔刺史出府。

见此景，裴佶的姑姑不解地问丈夫："你不是很讨厌这个人吗，怎么突然如此谦恭？"裴佶的姑父得意地走进屋门，挥手让裴佶离开这里。裴佶刚走出两步回头一看，便看到姑父手中的纸上写着：赠送粗官绸一千匹。

瞬间，姑父高大而廉洁的形象在裴佶心里化为乌有。原来，这个众人口碑良好的清官，也是一位趋炎附势、贪恋财物的污吏。

裴佶姑父的前后态度的差距，淋漓尽致地诠释了一个贪官的丑恶嘴脸。虽然趋炎附势可以换来一时的好处，但是这种方式是换不来真正和长久交情的。如果裴佶的姑父不在朝中为官，没有任何权力，只是一个普通的老百姓，还会有人给他送礼，还会有人溜须拍马吗？

答案可想而知。

一次，苏东坡游莫干山时到一寺中小坐。寺中住持和尚见来了个陌生人，便淡淡地说："坐。"又对小和尚喊："茶。"

待两人交谈后，住持和尚发现对方脱口珠玑，就想：此人不是一般人。于是，他就邀请客人厢房叙谈。入室后，住持和尚客气地说："请坐！"又叫小和尚："敬茶！"

经过一番攀谈，住持和尚才知道原来客人就是赫赫有名的苏东坡，连忙卑躬屈膝地引他进客厅，连声地说："请上坐！"并吩咐小和尚："敬香茶！"

苏东坡临走时，住持和尚恳请他为寺中题副对联。苏东坡胸有成竹，含笑挥毫，顷刻书就：坐，请坐，请上坐。茶，敬茶，敬香茶。

随着苏轼"身份"的逐步"暴露"，住持和尚对他的态度也逐步升级，到后来近乎讨好谄媚。

苏轼有感于和尚的势利态度，开了个小玩笑，写下了"坐，请坐，请上坐。茶，敬茶，敬香茶"以为讽。相信住持和尚当时也明白了自己的不妥做法，而感到愧疚吧。其实，因人而改变态度的人从古至今都有，只是住持和尚做得太露骨、太典型。不巧地，他又遇上了风流才子苏东坡，这才为世人留下了这样一个意味深长的故事。

在《礼记·表记》中，有这样的一句话："君子不失色于人，不失口于人。"用今天的话说，就是君子要注意自己的形象，一举手一投足都要有分寸，不能有失尊严，不能有失体面，即使是碰上了让人尴尬的局面，也要挺得住。其中包括交友时不谄、不渎的内容。

在俄国，乌克兰诗人谢甫琴科不拜沙皇的事也脍炙人口。

一天，应沙皇召见，谢甫琴科在御殿等候。御殿里聚集着不少文官武将和外国使节。沙皇一到，所有的人都弯下腰去，只有谢甫琴科岿然不动。沙皇见状，暴怒："举国上下，谁见我不低头？"

31

　　谢甫琴科冷静地回答："不是我要见你，而是你要见我。如果我也像周围这般人一样向你打躬弯腰，那你还能看得清我吗？"

　　谢甫琴科不卑不亢的态度，顿时让凶暴的沙皇无话可说。

　　像谢甫琴科这种"上交不谄"的态度值得我们学习，面对权贵不卑不亢，不趋炎附势。除了做到"上交不谄"，也要做到"下交不渎"。

　　不过，"下交不渎"似乎就有点难了。宋人何坦曾有遗训，叫作"交朋必择胜己者"。按照这一框框，交友便只有"上交"，不得"下交"，这就连"不渎"也不复存在了。然而如果人人都坚守"交朋必择胜己者"这一原则，那就谁也交不来朋友了。道理很简单，如果甲"胜"乙，乙"胜"丙，那么，乙不与丙交友，甲又不与乙交友，大家都不够"格"，哪里还有朋友可交？所以说，"下交"是难免的。人人只交"胜己者"是不可能的。

　　在生活中，有一些人，囿于旧的传统观念，瞧不起职位比自己低的人。在这些人面前，他们总是以领导者自居，似乎处处比别人高上一等。与职位较低的人交朋友，就觉得是低尊屈就。所以对他们而言，也就不可能有什么"下交"。还有一种人，他们主观上也想与职位比他低的人交朋友，但因为一张嘴就是"居高临下"发号命令似的，显得盛气凌人，人们对他避而远之。

　　这样，与普通群众交朋友的愿望是很难实现的。在这方面，罗荣桓元帅做得非常好，他身居高位，但在下级面前他的态度总是和颜悦色。即便工作再繁忙，也依然会热情接待身为下级的朋友。

　　总而言之，为人处世应该将眼光看得长远，而不是图一时之利，趋炎附势。只有一视同仁，不厚此薄彼，只有做到"上交不谄，下交不渎"，才能受益一生。

严于律己，宽以待人

做一个人，尤其是做一个君子，重要的是严格地要求和责备自己，而对人则采取宽容的态度，在责备和批评别人的时候应该尽量能够做到和缓宽厚，这样，自然不会招致怨恨了。

——傅斯年

傅斯年先生非常欣赏孔子所说的"躬自厚而薄责于人，则远怨矣"，时常拿这句话来自省。有时，他还解释这句话给其他人听："做人，尤其是做君子，首先最重要的是要严格要求自己，对别人则要采取宽容的态度，在责备和批评别人时要尽量能够做到和缓宽厚，这样做，就自然不会招致他人的怨恨了。"

傅斯年先生为人耿直，嘴上好斗，而面对别人时，心却是柔软的。

一次，傅斯年与孔庚因中医提案问题发生争执，孔庚辩不过他，恼羞成怒，辱骂了傅斯年。傅斯年说："你侮辱我，散会之后我要和你决斗。"散会之后，傅斯年果然将孔庚截住，摆出了一副决斗的架势，可见孔庚年逾七旬，又老又瘦，立马垂下双手说："你这样老，这样瘦，不和你决斗了，让你骂了罢。"

只有自律可以培养廉洁，也只有宽恕才可以做到仁德。宽以待人，就是得饶人处且饶人，只要不是原则性的问题，就别求全责备，哪怕别人有缺点，也要尽可能去容忍。人非圣贤，孰能无过，既然如此，就要学会去理解、去宽容。

"严于律己，宽以待人"的事例数不胜数，足以让当代的人引以为戒。《宋史·查道传》中说：北宋人查道为人淳厚，秉性正直，曾任宋真宗的龙图阁待制。有一次，查道外出巡查自己所管辖的地区时，见路旁有上好的甜枣，随从人员就从树上摘下来拿给了查道。查道要随从人员按价付钱，可不见枣树的主人，查道又急着赶路。于是，查道就按甜枣的重量，计算出甜枣的价钱，最后将应该付的铜钱挂在树上才离开。

一般来说，当官的人摘了一点甜枣不算什么。就算是枣树的主人在，也不会主动要钱的，更不会有人说这个当官的怎么这么贪心，连老百姓的东西也白拿！可查道却要按照枣的重量计算价钱，将应付的铜钱挂在树上，这种现在人口中的"小题大做"就叫自律。在人前人后同样严格要求自己，这样的人没有不被人称道的。也因此，这个故事流传至今。

还有这样的一个故事：

王旦是宋真宗时的太尉，为人厚道，心胸宽广，人们从未见他发怒。家中下人想试探他的肚量，就把少许墨粉投入肉羹中。到了吃饭的时候，王旦只是吃饭不饮肉羹。当下人问他"为什么不饮肉羹"的时候，他淡然回答："我有时候不想吃肉。"

一天，下人又在他的饭中投了点墨，王旦发现后，便说："我今日不想吃饭，可以做点粥。"后来，王旦的子侄向他告状："厨房里的肉被厨子偷吃了，我们吃不饱肉，请惩治他们。"

王旦问："你们人均分配多少肉？"

子侄们回答说："一斤。现在只能吃半斤，其余半斤被厨子偷吃了。"

他问："吃足一斤能饱吗？"

子侄们回答说："吃足一斤当然能饱。"

王旦说："那今后每人分配一斤半就可以了。"

他总这样，从不揭发他人的过失。有一次，他家大门坏了，管事的家人连门房一起拆了换新的，暂时在廊庑下开了一扇门以供出入。王旦来到侧门，门太低，他低身俯卧在马鞍上过了门，对门的事不闻不问。大门修好了，重新走正门，对门的事还是不闻不问。有个驭马辛，年岁满了来向王旦辞行，王旦问："你驭马多少时日了？"

驭马辛回答说："五年了。"

王旦说："我怎么不记得有你。"

驭马辛刚转身要离去，王旦又把他唤了回来问："你是某某吧？"于是赠送了一大笔财物给驭马辛。驭马辛往常驭马的时候，王旦只见过他的背影，不曾见过他的脸。因此，当看到驭马辛转身离去时的背影，王旦才省悟过来。

孟子曾说：一个有道德的人，在与别人的相处中，能够很好地关心别人，尊敬别人，所以，他也能够得到别人的关心和尊重。这也就是他口中的"爱人者，人恒爱之；敬人者，人恒敬之"。像王旦这样宽以待人，就能轻易化解很多矛盾。

而现今社会，每个人的个性都是张扬的，每个人都有很强的个体意识，每个人都有自己为人处事的行为方式和习惯，所以人与人之间的关系表现得非常复杂。尤其是朋友同事之间，相处时间长，抬头不见低头见，关系显得更加微妙。因此，严于律己，宽以待人，就显得很重要了！

"严于律己，宽以待人"既是一种待人接物的态度，也是一种高尚的道德品质，它能够化解人与人之间的许多矛盾，增强人与人之间的友好情感。同时，一个人如果能够养成"严于律己，宽以待人"的优良品德，就一定可以在同他人的相处中，严格地要求自己，宽恕地对待他人，不断地提高自己的思想境界，使自己成为一个道德高尚的人。

重视自己，懂得顺应自己的真实内心

有的人终其一生都未能找到自己人生的价值和意义，因为他从未静静地坐下来听一听自己内心真实的声音。我们过分看重别人对我们的价值评判，用他们的标准去划分自己的人生水准线，却失掉了率真的个性。一个人首先要懂得顺应自己的真实的内心，才能找准属于自己的位置。

保持自己的个性，做一个与众不同的人

一个人受不受人尊敬，完全决定于你有没有值得别人尊敬的地方。

——季羡林

一个人要想很快被他人记住，一定要有鲜明的个性和特点，如果成为碌碌之辈，很容易被人忘却，甚至从未被记住过。

有一个文化名人叫钱玄同，先后在北京大学、北京师范大学、燕京大学等处任教。作为一个教授，他有一个"陋习"，就是从不批改学生们的考卷。对此，各个学校都很无奈。在北大的时候，校方特意为他刻了一枚木质图章，图章上刻有"及格"二字。钱玄同每次把考卷

收上来后，派送到教务处，让教务室统一盖上"及格"的图章，然后按照每个人的名字分别记入学分档案。这个做法很是让钱先生满意和得意，并希望别的学校也能按照这个方法执行。在他到燕京大学兼课的时候，他就要求这样批改试卷。但是，他碰了钉子，校方将他送去的卷子原样退回，未能按照钱先生的意思执行。这让钱先生很是恼火，顿时也来了脾气，毫不退让，又将考卷原封不动地退了回去，校方很是生气，警告钱先生，如再次拒绝判卷，将按照校纪对他进行惩罚，扣发相当数额的薪金。

尽管如此，钱先生仍然没有让步，他立刻回信一封，言道"判卷恕不能从命，现将薪金全数奉还"，并将钱附于信内。钱先生的坚持让更多人懂得尊重他的习惯与做事风格。

不要苛求所有人的认同，或者为了迎合别人改变。钱玄同的做法先不论好坏，但他这种授课方式却令人印象深刻。

换句话说，只要自己心中有底气，就不怕别人的不认同，结果有好有坏。但是如果不坚持自己的方式，最后只有一个结果，那就是随波逐流，被人忽视与遗忘。

"扬州八怪"之一的郑板桥，为官时因为开仓放粮救济穷人，被皇上撤了职。

于是，郑板桥乘船顺着大运河准备回老家扬州。一日，在归途中，他看到码头停泊着一条官船，桅杆上挂着"奉旨上任"的旗子，船上的恶仆要所有民船回避。这条船的主人叫姚有财，是朝廷一个大奸臣的儿子，此人不学无术，靠着父亲的实力，花钱买了个乌纱帽。

郑板桥见此情形，实在看不惯，心想："你奉皇上的旨意上任，我奉皇上的旨意革职。咱们都是'奉旨'行事。你神气什么？"于是，郑板桥找来一面小旗子，书上"奉旨革职"四个大字，挂在小船上。

姚有财看到迎面有一只小船上挂着"奉旨革职"的旗子，很是奇怪，派人去打探。当他知道是郑板桥以后，立刻前去索要字画。郑板桥询问前来之人是谁？对方答是姚有财。看到他的这副模样，郑板桥心生妙计，挥笔写了一首诗："有钱难买竹一根，财多不得绿花盆，缺枝少叶没多笋，德少休要充斯文。"姚有财接这副字画后，气得不知道该如何是好。原来，郑板桥做的是藏头诗，把每句开头的第一个字连起来是"有财缺德"。

"一肩明月，两袖清风"的郑板桥，罢官回家只带了黄狗一条、兰花一盆。一天夜里，郑板桥辗转难眠，突然听到有小偷进来。郑板桥原想吓唬小偷，但又担心自己难以对付，于是佯装熟睡。可如果让小偷随意拿他的东西，又觉得不甘心。寻思过后，郑板桥心生一计。

这时候，小偷已近床边，他翻身朝里，低声吟道："细雨蒙蒙夜沉沉，梁上君子进我门。"小偷闻声暗惊。

接着，郑板桥又喃喃自语："腹内诗书存千卷，床头金银无半文。"小偷心想："不偷也罢。"转身出门，又听里面说："出门休惊黄尾犬。"小偷想："既然有恶犬，为什么不逾墙而出呢？"正欲上墙，又听到郑板桥的声音："越墙莫损兰花盆。"小偷一看，墙头果有兰花一盆，于是细心避开，足方着地，屋里又传出："天寒不及披衣送，趁着月黑赶豪门。"

正是郑板桥这种独特的行事风格和个性，让他的故事和字画流传至今，郑板桥坚韧的性格中带着幽默，不得不说他是名副其实的怪才。

现如今，有些人误以为个性是一种无知，是一种叛逆。其实并非如此，真正的个性是精神力量的升华。想要成为一个独特的人，就必须有自己的个性。这种个性不是伪装或者模仿的，而是从自己的内心散发出来的独特的气质与性格。

《竹石》中有言："咬定青山不放松，立根原在破岩中。千磨万击还坚劲，任尔东西南北风。"司马光一生纵横官场，为国为民，始终有他温良谦恭、刚正不阿的个性在其中相助。其在《园樱伤老也》中写道："个性泛舟，载纵载横。"屈原一生始终没有实现其政治理想，不受国君重用，依然四处奔走呼号，甚至不惜以死明志。无他，高尚孤洁的个性使然，正所谓"美服患人指，高明逼神恶"，他的个性让自己不容于朝堂之上，也让自己名垂千古。

追求个性发展是人生永恒的课题，无论是出于实现个人价值的目的，还是促进社会发展的需要，都应当立足于对自身的全面分析，有针对性地追求自我个性的充分发展，以便使自己适应社会选择。个性需自己掌控，过分突出或者过分压抑都不是上策，有点个性，又不显得突兀才适宜。

做一个与众不同的自己，做一个真正的自己。穷富也好，得失也罢，不过是过眼云烟，人生如梦，岁月无情，莫让人生短暂的几十年尽皆虚度。

高贵的灵魂懂得尊重自己

人走路要昂起头，我一生都是昂着头的。

——林 庚

要想得到别人的尊重，首先要懂得尊重自己。孔子曾说："人必自侮然后人侮之，家必自毁然后人毁之，国必自伐然后人伐之。"意思是说：不自尊、不自重的人往往落得人皆辱之的下场，挥霍无度往往会让家业败亡，内乱往往会让一个国家衰落，遭人灭国。不懂得自己尊敬自己，就是把自己往毁灭途上推搡。

北大教授黄侃是民国时期著名的学者，学问大，脾气也怪，但深受人们的尊敬。他不愿意受陈规的束缚，对名誉问题极为重视。他曾经在中央大学任教，在当时，中央大学兼课的教授很多是社会名流，大都西装革履，进出洋车，最次的也是坐黄包车。而黄教授每次都穿着一件半新不旧的长衫或者长袍，夹一块青布包上几本常读图书，且从来不佩戴校徽。

学校有规定：师生进出校门要佩戴校徽。黄侃不戴，就被门卫拦下要名片。黄侃说："我本人就是名片，你把我拿去吧。"于是两个人争执起来，后来没有办法，只好校长出来调解，最终门卫道歉事情才算过去。

有一次下大雨，教授们纷纷穿着胶鞋，唯有黄侃穿了一双钉鞋又称"木屐子"。这种"钉鞋"在乡下走烂泥路极佳，在城里走水泥路就不太合适了。放学时，雨停了，黄侃将钉鞋脱下，用报纸抱起来挟在腋下，穿着便鞋准备离开。

出校门的时候，一个新来的门卫不认识黄侃，看他土里土气的，还拿了一大包东西，就将其拦下，上前盘问，要求检查纸包。黄侃当即放下纸包，扭头就走。

接下来几天，他一直未去上课。系主任以为其生病在家，立刻亲自登门探望。系主任见黄侃并无病而是在生气，不知道黄侃为什么生气了。不管怎么问他，他都一言不发。于是，系主任赶紧去把校长请了过来，再三询问之下，黄侃对校长说："学校贵在尊师，连教师的一双钉鞋也要检查，形同搜身，成何体统。是可忍，孰不可忍！"

听闻此话，校长立刻替门卫向黄先生道歉，无论如何道歉，也都不管用。后来又托名流们劝慰，但还是于事无补。此后，黄侃再也没去中央大学授课。

黄侃教授的行为在今日看来，也许有些过分了，但他这种维护自我尊严的行为是值得我们学习的。中国人讲究谦虚，但不是轻贱自我，学会尊重自己，才能令人尊敬。纵观名士，凡受人敬重者，无不敬重自我。人只有对自己的尊重最真诚，也唯独自己尊重自己才能赢得别人的尊敬。自我尊重就是自尊，不向别人卑躬屈膝，也不容许遭人歧视、侮辱。自尊往往和自信捆绑在一起，没有自尊的人不会有自信。自尊是做人的灵魂，是自信、自强的支撑点。

东晋时期，诗人陶渊明的曾祖父陶侃是赫赫有名的大司马、开国功臣；其祖父陶茂、父亲陶逸都做过太守。后来家境没落，在家庭贫困入不敷出的情况下，陶渊明仍然坚持读书写诗。在出任江州祭酒时，他关心百姓疾苦。由于看不惯官场上的恶劣作风，他不得不辞职回家。后来也陆续做过其他的官职，最后一次做官，是在朋友的劝说下，才出任彭泽县令的。

陶渊明上任不到三个月，又辞去官职。因为他在上任第八十一天的时候，遇到浔阳郡派遣督邮刘云来检查公务。此人凶狠贪婪，每年两次以巡视为名索要贿赂，如不从便栽赃陷害官员。县吏劝说陶渊明应当穿戴整齐、备好礼品、恭恭敬敬地去迎接督邮。陶渊明听此，叹道："我岂能为五斗米向乡里小儿折腰。"说完，挂冠而去，辞职归乡。

此后，他一边读书为文，一边躬耕陇亩。陶渊明淡泊功名，为官廉政，不愿与腐败官场同流合污，过上了隐士的生活。

无论是"不为五斗米折腰"的陶渊明，还是"仰天大笑出门去，我辈岂是蓬蒿人"的李太白，中国文人始终有一种气节在此，就是任何境地都尊重自己，也只有这样高贵的灵魂才能谱写出无数华美动人的篇章。

现实中，人与人之间的尊敬往往都带有功利性，唯有自己先懂得尊重自己，让自己变得强大，才能赢得别人的尊重。当然，这种尊重也要有个度，不要过于夸大自己，不容人言，目中无人，不要为了面子而坚持错误，甚至自以为是，演变成自大狂妄，那就适得其反了。正视自己的错误并能虚心改之，也是一种尊重自己的表现，是对高贵灵魂的塑造。

只有我们懂得尊重自己，维护自己的尊严，才能度化自己的灵魂，才能严于克己，因为只有自己的品行得当，才有资格去要求别人尊重自己。

放纵自己，等于放弃了自己

顽劣，钝滞，都足以使人没落，灭亡。

——鲁　迅

老舍在《新爱弥儿》中曾说："小孩子是娇惯不得的，有点小毛病就马上将就他，放纵他，他会吃惯了甜头而动不动地就装病玩。"一个人如果不加控制自己的欲望，甚至过分放纵，那么自己就会成为欲望的俘虏，被其所累。

在生活中，如果不是秩序管制或生存需要，人们很容易就会放任自己随心所欲。这样困扰人们的问题就出现了，一旦外界条件变得更宽松，可以达到让人们放任自己天性的程度，那么很多人都不可能忍得住不放纵自己的欲望。

人的欲望是无穷无尽的，也许最开始只是满足了一个小小的欲望，但这会刺激人们产生新的欲望，这样人们就会逐渐加大放纵自己的程度，继而丧失意志力，把自己深陷在欲望中，而且越陷越深。

同时，过分安逸的生活和过分舒适的环境，也会使人产生惰性，从而放纵自己。长时间放纵自己，人就会变得慵懒颓废，人生惨淡，个性平庸。

有一个成语叫"饮鸩止渴"，它的意思是当渴了的时候，没有水，就喝毒酒来解渴，结果丢失了性命。用这个词来比喻某人荒诞的生活，是再合适不过了。一个人如果看不到将来的忧患，只看到眼前的舒适，最终将走向灭亡。

唐玄宗李隆基继位初期，曾采取一系列有效措施促进唐朝政治、经济、文化的发展，励精图治，并开创了强盛繁荣的"开元盛世"，这在中国历史上是流芳百世的。

然而，在开创盛世之后，唐玄宗就开始懈怠，整日沉溺于享乐之中，与美貌绝伦的杨贵妃穷奢极欲、享乐无度。后来，这种奢侈之风严重影响了正常的政治活动，一些官僚贵族借机巴结逢迎，纷纷献上珍异珠宝，美味佳肴，这也对经济产生了影响，社会一片混乱。最终引发了著名的"安史之乱"，战乱整整持续了八年的时间，使唐王朝由极盛转衰，唐玄宗最终也凄凉而死，后人众说纷纭。

《礼记》中说道："享乐不可过度，欲望不可放纵。"一味地放纵欲望，贪图享受，不仅伤害身体，而且会使精神极度萎靡，丧失斗志，不思进取，从而导致事业荒废，生活困苦。

其实，每个人都是有一定的定力的，不会轻易地放纵自己，但是由于外界的诱惑实在太大，如果自我控制能力不强，就会很容易沉溺其中。

三国时，蜀国的刘备在驾崩之时，把皇帝的位置传给他的儿子刘禅，并请丞相诸葛亮来辅佐刘禅治理国家。刘禅有个小名叫作阿斗，他当了皇帝后，每天只会吃喝玩乐，根本不管事，还好有诸葛亮帮他撑着，蜀国才能一直强盛。可是，当诸葛亮去世之后，魏国马上派兵来攻打蜀国，蜀国不但打不过魏国，阿斗还自愿投降，带着一些旧大臣到魏国去当"安乐公"，继续过着吃喝玩乐的日子，完全忘记自己的国家已经灭亡了。

有一天，魏国的大将军司马昭请阿斗吃饭，故意叫人来表演蜀国的杂耍，想羞辱这些蜀国来的人。旧大臣们看到这些蜀国的杂耍，都非常难过，可是，阿斗却高兴地拍着手说："好耶！好耶！真是好看耶！"一点也没有伤心的样子。后来，司马昭故意讽刺阿斗说："怎么样，在这里过得开心吗？想不想蜀国呀？"没想到，阿斗居然开心地说："此间乐，不思蜀。"意思是说："不会呀！在这里有得吃有得玩，我呀！一点也不会想念蜀国呢！"

司马昭听了以后，在心里窃笑："真是一个扶不起的阿斗呀！难怪会让自己的国家亡掉！"

俗话说得好：生于忧患，死于安乐。如果终日生活在安逸优越的环境中，就会逐渐消磨意志，使人沉浸在舒适的享乐中，最终一事无成。阿斗就是这样放纵自己，最终导致了国家灭亡。

放纵自己就等于放弃自己。放纵自己的后果每个人都心知肚明，只是贪欲的诱惑力实在太大，使人们常常迷失了自己，失去了向前的方向。殊不知，人活着，就不能放纵自己，如果一时疏忽，生命就会遭遇劫难。等到幡然醒悟时，才发现，自己早已经在不知不觉中走失了。

在生活中，我们要学会自我约束，即便有放纵的机会，也要抵挡诱惑。远离浮华，守住底线，明白什么东西应该拥有，什么东西不应该拥有，想办法克制贪婪的本性，这样才能避免滑入深渊，才能实现自我的价值。

一个人首先要爱的人是自己

我坚定地相信，人在认识世界的同时，应当首先认识自己，并应当充满一种深刻的自我肯定的感情。自我肯定是成功之母，是自尊感的支撑，是一个人的荣誉感、名誉感、健康的自爱心的最强大的源泉。

——陈明杰

每个人都渴望别人的认同，在别人认同你之前，你是否认同自己、是否珍惜自己、爱过自己呢？爱自己是古往今来的圣贤们所宣扬的一种理念。《老子》有云："是以圣人自知不自见，自爱不自贵。"

有的人将爱自私与爱自我相等同，然而这是两个概念。爱自私是一种自私的表现，而爱自我是珍惜自我、肯定自我的一种自我认同的情感。人只有爱自己，才会接受自己，才会在自己难过的时候，懂得鼓励自己、安慰自己；只有爱自己，才会在自己不小心犯下错误时，勇敢地面对错误和改正；只有爱自己，才会在自己失败的时候，鼓励自己和肯定自己，让自己站起来，继续前进。

战国时期，战乱纷争不断，再加上天灾，许多人都流离失所，饱受饥饿。有一年大旱，齐国一连三个月都没下雨，庄稼全被晒死了。穷人们吃树叶、草根，甚至出现人吃人的悲惨事件。但与此同时，那些财主却丰衣足食。

那些挨饿的贫困的人——一个个走路都摇摇晃晃的，饥饿的样子真让人心疼。一个叫黔教的富人对此却是抱着幸灾乐祸的心理。为了满足自己的私心，他就想扮演一次"救世主"来戏弄他们。

他用家里已经发霉的面做成窝窝，在家附近的街边，见到过往的逃荒的人，就让一个人过去，傲慢地对他们叫着："叫花子，捡起来吃吧！"他最喜欢看到一群逃荒的人围过来，这时候，他就扔几个窝头，让他们像饿狗一样互相争抢，而他在一旁嘲笑着，觉得真是一件趣事。

一天，一个瘦骨嶙峋的饥民步履蹒跚地路过此处。黔教对这个人戏谑地嚷道："喂！给，捡起来吃吧！"这位饥寒交迫、身体极为虚弱的男子，使劲全身力气，昂然坚决地说："不吃嗟来之食，饿死也要有骨气，您还是自己留着吧！"

说完，便继续向前走。

大学者方孝孺在《与讷斋先生书》写道："违远日久，愿见之心甚于饥渴。冬寒，唯万倍自爱。"对于人生中一些不如意的事情，我们需要学会的是适应而不是迁就，与其追求做到爱人人和人人爱，不如先做到爱自己，从本心出发去看待世界。

　　生活中，总有人抱怨自己活得很累，对生活毫无激情，充满抱怨，情绪越来越负面，过得越来越不开心。这样的人太过压抑自我了，其希望也随着偏激的思想而湮灭。这是一种不爱惜自己的行为。人生在世几十年，悲伤地生活是一辈子，快乐地生活也是一辈子。真正爱自己的人，能够正视自己，懂得体现自己的价值，成就自己美好的人生。

　　当然，爱自己并非没有节度，要宠而不溺，自强、自立、自尊、自爱；既能够欣赏自己，也适时地批判自己。吕坤的《呻吟语选·补遗》中说过："人不自爱，则无所不为，过于自爱，则一无所为。"一个人如果不自爱，将会什么事都干，包括坏事；一个人过于自爱，那么将什么事也干不成。我们追求自爱，但是不可过分，不可成为自恋、自私的人。

　　一个人懂得爱自己，才能激发出内心的潜在力量，让内心充满阳光，才能传递给别人正能量，那么别人才会爱你。也就是说，只有自己肯定了自己，别人才会肯定你。当然，一个懂得爱自己的人，也会明白什么是真的爱，才能够真正懂得去爱别人，从自身出发，从道心、禅心、本心出发，用善良去感化别人，一个对自己残忍的人怎么可能得到别人的认同？

　　总之，我们要正确地理解爱自己，把爱自己当成习惯，做真实的自己，这样，不仅能够收获颇丰，还可以轻松地享受生活！

每个人都是被上帝咬过的苹果

即使是天才，生下来的第一声啼哭也绝不会是一首好诗。

——鲁　迅

　　这个世界上没有一个人是完美的，任何人都有这样那样的缺点，但我们不能只看到自身的缺点而看不到优点，否则就会对自己丧失信心。我们要做的是：努力改变自己的缺点，放大自己的优点，而不是总是在抱怨自身的不足。其实，正因为我们有了那些缺点，才证明自己是一个活生生的人。

每个人都有自己的"缺陷"：有的因为自己长得不够漂亮而苦恼；有的因为自己长得不够高大而郁闷；有的因为自己体形太胖而不开心；有的因为自己先天的残疾而产生自卑情绪……但即便是这样，也不能阻止我们成为一个优秀的人。

有句老话说得好："金无足赤，人无完人。"我们应该认识到每个人都是被上帝咬过的苹果，即使是存在一定的缺陷，也是一种"缺陷美"。

上天是公平的，他在给我们一个缺点的同时，也会给我们一个别人没有的优点。此时，不如换个思维：我们的劣势也可能正是我们的优势所在，如果我们可以正视自己的缺点，勇于接受不完美的自己，并且可以成功地把自己的缺陷转化为自己的优势，我们就会更客观地看待事物，从而更容易走向成功之路。

在小时候，梅兰芳并没有表现出过人的艺术天赋，相貌也平淡无奇，两只眼睛还有些近视，眼皮总下垂。眼睛既无法外露，又无法正视，看着一副无神的样子，见了陌生人还不怎么会说话。当时，梅兰芳的姑母用八个字形容他："言不出众，貌不惊人。"

七岁时，梅兰芳还在家附近的一个私塾读书，由于读书并不是太用心，成绩自然也不是很好。

梅兰芳在八岁的时候开始了戏曲生涯。在学戏之初，先生教了他很长时间，但他总是无法上口。先生见他学得太慢，觉得这孩子没有希望，就对梅兰芳说："祖师爷没给你这碗饭吃。"说完，便拂袖而去，再也不来教他了。

从此之后，梅兰芳每天都勤学苦练——养了一群鸽子。每天把鸽子放飞以后，梅兰芳就观察鸽队飞行状况，训练新鸽子的飞行，不停地去轰赶停飞的老鸽子，时刻注意鹞鹰的突然袭击。无论是哪一个环节都不可以出问题，一定要用眼神注视蓝天中翱翔的鸽群。鸽子在天上盘旋，眼睛也要跟着运转。鸽子越飞越高、越飞越远，眼睛也需要越望越远。时间一久，梅兰芳终于把眼皮下垂、运转无神、见风流泪的眼病给治好了。

经过努力之后，在1911年北京举行的京剧演员评选活动中，梅兰芳名列第三。1913年，他初次到上海演出，就让剧场门庭若市。初到上海就风靡了整个江南，当时在上海有句俗话："讨老婆要像梅兰芳，生儿子要像周信芳。"

梅兰芳综合了青衣、花旦以及刀马旦的表演形式，创造了全新的唱腔，形成了独具一格的梅派。1915年，梅兰芳大量排演了新剧目，在京剧唱腔、念白、舞蹈、音乐以及服装上都进行了独树一帜的艺术创新，被别人称为梅派大师。

在学戏之初，梅兰芳并没有天赋，甚至一度被老师认为不适合这一行。但是经过努力之后，这个"被上帝咬过的苹果"创造了奇迹，成了大师。

我们总认为优点或者缺点都是上天给的，命运也被老天安排好了。其实不然，我们的人生、我们的成败、我们的输赢，从来都不是上天安排好的。所有的一切取决于我们做怎样的选择。我们应该正视自己的不足，包容自己的缺点，敢于挑战，勇于前进，这样才可以拥有精彩的人生。

如果我们整天抱怨自身的缺点，看不到自身的优点，就会不敢前进，以至于一生都庸庸碌碌，无所作为。

因此，我们需要做的不是守着自己的缺点自卑，而是应该努力弥补自己的不足。只要够努力、有自信，我们完全可以把劣势转化成自己的优势。

真实是人生的至高境界，做真实的自己

无论什么东西也不能建立在虚伪和牛皮的基础上。

——傅　鹰

各种各样的需求让人们渐渐学会了伪装自己：不愿意把自己最真实的一面展现给别人，总是用厚厚的套子把自己包裹起来，在不同的场合，面对不同的人，也会展示出不一样的自己。久而久之，他们就忘记了真实的自己。

秦王嬴政在统一六国之前，求贤若渴，一直在招贤纳士，在秦国境内贴出告示：无论任何人，只要觉得自己有本事，就可以毛遂自荐，为国效力。

一天，有三个人来到大殿之上，都说自己非常有才能，希望可以求得一官半职。嬴政非常高兴，但是他不知道这三个人是不是真的有本事为国效力，于是询问李斯："有什么办法可以看出这三个人是不是真的有本事？"

李斯说："臣深知吾王求贤之心，只是观人之道，却不可只观其才能，人品为上，才能次之。"

李斯意思是说：臣非常明白秦王求贤若渴，希望得到天下贤士的帮助，但是看人不可以只看这个人是否有才学能力，首先应该看这个人的人品，再看这个人是否可以用，如果人品不好，就算再有能力，也不能用。

李斯决定通过让三人介绍自己，来观察他们的人品。

第一个人说自己是秦国人，从小就是一个神童，三岁会弹琴，五岁能吟诗，现在是琴棋书画样样精通。

第二个人也说自己是秦国人，他说自己一身本事却无人发现，一直怀才不遇，希望皇上可以给他个机会，让他施展自己的抱负。

第三个人说他是齐国人，虽然身无所长，但是知晓齐国风俗民风，有朝一日一定用得上。

嬴政听完，看了看李斯，李斯会意后，就把一开始派出去调查这三个人身世的一位将军叫上来，这位将军说出了调查结果。三人都是从齐国来的，因为齐国境内发生旱灾，三人无路可走就来到秦国，希望谋得一条生路。

后来，嬴政把第三个人委以重任，将其他两个人关进了监狱。

这个故事告诉我们：做人一定要真实！如果为了一时的利益，装点自己，那总有一天会被人拆穿，甚至会为自己带来灾难。

闻名世界的诗人泰戈尔说过："虚伪永远不能凭借它生长在权力中而变成真实。"北京大学教授傅鹰也曾说："无论什么东西也不能建立在虚伪和牛皮的基础上。"不错，人生的最高境界是真实，如果我们想获得成功，就一定要做真实的自己。现在社会繁华而充满诱惑，每个人压力都很大，很多人已经逐渐迷失了本心，只能按照别人的想法或者自己想象的方式去生活，不敢展露自己最真实的一面。这样下去，我们只能离真实的自己渐行渐远。这样的生活不但让我们惭愧，也让我们生活得身心俱疲。

曾有人问过泰勒斯："什么是最困难的事？"他的回答是："认识你自己。"可见，认识自己，做真实的自己有多重要！所以，我们应该甩掉虚伪，将自己从浮华的都市里剥离出来。慢慢地，我们就会发现，做真实的自己能让自己更轻松，更自然。

第四课

找准定位，直达目标，人生因定位而不同

　　每个人都想要一个合适自己的位置，但是这个位置开始时总是藏在迷雾当中不易寻找，有的人遍寻几次无果就放弃了，在不合适的位置上郁郁寡欢。而人只有在适合自己的位置上才能充分发挥自己的才能，才能走出不一样的人生。定位不同，人生便大不相同，找准定位很重要。

自我定位决定人生成败

　　航海远行的人，必先定一个目的地，中途的指针，只是指着这个方向走，才能有到达目的地的一天。若是方向不定，随风飘转，恐永无达到的日子。

——李大钊

　　笛福曾说："对于盲目的船来说，所有方向的风都是逆风。"这句话和陈岱孙教授说的话意思是一样的，都是讲做人应该要找准自己的位置。只有这样，我们才能在属于自己的位置上开天辟地，创出一番佳绩。

　　在现实生活中，会有很多人总在四处碰壁，其根本原因就是他们无法找到自己的定位，盲目地行走，以至于在走了很多弯路之后，仍旧是一事无成。

比如苏轼，他本是个才华横溢的诗人，很多诗篇都脍炙人口，流传至今，他在文学史上的成就几乎无人可与其媲美，但他在政坛上却一败涂地。而这就是定位错误，没有找到适合自己扮演的社会角色。

有一本书叫《戒嗔的白粥馆》，里面讲了一个《一克重的砝码》的小故事，可以形象地说明这个问题。

有一天，戒嗔和智缘师父以及戒尘，一起去山下办事。路过了一家玩具店时，戒尘就被橱窗里摆放的各式各样的玩具吸引住了。

这个时候，老板见了他们，就招呼他们进来，智缘师父看到戒尘留恋的样子，忍不住叹了叹气，但还是随他一起走进了店里。一进店里，戒尘就跑到柜台里面去摆弄玩具了。

过了一会儿，戒尘搬来了一个小天平，戒嗔问老板："这个也是玩具吗？"

老板说："这个是替镇上学校采购的实验用品。"

戒嗔看到天平附带着一个小盒子，里面有各种重量的砝码，重的几百克，轻的只有一克重。

戒尘拿起一个最小的只有一克重的砝码说："这个砝码太小了，没有什么用。"

智缘师父说："那可不一定！"

说着，他拿过那个一克重的砝码，把天平两端托盘上的砝码全部拿掉，在两边各放一个一百克的砝码，天平在摇晃中，慢慢平衡下来。智缘师父把那个一克重的小砝码放在天平中的一个托盘上，那个托盘立即沉了下去。

戒尘惊讶地说道："原来这个小砝码的作用居然如此之大。"

师父摇摇头，又说："那也不一定。"他伸手把和小砝码放在一起的一百克砝码取了下来，托盘咚的一声，迅速升了上来。

细细品味这个故事，我们能得到一些启示：很多时候，我们就像那个最轻的小砝码，都是平凡的大多数。小砝码称不了大象，但在关键时刻就能起到关键的作用。总之，要对自己定位清楚，只有找准定位，在适合自己的位置上才能找到存在感。

准确的人生定位是成功的关键，它能让我们少走弯路。如果人生的定位方向不正确，那么走弯路也是情理之中的事了。

因此，自我定位对人尤为重要。无论是在选择事业方向，还是生活中，都要找到适合自己的位置，并结合自己的长处，从而创造辉煌的人生。

找出个人能力和定位的最佳结合点

光有奋斗精神是不够的，还需要脚踏实地一步一步地去做。要先分析自己的现状，分析自己现在处于什么位置，到底具备什么样的能力，这也是一种科学精神。你给自己定了目标，你还要知道怎么样去一步一步地实现这个目标。从某种意义上说，树立具体目标和脚踏实地地去做同等重要。

——俞敏洪

卡耐基说过："如果缺乏人生定位，你就不知道自己该向着什么方向前进。就好比是一次没有目标的航行，无论如何也不能到达目的地。"可见目标的重要性。但有了目标就能成功吗？当然不是！有了目标的同时，还要将个人能力和定位结合在一起，如性格、个人能力、心理能力等来制定，既不能让自己的人生定位高不可攀，也不能让人生过得太过平淡，以致整个人生都碌碌无为。

很多事实告诉我们，一个准确的人生定位是有多么重要。太高的人生定位，虽然可以激励自己，但也可能给自己带来很大压力，而且很难达到自己预期的目标。但是，如果定位太低，就有可能限制自己的能力，阻挡自己去获得成功，使自己的潜力得不到合理的开发。

一天，一个年轻人向一位老和尚推销保险，等他详细说明之后，老和尚平静地说："听完你的介绍之后，丝毫引不起我投保的意愿。"

老和尚注视年轻人良久，接着又说："人与人之间，像这样相对而坐的时候，一定要具备一种强烈吸引对方的魅力，如果你做不到这一点，将来就没什么前途可言了。"

年轻人哑口无言，冷汗直流。

老和尚又说："年轻人，先努力改造自己吧！"

"改造自己？"

"是的，要改造自己首先必须认识自己，你知不知道自己是一个什么样的人呢？"

老和尚又说："你要替别人考虑保险之前，必须先考虑自己，认识自己。"

"先考虑自己？认识自己？"

"是的，赤裸裸地注视自己，毫无保留地彻底反省，然后才能认识自己。"

"我不太擅长言辞，所以……"

"对，你已经意识到了，所以，你擅长什么，就去做什么，而不要勉强自己去做不擅长的事。"

每个人都有自己的特长，都有自己特定的天赋与素质，如果你能够在认识到自己长处的前提下，还能够扬长避短，专注认真地坚持下去，长久以往，终究会结出丰硕的果实。纵观古今中外那些杰出的人物，他们都有一个共同的特点，那就是做自己最适合做的事，并坚持下来，终有所成。

所谓一个人长于此，却未必长于彼。一个著名的作家未必健谈；

一个知名的科学家可能交际欠缺；一个学富五车的学者可能动手操作能力极差。就像陈景润当不好数学老师，却可以攻克数学难题；柯南·道尔作为医生并不著名，写小说却名扬天下；钱锺书一看数学就蒙，却可以成为学贯中西的大学者……

这个世界上没有全能奇才，绝大部分的人只能在一两个方面取得成功。在这个物竞天择的年代，无论是谁，要想不被淘汰就必须聚集全身的能量，朝着最适合自己的方向，专注地投入，成为一个优秀的自己。

因此，找准个人能力和人生定位的最佳结合点，才是通往成功的最快捷径。不过，在找准最佳结合点之前，要先认识自己。

寻找合适的人生定位从认清自己开始

我不是一个企业家，我只是一个科学家，即使年轻20岁，也不可能成为企业家和CEO，更不可能成为企业领袖，因为我不懂经营，对财务一窍不通，也不擅长管理，与企业家差距甚远。

——王　选

每个人都要经历从不成熟到成熟的心理发展阶段，而这就是逐渐认清自己的过程。

在一个人心理状态还不成熟，或者说还没有认清自己的时候，他看待问题总是片面而懵懂的。这个时候他难免会面临内心的挣扎，对自己的未来感到迷茫。

当我们能够认清自己，再去看待周围的事物时，就会有一种豁然开朗的感觉。其实，认清自己，不仅仅是了解自己的长处和短处，更要了解自己的内心，寻找自己心理活动的规律。

从前，有一只不知道自己是什么动物的小地鼠，它不断寻找途径，想要知道自己会什么。

开始的时候，它是先跟松鼠学爬树，因为它很羡慕松鼠可以爬到高高的树枝上，看远处的风景。但是让它失望的是，不管它怎么努力，总是没有办法像松鼠一样爬得又快又高，好几次摔跤还差点跌断腿。于是它放弃了这条路，后来它又跟小狗学赛跑，还没跑多远，就累得要命，甚至最后它还跟夜莺阿姨学唱歌，但它只要一开口，动物就会都跑光。

经历了这些以后，它觉得很难过，它觉得自己是森林王国里最没用的动物，只好挖个洞躲起来。直到有一天，浣熊妈妈家里失火了，但是浣熊宝宝逃生不及还困在屋里，由于火势太大，没人可以靠近，也无法救援。

就在这危急关头，小地鼠发现自己挖的洞与浣熊妈妈家不远，灵机一动，就挖地洞穿透浣熊家的地板，救出了浣熊宝宝。这个时候，从浣熊妈妈感激的眼神中，小地鼠才发现了自己的价值。

从这个童话故事中，我们可以发现"天生我材必有用"这句话的第二层意思，那就是发现自己的天赋特质后，最好根据这项特质去发展自己的优势，做自己擅长的事。以现代企业的术语来说，就是发现自己的核心价值。

美国女影星霍利·亨特一度竭力避免被定位为矮小精悍的女人，结果走了一段弯路。但是后来，在其经纪人的帮助下，根据自己身材娇小、个性鲜明、演技极富弹性的特点，对自己进行了正确的定位。她在出演了《钢琴课》等影片后，一举夺得戛纳电影节的"金棕榈奖"和好莱坞的"奥斯卡奖"。

卓别林刚开始拍片的时候，并没有找到自己的明确定位，导演要他模仿当时的著名影星，结果他一事无成，直到他开始成为他自己，才得以成功。

其实，每一个人都是独特的"这一个"，并且不是别人的从属和附庸。所以，我们需要认清自己。

只有认清自己，才不会在所有的问题上都追随众人，尤其不能稀里糊涂地追随众人；只有认清自己，才能给自己一个合理的定位，让自己的能力发挥到最大限度，从而实现自己的理想；只有认清自己，你才会发现自己就是一个宝藏，拥有取之不尽的资源。

树立正确的人生理想

志气太大，理想过多，事实迎不上头来，结果自然是失望烦闷；志气太小，因循苟且，麻木消沉，结果就必至于堕落。

——朱光潜

理想是人生中必不可缺的，有了理想我们才可以奋进，社会才可以进步，人类才可以发展。但是，不是所有理想都适合我们。我们应该树立正确的理想，而不是树立那些无法实现的理想。

在生活中，有一些人好高骛远，经常给自己设立不切实际的理想。当朋友劝他脚踏实地、一步一步走时，他却对此不屑一顾，经常以一句"燕雀安知鸿鹄之志"来自欺欺人。

下面就有这样一个故事：

鬼谷子在收第一代门人时消息一传出去，就有很多人前来拜师，通过种种考验之后，只留下三名。鬼谷子分别交给这三名求师的人一个几乎不可能完成的任务，让他们徒步走遍每一个国家的土地，并且记录每个地方的风土人情。

第一位弟子出发了，他一路走下去，不但没觉得累，反而觉得很快乐，因为他觉得自己欣赏到别人一辈子也无法欣赏到的风景，所以他一路走了下去。

第二位弟子，虽然没有第一位弟子那样开心，但他觉得非常充实，每天为了实现自己的理想而奔走，就算累了也不觉得有什么，反而觉得人生不应该太安逸，为了实现自己的理想，付出所有的努力，才是一个人应该做的。

第三位弟子觉得这简直太容易完成了，他觉得只要随便走走就可以拜在大名鼎鼎的鬼谷子门下，简直是天上掉馅饼。可是他又一想，想起还有两个人在和自己争夺。于是他就想比其他两个人完成得更好，完成得更快。一开始，他计算自己可以用一年的时间完成，但是他现在觉得要超过别人，一定要给自己树立一个更加难以完成的目标，他决定要在两个月内完成，于是，他开始飞速向前跑起来。在路上，他没有时间好好睡一觉，更没有时间停下仔细询问当地的风土人情。一个月后，他终于坚持不住，病倒了。这一病，就耽误了很长时间。

病好了，他的身体非常虚弱，再也无法长途跋涉了。于是，他只好停止自己的工作。一年后，鬼谷子见到了三位弟子，只有第三个人没有完成任务。

第三个弟子最后为什么会失败，就是因为他不切实际的追求！明明可以完成的任务却因为自己的好高骛远而失败了，用两个月走完全国，而且还要记录，这在当时是不可能完成的任务。他这种完全不切实际的愿望，最后的结果只能是失败。

在我们的生活中，就有很多人像第三个弟子一样，在追求理想的过程中，总是喜欢好高骛远，不切实际。不切实际的追求就像做白日梦一样，不可能实现。其实，我们应该看清自己的实际情况，根据实际情况的不同，发挥自己的特长，制订出略高于我们能力的目标，踮起脚尖或者用力蹦起来才能够得着的目标。

如果制定的理想不现实，最后会导致我们丧失信心，更有甚者会气急败坏，从此一蹶不振。

总而言之，我们要树立正确可行的理想。只有有了正确的理想，我们才可以实现自己的价值，实现理想。

抓住机遇才能直达目标

在要求天才的产生之前，应该先要求可以使天才生长的民众。譬如想有乔木，想看好花，一定要有好土；没有土，便没有花木了；所以土实在较花木还重要。

——鲁　迅

俗话说得好：机不可失，时不再来。意思是说，机会是不能失去的，一旦失去就不可能再回来了！再深入一点，就是让我们要善于抓住机遇，因为机遇也会像气球一样悄悄溜走。

辛弃疾 18 岁金榜题名，其诗词已经家喻户晓，21 岁上马抗金，他取得的成就让很多仁人志士望尘莫及，但是在抗金之初，发生过这样一个小故事：

当时的辛弃疾已经 20 岁，风华正茂，尤其是他的诗词，受到当时皇上的喜爱。由于辛弃疾的风头过盛，再加上年少轻狂，被很多人嫉妒。因此，一些人总会千方百计为难他。

有一次上朝，主战派和主和派两派再次交锋，争论不休。此时，辛弃疾拿出自己经过长时间努力而写就的一部抗金方略，其方略中仔细研究了金兵的各种优势和短处，并且把金兵惯用的战术都分析得非常透彻，且详细批注了破解方法。

方略一经拿出，顿时在朝堂之上引起轰动，很多将军看见方略上的记载分析，顿时大喜，他们觉得方略上的记载很有用处，用此方法，定可以打败金兵，恢复往日山河繁华。

但主和派却极力反对，甚至恶言中伤辛弃疾，说辛弃疾主战只是为了自己立功而并非为国家安危着想，辛弃疾非常气愤，但是却毫无办法，当时的皇上也是左右摇摆，主战派的各位将领只有顿足长叹，却没有办法。

后来，辛弃疾一气之下，请缨去失地组织义勇军抵抗，不花朝廷军饷，也不用朝廷赏赐，胜则不奖，败则重罚。就这样，辛弃疾终于踏上了征途。

时至如今，我们依然可以想象当年，风华正茂的辛弃疾，一骑白马向北而去，手握长枪，腰悬宝剑的飒爽英姿，直到后来功成名就。

如果当时辛弃疾没有极力争取自己北上，错过了皇帝拿不定主意的时机，皇帝一旦做出决定，如果是主战还好，如果是坚持以和谈为主，那么辛弃疾也就错失了北上的良机。

达尔文曾经说过一句话："机遇是会遇到的，但重要的是学会抓住机遇。当你无视而过的时候，你才会明白不是你没有得到而是你没有把握。"桑弗也曾经说过类似的话："不要以为机会会第二次来敲门。"所以，当机会来敲门时，我们一定要牢牢把握住，打开大门迎接机遇之神，把机遇紧紧地抓在手里。也只有这样，我们才能把握机遇，成就我们的梦想。

从前，有一个猎人外出打猎。在走之前，别人劝他在枪里装上子弹，这样在打猎的时候就能节省时间了。可猎人却不当一回事，傲慢地说："打猎的地方还远着呢，到时候装一百发子弹也来得及。"

走着走着，猎人发现水面上浮着一大群野鸭，刚举起枪打，却想起枪里没有装子弹。于是，他急匆匆地装子弹。可没想到，他装子弹的动静太大了，野鸭受到惊吓，全都飞走了。

看到这个情景，猎人懊悔不已。心想：要是一开始我就装好子弹该多好啊！多么肥美的鸭子啊！

猎人再懊悔也是无济于事，因为他已经错过时机了……其实，机会就像是肥美的野鸭子，一不小心，它们就会飞得无影无踪。肯定会有人想：这猎人很愚蠢，当初为什么不听别人的话。但在我们身边，就有很多像猎人一样的人，让机遇从眼前溜走。

要知道，机遇总是更青睐那些有准备的人！所以，我们应该做好充足的准备迎接机遇的到来，抓住机遇。

有了理想就要立即展开行动

我们每个人都知道，把语言转化成行动，要比把行动化为语言困难得多，但同时，也重要得多。

——金克木

法国作家司汤达的名著《红与黑》享誉世界，他在这本书里写到"言语的巨人，行动的矮子"这种人。他们总是把自己的理想说得如何美好，并且信誓旦旦地表示自己一定可以实现梦想，但他们只是在嘴上说说而已，却迟迟没有展开行动。

曾担任北大教授的金克木在一次演讲中，讲过这样一个故事：

金克木有一个学生，在北大中文系就读，这个学生才华横溢，在校期间曾创作了一些诗歌拿给金克木看。金克木看完之后，觉得这个学生是个可造之才，就非常耐心地指导他的写作。

经过一段时间的努力后，学生终于写出了几篇不错的诗，虽然只是短篇的抒情诗，但是在诗的字里行间，不难发现这个学生的确有这方面的天赋。金克木看到这几篇短诗非常好，就推荐到了他认识的一间杂志社发表。

短诗发表之后，虽然好评并不算多，但是金克木明白，这是因为这个学生文笔还有些稚嫩，假以时日，此人必成大器。

接着，学生又写了一些短诗交给金克木，金克木看见这个孩子正在以惊人的速度成长。没多长时间，学生已经在诗坛小有名气了。

尝到成功滋味的学生，却有了一个更大的理想，他想写一篇长篇叙事诗。他认为，世界上所有的大诗人都是因为写出了长篇史诗而成名，如果自己想要成为大诗人，也要这么做。

他把这个想法告诉了金克木，一开始金克木有些担心，他怕这个学生太年轻，即使有了深厚的文字功底，也很难驾驭那么长的史诗巨作。他劝学生慢慢来，但是这个学生却非常兴奋，挥舞着手臂向这位老教授描述自己的理想，金克木不忍泼他冷水，觉得以他的文字功底或许也可以试试，就算失败了，也算是长经验了。

自此之后，金克木就很少见到这个小伙子，在杂志上也没有看见他有任何新的作品。金克木觉得有些担心，如果这个孩子真的要创作长篇史诗，他还没有不请教别人就可以完成的能力，如果他要请教别人，第一个应该是来找自己，现在却不见他来，他知道，年轻人肯定是遇上麻烦了。

半年之后，金克木偶然遇到这个学生，但这个往日潇洒英俊的少年，此时却双目无神，还有点不好意思见他。

经过交谈，金克木才了解了其中的缘由，一开始年轻人打算闭门写作，非常努力地翻阅资料和创作，但是过了一段时间之后，他觉得这样很没有意思，他开始觉得烦躁，最后甚至开始讨厌写诗。

后来，他就放下手里的笔，跑去外面的花花世界。的确，这个世界上好玩的事情有很多，比他一个人闷在屋子里强多了，但是越玩这个小伙子越收不住，到现在，他的长篇史诗才只写了一页。

其实，理想和现实中间还有很长的一段路要走。如果我们只是空想，而不行动，到最后只能是一事无成。故事中的学生立志成为一名大诗人，虽然他才华横溢，但是由于他没有脚踏实地一步步去做，最终也以失败告终。

有人对成功人士做了一个调查，其调查结果显示他们都有一个共同的特点，那就是：只要确定了一件事，无论有多大困难，他们从来不找借口拖延，而是马上展开行动，并且孜孜不倦地朝着理想努力迈进。

因此，一旦确定了自己的理想之后，千万不要站在原地等待机遇降临，也不要告诉自己明天再开始行动，更不要等待他人伸出援助之手，而应该马上行动起来。只有马上行动起来，才可以真正实现我们的理想。如果我们畏首畏尾，瞻前顾后，到最后只会让理想的火花瞬间熄灭。

第五课

坚守自我，不盲从才能与众不同

汪国真说过，悲观的人，先被自己打败，然后才被生活打败；乐观的人，先战胜自己，然后才能战胜生活。当你的想法和权威不同时，你能做到坚守自我不向权威示弱吗？只有带着独立的人格和真实的自我，我们才能走出属于自己的人生路。

有鲜活的思想才能不同凡响

书籍里的道理是高贵的，老一辈的学者汲取了他周围的世界，经过推敲，在心里把它重新整理好，再陈述出来。它进入到他心里的过程是人生，从里面出来的却是真理；进去的时候是短暂的动作，出来的却是不朽的思想；进去的是琐事，出来的却是诗歌。它过去是死的事实，而现在则成了活的思想。——它既可以守，又可以攻；它一忽儿忍耐，一忽儿飞翔，一忽儿又给人以灵感。

——爱默生

有思想永远活跃，以开明宽阔的胸襟，接受种种不同的思想、鲜活的知识，广泛包容，方能才思不断，细水长流。

名扬四海的北大，向来以提倡思想自由而被北大人津津乐道。是的，若非如此，便不会有如此多的大师在这里留下足迹。

有这样一个故事：

大梅禅师修了很多年禅，尽管他十分努力，但是一直没有悟道。

有一天，他去请教马祖禅师："佛是什么？"

马祖禅师回答："即心即佛。"大梅禅师恍然大悟。开悟后，大梅禅师下山弘扬佛法。

当马祖禅师听说大梅禅师开悟的时候，不太相信，心想："以前他修了那么多年佛法都未悟道，怎么一下子就开悟了呢？且叫一个人去试他。"

于是，马祖禅师派自己的弟子前去试探大梅禅师。这个人见到大梅禅师，就问道："师兄，师父说了什么话让你顿悟了呢？"

大梅禅师回答："即心即佛。"

这个人说："师父现在已经不说'即心即佛'了！"

大梅禅师惊奇地道："哦！那他现在说什么？"

这个人回答道："师父现在经常说'非心非佛'。"

大梅禅师听了以后，笑着说："这个老和尚，不是存心找人麻烦吗？我才不管他的什么'非心非佛'，我依然坚持我的'即心即佛'。"

这个人回去告诉了马祖禅师，马祖禅师激动地说："大梅真的悟道了。"

做人就应该有自己的主见，不要人云亦云，被别人牵着鼻子走路。只有坚持自己的思想，才能深入思考生命的意义，才能合理规划自己的人生。这样的人生，或许无关好坏，却容易显现非凡的特色。如果盲目参照他人生活，没有自己的思想，就会打乱自己的生活节奏。

有人说，真正决定一个人强大与否的，不是身高，不是体重，更不是长相与穿着，而是鲜活的思想！可是，有人又问了：鲜活的思想从哪里来？

我们来简单地举例：要想有鲜活的思想，就必须做到无论是顺境还是逆境，不管是一马平川还是荆棘遍地，都要有一种勇气，并且落实到行动上。在这个过程中，我们会体验到酸甜苦辣，会从中得到一些感悟和不同于从前的心态。而这，就是思想了。

你有了鲜活的思想，那所说的话总是鲜活的，有着不同于他人的魅力，甚至会从他人的身上再找到一些自己所需的东西。慢慢地，你的思想就会越来越丰富，甚至会让整个人看起来都不一样了。

相反，如果你一味地跟着他人的思想，依附他人，成为思想的寄生虫，那就永远无法体会到自己人生的精彩。

人要有主见，切勿人云亦云

别人写的那是别人的看法，诗这东西主要靠理解。人云亦云，那是问心有愧的！

——冯　至

在生活中，我们经常会遇到这样的情况：别人买什么，自己就买什么；别人干什么，自己就跟着干什么；就连别人吃什么，也要照着来……真是没有一点主见！

像这种没有主见的生活方式，正像拉磨的驴一样，没有目的，只知道绕着石磨不停地转，却不知道为什么转，只能受别人的支配，听取别人的意见，始终无法活出自己的精彩，不用说无法取得成就，就算有了一定的成就，也没有成就感。

试想，一个没有主见的人在做事情时，肯定少不了别人的质疑、批评和非议，甚至会影响自己的人生。

泰戈尔曾说："我决不能劝告你们总是走我老路！我在你们这个年纪时候，也曾把船解开，让它从码头漂出去，迎接狂风暴雨，谁的警告都不听。"可见主见的重要性。

有这样一则故事：

汉武帝刘彻是著名的一代明君，但在他登基之初，就遇到了一个大难题，就是各地藩王势力过大，直接威胁到了刘彻的江山。

一开始，刘彻在与大臣们商议削藩的事情时，众人七嘴八舌，说得刘彻没有了主见，不知道该如何是好。

有一天，在处理完政务之后，刘彻带着几名随从出了皇宫。因为削藩的事，刘彻心里非常烦闷，就来到集市上随便逛逛，舒解一下心情。

刘彻逛到一个算命的面前，被那个算命的吸引住了。那个算命的一身粗布衣服，头戴一顶书生帽，面前摆着一张桌子，桌子上是文房四宝，边上竖着一根竹竿，竹竿上挂着一块布条，其上书"测字"两个大字。

刘彻本来不信鬼神，但是想到今天闲来无事，倒不如看看这算卦的到底灵不灵，于是走上前去，唤了一声："老先生，我想测字。"

算命的看也不看刘彻，直接把竹简和毛笔推到刘彻面前，让刘彻写一个字。刘彻拿起笔来，随手写了一个"削"字。

算命的看完这个字，抬头对刘彻说："此字不解也罢！"说完，起身就要走，刘彻不明白是什么意思，就追问算命的，为什么不能解这个字。

算命的站起身来，没有就此离去，望着南方说："削不削不在别人，而在你，只要你想削，办法总会有的。"

刘彻听完这句话，暗自想：今天是碰到高人了！后来，他请算命的回宫做了自己的幕僚，而这个算命的就是东方朔。后来的"推恩令"就是东方朔参与制定的。

东方朔简单的一句"削不削不在别人，而在你，只要你想削，办法总会有的"，道明了做人的原则，那就是：千万不要被别人的意见左右自己的思想和做法，要听从自己的意念，有自己的主见。也正是因为这样，汉武帝最后才顺利削藩，而没有引起天下大乱。

朱光潜教授告诫我们："做人要有主见，千万不要随波逐流，人云亦云。一个毫无主见的人，不但学术上会没有任何成就，而且事业上也不会取得成功。"

林语堂在创作之初，总喜欢写一些"幽默""闲适"的散文随笔等。虽然并没有因此取得多么骄人的成绩，但是林语堂依旧乐此不疲。鲁迅先生读过他的散文随笔后，就好心地劝他："你不要搞什么'幽默''闲适'的散文随笔了，这样不如去翻译几部英国名著。"

但是，林语堂并没有听这位好朋友的忠告，依然我行我素。终于，他经过努力名声日隆，成为我国首屈一指的散文大家。而他在美国用英文写的长篇小说也被译成中文，一出版就获得了大量好评。

了解林语堂的人都知道，他一生所做的译作少之又少。如果林语堂当年听了鲁迅的劝告，从事翻译工作而放弃创作，那他可能也会做出不凡的贡献，但是却不一定比现在的成就更高。

林语堂的故事让我们明白：对于他人的意见，就算是像鲁迅这样目光如炬的伟人，也千万不要一味地服从，我们要有自己的主见。因为只有自己最了解自己，别人取得再高的成就，再伟大的人帮我们做的抉择，也比不上自己做出的抉择更可靠。

因此，我们一定要有主见，要学会选择适合自己走的路，而不是让别人支配自己，千万不要让别人牵着我们的鼻子往前走。

有勇气坚持自己的看法

一切事物都有几种看法，我所说的只是一种看法，你不妨有你自己的看法。

——朱光潜

生活中，没有主见和思想的人总是活得浑浑噩噩，仿佛只是一个空有躯壳的人。而那些能够坚持自己的主见，不因他人的言语而轻易动摇的人，才是一个有灵魂、有思想、有血有肉的人。

从前，有太行、王屋两座大山，高达七八千丈方，方圆达七百里。它们本来位于冀州的南部、黄河北岸。

北山有个叫愚公的人，年纪将近九十岁了，住在两座大山的正对面。愚公苦于山北面道路阻塞，进进出出都要绕远路，于是召集全家人商量说："我和你们用尽全力铲平两座险峻的大山，使路一直通到豫州南部，到达汉水南岸，好吗？"

大家纷纷表示赞同他的意见。

愚公的妻子提出疑问说："凭您的力量，连魁父这样的小土山都不能铲平，又能把太行、王屋这两座大山怎么样呢？况且把挖下来的土石放到哪里去呢？"

大家纷纷说："把土石扔到渤海的边上，隐土的北面。"于是，愚公带领子孙中能挑担子的三个人，凿石头，挖泥土，用箕畚运送到渤海的边上。邻居姓京城的寡妇有个孤儿，刚七八岁，蹦蹦跳跳去帮助他们。冬夏换季，才往返一次呢。

河曲的一个聪明老人笑着阻止愚公说："你太不聪明了！凭你的余年剩下的力气，还不能毁掉山上的一根草，又能把泥土和石头怎么样呢？"

北山愚公长叹一声说："你思想顽固，顽固到不能改变的地步，还不如寡妇和弱小的孩子。即使我死了，还有儿子在呀；儿子又生孙子，孙子又生儿子；儿子又有儿子，儿子又有孙子；子子孙孙没有穷尽的，可是山不会增加高度，还愁什么挖不平呢？"河曲智叟没有话来回答。

山神听说了这件事，怕他不停地挖下去，向天帝报告了这件事。天帝被他的诚心感动，命令夸娥氏的两个儿子背走了两座山。一座放在朔方的东部，一座放在雍州的南面。从此，冀州的南部，汉水的北面，没有高山阻隔了。

暂不去讨论愚公移山实际上是否可行，但是愚公移山的精神已经被传唱了许多朝代，愚公坚持自己，甚至有些执拗的行为，正是做事成功的关键，这正是我们需要学习的地方。

可是，总有人难以坚持自己的主见，甚至没有主见，更别说坚持了。有这样一篇寓言：

有一只狐狸一不小心就掉进深井了。由于想不出逃脱的方法，所以它就像囚犯般被拘禁在井底，大喊救命。

此时，一只山羊路经此地，听到救命声就停下了脚步。当它看到井里的狐狸，就调侃道：井水的味道怎么样啊？你怎么还不出来了？

狐狸没心情跟它瞎掰，就没回应。但它转念一想，为何不借此机会救出自己呢？于是，狐狸极力夸赞水质之优美并鼓励山羊下到井底尝尝。原本不口渴的山羊被这么一说，还真有点口渴了。于是，它就跳进井里了。

果然，这井水很是鲜美。等到山羊解渴后，却发现自己和狐狸一样待在井里出不去了！正在埋怨时，狐狸不耐烦地打断了它，并且出了个主意说："你把前脚放在墙上，头部低俯。我跳到你的背上，便可爬出这口井。等我出去了，我再救你出去怎么样？"

听到狐狸如此好心的建议，山羊同意了。于是，狐狸跃登到山羊的背上，抓住山羊的两只角，稳步地爬到井口，然后拔腿就跑。山羊没想到狐狸竟然忘恩负义，见死不救，便痛骂狐狸毁约，而狐狸则转身，慢悠悠地说道："真是一个笨蛋！假如你的聪明能像你的须子那样茂密，你就不会在摸清出路之前，就往井里跳，更不会让自己置于困境中！"

是啊，山羊不进行独立思考，就盲目地相信狐狸的话，结果让自己面临困境。事实证明：一味听别人的意见，缺乏自己独立判断的人，很容易乱了阵脚。因此，人应当有主见，才不会受非正确意见的影响。

守住自己，不必羡慕他人

微小的幸福就在身边，容易满足就是天堂。

———海　子

现在的社会有太多的诱惑，有太多的令人羡慕的传奇，有的人常常幻想着一觉醒来就得到所羡慕的一切。古代有这么一则寓言：

猪说假如让我再活一次，我要做一头老黄牛，虽然工作累点，但是名声很好，让人爱怜；牛说假如让我再活一次，我一定要做头猪，吃完了睡，睡完了吃，不用出力，不用流汗，活得赛神仙；鹰说假如让我再活一次，我要做一只鸡，渴了有水，饿了有米，住有房子，还受到人们保护；鸡说假如让我再活一次，我一定要做只雄鹰，可以尽情地翱翔天空，云游四海，任意捕兔捉鸡。

这是挺有意思的一种现象，真所谓风景在别处。总是在羡慕他人，这大概是人们的一种共同天性，只是羡慕程度大小不同罢了。

小孩子总是仰慕大人的成熟稳重，大人也会顾念小孩子的清纯率直；女孩子向往男孩子的直爽坚强豪放，男孩子也会偷偷艳羡女孩子的可爱娇嗔灵动；普通人往往钦慕名人的卓越尊显，名人又何尝不垂涎普通人的平凡。

生活中，有些人既抱怨自己生不逢时，怀才不遇，抱怨上苍的不公，使名利与自己无分，富贵与自己无缘，却对自己已经拥有的视而不见。其实，一个人能够来到这个世界上生存就是一种福气。无论你是谁，身在何处，一定会有许多熟悉或陌生的人在羡慕着你。试想我们在羡慕别人的时候，自己也是别人眼中的风景，那么，我们就会心平气和一些，心满意足一些。

战国时期，越国有个出名的美女，名叫西施。她的一举一动都很美，引人无限遐想。但她患有胃病，疼痛时经常用双手捂着胸口，皱着眉头。即使这种病态，也没能掩盖她的美丽，反而使她显得更加妩媚。

同村有个长得很丑的女子，名字叫东施。虽然人长得不怎么样，但是很爱美。她以为西施之所以美，就是因为经常捂着胸口、皱着眉头的原因。

于是，东施也学着西施的样子，一出门就用双手捂着胸口，把眉头皱得紧紧的，走路一步一扭的，装出一副弱不禁风的样子，自认为很美。实际上人们看到东施矫揉造作、无病呻吟的样子，不但不感到美丽，反而感到恶心。所以同村的人，只要看到东施一扭出家门，有的人就赶快关上大门，有的人就连忙领着子女远远地躲到村外去了。

东施虽然长得不漂亮，但只要老实本分，不装模作样，人们也不至于会讨厌她。这个故事告诉我们：向别人学习要有正确的态度，一定要从自己的实际情况出发，不能盲目仿效，生搬硬套，否则因羡慕别人而丢失自我，只能收到适得其反的效果。因此，做人要守住自己，不去盲目地羡慕他人。做最好的自己才是正途。

俗话说，这山望着那山高，这是人性决定的。那么怎么克服这种心态，守住真正的自己呢？

首先是要正确地认识自己，不低估自己，准确地给自己定位，最大限度地发挥自己的潜能与优势，遇到不顺心的事以豁达的心态对待，才能把命运掌握在自己的手中。

而有些人却不这样认识，喜欢拿那些我们认为比较完美的人生来作比较，这样只会因为自己人生的缺憾而徒生烦恼。人就是这样，总是不切实际地希望能过上他人的生活。

其次是要认识到每个光鲜亮丽的背后都有一段血泪史。那些我们所羡慕的人有着他们的不如意。就像正面看孔雀开屏艳丽十足，后面看到的却是丑陋不堪！虚荣心促使人们只愿把风光的一面展示给他人，实际上有正面就有负面，就像人们常说的"要想人前显贵，必须人后受罪"一样。

人们追求完美，追求生活的高质量，本无可厚非，但是如果因此脱离了自身的实际，去盲目地羡慕别人，是永远也不能真正模仿到别人的。所以，只有守住自己的本心，守住自己所拥有的，理清自己真正想要得到的，才能看穿迷雾，获得真正的快乐！

所以，在这个多姿多彩的世界，每个人都有属于自己的生活方式，实在是没有必要去羡慕他人。珍惜自己所拥有的一切，同时祝福别人的拥有，经营好属于自己的一份生活，同时也希望别人生活得更美好。唯有如此，才能酿造出一份没有遗憾的美好。

把握好自己的人生天平

我们要讲平衡，不要走极端。

——温儒敏

人生就好似一个天平，人们在它的一边放上守住自我，在它的另一边放上外界的诱惑。只有处理好这两者在人生中的比重，天平才得以平衡，人生才会更有意义。

北京大学温儒敏所说的"平衡"，对现代人来说，至关重要，它包括工作的平衡、生活的平衡、心理的平衡等。如果平衡被打破，生活中的很多烦恼和痛苦就会随之而来。

春秋战国时期的范蠡，不但是治国的良相，还是一个潇洒的巨商。他出生在楚国，博学多才，素有大志，只可惜，刚开始时局动荡的年代，没有用武之地。

终于有一天，范蠡在楚国名士文种引荐下同赴越国任职，成为越王勾践的左膀右臂。范蠡向勾践献策美人计，助越王勾践卧薪尝胆，最后把吴王夫差打败。范蠡为越王勾践立下大功，成为越国开国元勋，但是他没有留下享受荣华富贵，而是急流勇退，离开勾践，表现出人生豁达的心态。

范蠡带着家人，抛家弃产离开了越国，到有山有海、有林有田的齐国海畔，在海边耕田，再创家业。他在当地购买了一些土地，还亲自饲养贩卖五畜。等有了一定的积蓄之后，就利用天时、地利之便雇人开盐田，搞渔业捕捞，还兼营杂粮等生意。范蠡善于捕捉市场信息。他对人温和友善，为人也慷慨大方，遇到天灾人祸时，他总是乐善好施，常开粥场赈济灾民。

他就是以这样的行事风格，在齐地种养经商，勤勤恳恳，在与家人的齐心合力之下，很快就积累了高达数十万的财产。齐王听说范蠡很擅长搞经济，便力邀范蠡进国都临淄做主持政务的相国。范蠡欣然答应。他大力发展经济，奠定了齐国经济与文化繁荣的基础。三年之后，齐国民富国强，而这时，范蠡又做出了一个惊人之举：他向齐王归还了相印，决定散尽家财再次远走他乡。他把财产分散给至交和那些贫苦的老乡，再一次抽身离去。

范蠡辗转来到陶邑，安顿下来。逍遥自在，改姓更名为朱公。花甲之年的范蠡又开始做生意，从小买卖开始又一次重创家业。做起了贩马的生意，成功赚了一大笔钱。没过多久，他又在陶邑发家致富了。他富了就爱施舍，施舍不但不要回报，还喜欢帮助穷人一起致富。

鲁国穷士猗顿做什么都摆脱不了贫困，就向范蠡讨教致富秘方。范蠡坦诚告诉他致富方法。并赠给猗顿二十头牛，猗顿开始起步，终于富甲一方，他还被司马迁在《史记》中列在范蠡、子贡、白圭等巨商富人之中。

　　范蠡种田、经商也样样能成功。他到哪儿就能在哪儿驰名天下。他出身贫寒，为越国称霸中原立下汗马功劳，却不留恋权位，在功成之时，名遂身退；他弃官从商，以治国之策治家，终于成为巨富而名闻天下；他又不贪恋钱财，在巨富之时，十九年三致千金。

　　有人请教他成功之道，他哈哈一笑，说："穷富之别，看的是你的心。只要有心，生财之道无处不有。"

　　很显然，范蠡在高官贵胄与平常百姓、富裕与贫穷、得到和失去之间掌握了平衡。在出将入相后，他能毅然放弃位高权重；在富裕后，他能一掷千金，毫不吝财。

　　实际上，上帝是公平的，他给每个人的砝码一样多，任由你在人生的天平上随意摆放。当你选择左边上升时，右边必然会下沉，选择右边上升时，左边必然会下沉。得到的时候一定会伴随着失去，就像富裕后的成功人士，虽然开好车、住好房、从不缺钱花，但却很难享受平凡人的悠闲生活。又像奋斗者为实现理想努力拼搏时，蓦然回首却发现为实现成功让自己满身伤痕；享受者回首往事，虽然每天都有精彩快乐，但对于未来，却是茫然一片。人生的天平就是这样，得失相随，祸福相依。

　　对于我们每个人来说，就是要做到人生天平没有倾斜。在这方面北大的王选教授就做得非常好，他说："中国古代有句话，上士忘名，将名利彻底淡忘；中士立名，靠自己的成就把名立起来；下士窃名，自己不行就窃取人家的。我做不到上士，因为我做不到忘名的地步，但是我不会为了立名而去窃名。"

　　王选教授声名赫赫，职衔很多，但他唯独对"老师"这个称谓情有独钟，看得很重。他的名片上，最常用的是"北京大学计算机科学技术研究所教授王选"。用他的话说："这张名片是永恒的。"这反映出他淡泊名利的处世哲学。他的很多作品在当时并不被接受，直到他去世之后，人们才发现他作品的伟大艺术成就。

北大教授季羡林说："希望每个人对我都好……那是根本不可能的。"因此，我们要看淡别人的赞美与嘲笑，因为这些都是用别人的好恶与标准衡量的，我们应该用淡然的心态对待，坚持自己的原则，甩掉为迎合他人而带给自己的包袱，不必太在意别人的心态，用轻松的心态对待自己。

不盲从，要听从内心的想法

我所说的话都是你所能了解的，但是我不敢勉强要你全盘接收。这是一条思路，你应该趁着这条路自己去想。一切事物都有几种看法，我所说的只是一种看法，你不妨有你自己的看法。

——朱光潜

一个人想要做自己、有个性，首先要懂得尊重自己，尊重自己的意愿，尊重自己的想法，能够坚持自我，而不是盲目跟从。

有这么一则故事：

王戎小时候曾和伙伴们外出玩闹，正高兴的时候看见路旁有几株李树，枝上挂满了李子，一个个看上去都已经非常熟了，伙伴都兴高采烈地向李子树跑去，只有王戎站在原地一动不动，看着他们去李树下摘李子。

看着王戎站在原地，有一个同伴禁不住问道："王戎你怎么不过去摘李子啊？再不去摘都被摘光了，这些李子长得可真诱人啊。"

王戎只是在一旁笑着回答道："这些李子树上的李子摘下来肯定是不能吃的，你没看到这些路旁的李子都没人摘吗？如果李子很可口，就不会轮到咱们来摘这些李子啦，肯定早就已经被摘光了，所以说，这些李子肯定都是苦得下不了口。"

很快王戎的说法就被证明了是正确的，伙伴们摘完李子送入口中，果然这些李子又苦又涩，根本难以下咽。

后来，王戎因平定吴国有功，被封为安丰侯，并且有"竹林七贤"之一的雅称。

《论语·述而》有言："择其善者而从之，其不善者而改之。"意思是说，我选择他好的方面学习，看到他不好的方面就对照着自己，如果自己也有那就改正。

当我们有了独立思考的能力和辨别是非的价值观之后，应该有自己的行为方式，有自己的习惯，有自己的作风，而不是一味地"从"于他人。

许多盲目跟从他人的人，在选择跟从之前，要去思考一下他人的想法或行为是否真的正确。而不是主观地认为对方有地位、有知识，就一定什么都对。

有时候，盲目跟从不但不会领你走向渊博、智慧的殿堂，反而会让自己走进误区。盲从如同"邯郸学步"一般，是对内心的背叛，因为不敢反对或者不愿反对而盲目地追随别人的脚步，强迫自己接受错误的理念或者行径。盲从之人终究会沦为笑柄。

北大有个非常胖的学者，叫傅斯年。有一次，罗家伦问他："你这个大胖子，怎么能和人打架？"傅斯年有力地回道："我以质量乘速度，产生一种伟大的动量，可以压倒一切！"

傅斯年不仅懂得尊重自己，不会因为别人的偏见否定自己，而且是一位从于内心的人，他不"从"于强权，不"从"于世俗之言，也正是他这样的精神，才有了今天在学术上的地位。不因体胖而自卑，傅斯年真正做到了把身体缺陷当成人生优势来看待，既真诚又有风度，这才是真实的傅斯年。

面对别人的嘲笑，傅斯年坚持自己；面对别人的耻笑，他不否定自己；面对强权，他不卑不亢，坚守自我。而这，就是蒋介石欣赏他的原因。

其实，每个人都有自己存在的价值，我们应该学习傅斯年这种精神，不要随意否定自己，而是应该尊重自己。不要让自己随波逐流，否则，就会成为一个如同鸡肋般的人，索然无味。

有个龅牙演员被导演相中了，让他去担任男配角，龅牙想：好不容易才能演电影，我得把龅牙给整了。这样出镜的话，就像其他明星一样光彩亮丽了。结果，当龅牙的牙齿整好信心满满来到片场时，导演反而不要他了，因为他失去了他的特色。

可见，要做真实的自我而不是盲目地跟从。要是每个人都一样了，那世间岂不是少了很多美丽的风景。而做真实的自我，恰恰是一种个性，是别人模仿不来的！

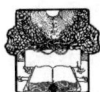

兼容并包，一个人的气度决定他的格局

心量太小，难成大器。成大器者切忌独断专行，要有兼容并包倾听不同声音的气度，心胸狭隘终将自食恶果。独断专行不如谋之于众，彰显人性的光辉与温暖，利落坦荡之人必有众人相助。

英雄不问出处，不拘一格降人才

教员之教授，职员之任务，皆以图诸君求学便利，诸君能无动于衷乎？自应以诚相待，敬礼有加。至于同学共处一堂，尤应互相亲爱，庶可收切磋之效。不唯开诚布公，更宜樽以相属，盖同处此校，毁誉共之。同学中苟道德有亏，行有不正，为社会所訾詈，已虽现行矩步，亦莫能辩，此所以必互相劝勉也。

——蔡元培

所谓英雄不问出处，一个人是否具有能力和才华，绝不是根据其年龄和学历来评判的，更不是拘于形式，而是注重实际能力！比如：周文王渭水访贤，萧何月下追韩信，刘玄德三顾茅庐……

众所周知，曾任北大校长的蔡元培十分懂得延揽人才，可谓是不拘一格。在他担任北大校长的期间里，他从不会因为性格、年龄、学历等条件来限制人才的选用。当时，北大本科生的平均年龄在 24 岁左右。

24 岁的梁漱溟，既没出国镀过金，也无国内大学文凭，因其勤奋好学，又有创见，便被蔡元培请来做北大讲师。梁漱溟当时和学生年龄差不多，甚至比学生（著名学者冯友兰、顾颉刚、孙本文、朱谦之等人）还小。其中，还有一些梁漱溟少年时的朋友，如雷国能、张申府。

此外，徐宝璜教授年仅 25 岁，刘半农、胡适等人也仅有二十七八岁。这些年轻教师给北大带来了前所未有的朝气。

纵观历史，凡成大事者，都能够不拘一格，招揽各类真正有才能之士，辅佐自己。如：秦国丞相文信侯吕不韦信任年仅 12 岁的甘罗，并为之重用。

有一天，丞相吕不韦从外赶回家中，眉头紧锁。甘罗见状，便上前询问："君侯，为何事而闷闷不乐？"吕不韦说："大秦和燕国交好，燕王把太子丹送来做人质，我便亲自邀请张唐去燕国任相。但是，张唐曾经攻打过赵国，去燕国必要经过赵国，张唐害怕被杀，坚决不肯去。"

甘罗人小鬼大，听后说："这事简单，您莫愁，此事交给我！"

虽然吕不韦觉得他年纪轻轻口气不小，但还是让他前去试一试。果然，甘罗用拒绝当时的秦国丞相应侯范雎而死于非命的例子，说服了张唐，让张唐心甘情愿地任相燕国。

对此，吕不韦对甘罗是赞不绝口，并把他推荐给了秦始皇，派甘罗出使赵国。甘罗不费一兵一卒就让赵王划出了五座城邑。秦燕之盟也随之解散。赵国有恃无恐地进攻燕国，结果得到上谷三十座城邑，让秦国占有其中的十一座。

甘罗年纪轻轻，就已经才智超群，实在是一个人才。如果吕不韦因为其年龄小，就不敢信任和重用，那真是秦的一大损失！

除此之外，还有曹操因"用人不疑，疑人不用"的原则，为自己赢得了"明公"的美誉。曹操之所以能够一统北方，最大的原因就是其帐下人才济济。为了招揽人才，他使用各种手段，有些是投靠的，有些是他打败对手俘虏的，但凡是能士，曹操都会不计前嫌并重用。

而当今社会，很多人过分注重学历，忽视了个人本身的能力和素质。因此，造成了一大批毕业生或步入职场的人选择"出国深造"，想给自己镀层金，好让"身价"再高一些。但其实，只要你有真本事，无论是你出于名校还是普通学校，总有一天会得到重用！当然了，如果此时的你是一名企业家或个体户，那也应该打破陈旧的"出身名门"的观念，综合考察一个人的能力，不要因为一个人的年龄、学历、出身等因素片面武断地否定一个人。

对人才不求全责备

最糟糕的情况是抓住不放，小问题也会变成大问题。

——撒贝宁

"尺之木必有节目，寸之玉必有瑕疵。"一个人有才，是因为他在某方面有着过人之处，并非他没有缺点却处处平庸。如果你总是盯着别人的缺点，就无法看到别人身上的优点！换句话说，如果你总感叹有才之人少，那是因为你没有一双善于发现优秀人才的慧眼！

春秋时期的卫国大夫子思，就是一位十分善用人才之人。

一次，他向卫侯推荐一个军事奇才，名叫苟变。此人精通兵法，善于韬略，能守能攻，并且战无不胜，守无不定，是一个难得的能统率大军的人才。

但卫侯并不认同，连连摇头对子思说："此人不可用，我已用过，他十分爱占小便宜，不守军纪，向农夫征收田赋的时候竟然白吃白喝百姓家的东西，还拿走人家不少东西。"

子思也对此不以为然，劝说道："苟变这人虽然有些小毛病，可如今乱世，诸侯纷争，正是能征善战之人的重要之际，平天下之乱，此人再合适不过了。君主，用人就如同木匠选才，要取其所长，弃其所短，一棵合抱粗的大树怎么能够因为它只烂掉了几尺，就把它扔掉不用呢？所以，微臣认为，不应该因为他擅自私拿佃户几个东西，就将此能够治世之人弃之不用啊！"

卫侯听罢，觉得子思言之有理，于是就接受了子思的推荐，重用苟变，任命为大夫。

从故事中，我们可以知道：不要因一些不影响大局的小节而斤斤计较，错过一个人才，那就因小失大了！世界上没有十全十美的人，我们应该纵观大局，忽略一些小缺陷！

俗话说得好：人非圣贤，孰能无过。善用人者，能够统筹大局，识得人才之才能，而不计其不足，任用时，用其所长，避其所短，让人尽其才，物尽其用。也就是说，对人才的选择标准，不要要求其各个方面都没有问题，而是要求其有自己突出的一面，在某一方面的才华过人，这就足矣。

在这一方面，北大校长蔡元培就做得非常好！他挑选人才向来是着眼于此，不求全责备。只要在学术上和德行没有问题的人才，即使有些怪癖，也值得珍惜和栽培。但是，如果德行差的人，即使资历再深，蔡元培校长也绝不姑息迁就，一律辞退。

蔡元培认为：人才关键在于德行，能够认真对待学术，就可用之。他从不拘于小节，招揽人才时，都是着眼于大体，不会因为别人的议论而武断否定一个人，而是自己亲自考察，也正是他这种对人才不求全责备的态度，才使得北大创造了一次又一次辉煌。

1917年，蔡元培想要聘任陈独秀为北京大学文科学长，反对声却一直不断。陈独秀为人耿直，言语犀利，刚正不阿，得罪了不少人。当然了，也有不少人怕他。不管怎么样，校内校外有很多人讨厌他。但蔡校长看重陈独秀的能力和才华，认为陈独秀是很有想法和影响力的人，能够打开一个新的局面，能够担当重任，因此毅然聘用了他。

蔡元培也十分器重、维护和支持陈独秀，也正因为如此，陈独秀才能够在北大站稳脚，得以施展才华。陈独秀由于其主编的《新青年》提倡民主科学思想，遭到了军阀政府和保守派的嫉恨，后来被迫辞去北大文科学长之职。蔡元培力挺他，并且为他保留教授职位，希望能够挽留他，但陈独秀还是离开了北大，这让蔡元培很是遗憾。

不过，陈独秀在北大期间，还为蔡元培推荐了一个人才，那就是年仅27岁的胡适。

作为一个领导者，必须能够着眼于大处，明白人没有十全十美的，而是"用人之长，容人之短"。如果，蔡元培想选择一个全面的人才，那不仅没有今天的陈独秀，也不会有今天的胡适了。所以说，即便人才有些小毛病，或某些方面的缺陷时，用人者也应抱有宽广的胸怀，包容其过去的过错，给其新的机会，将其才能为己所用！

要有容纳不同意见的胸怀

你豁达了，也就收获了。

——黄 侃

北大教授黄侃曾说过："你豁达了，也就有收获了！"的确，在这个多元化社会，言论自由是进步的前提，只有听取大家的意见和建议，才能从中提取有益的意见和建议，聚集大家的智慧，才会事半功倍。

而蔡元培正是因为对各种不同学派和思想的豁达胸怀，才能够让那么多优秀但是个性突出的人才为他所用。

蔡元培非常欣赏"万物并育而不相害，道并行而不相悖"的观点，他认为：大学之说以称之为大，就是因为它可以包容各种文化和思想，是一个学术自由交流的地方。他在选择教师时主张"苟其确有所见，而言之成理，则虽在一校之中，两相反对之学说，不妨同时并行"。

他还认为：办好大学应该求大同存小异，每一个学科的教员，甚至同一个学科的教员之间，即使主张不同的学术观点，只要是合理的，都可以存在。对于学生而言，他们可以按照自己的观点和喜好进行选择，这样才能培养出具有个性的学生。

在担任北京大学校长时，蔡元培主张思想自由、学术自由，接受各种文化和不同的思想，只要是有益于学校发展和学术提高的，他都会欣然接受。治校的兼容并包思想体现在对待各种学术文化思想方面，这是他兼容并包主义的支柱和核心。

历史上有不少因故步自封而失败的例子：商纣王自高自大，一意孤行，最终落得个葬身火海的下场；楚怀王闭目塞听，弃屈原的劝谏不顾而无奈客死他乡。反之，唐太宗虚心纳下，开创"贞观之治"；齐威王善于纳谏，门庭若市，赢得诸侯朝拜。这都是给我们指出要善于接受他人正确的建议。

魏徵是中国史上最负盛名的谏臣，以直谏敢言著称，即使在太宗大怒之际，他也敢面折廷争，从不退让，甚至说话很难听。

有一回，在上朝时，魏徵当众触怒了唐太宗，唐太宗十分生气，退朝后回到了宫中，大怒："太放肆了，竟敢如此顶撞我，我一定要杀了他！"

长孙皇后听闻后，立刻前去求情："陛下，魏徵之所以敢如此直言相谏，正是因为他知道您是明君，辨得是非，才敢冒死直言。"唐太宗听后，不但没有杀魏徵，反而升职嘉赏。

　　唐太宗不仅一直容忍魏徵，甚至有些敬畏他。一次，唐太宗准备好行装，想去秦岭打猎取乐，但又怕因此耽误朝政而惹来魏徵训斥，便又将此事推迟。后来，魏徵问及此事，太宗笑着答："当初确有这个想法，但害怕你又要直言进谏，所以很快又打消了这个念头。"还有一次，唐太宗得到了一只鹞鹰，甚是喜欢，一直把玩，刚要将它放在肩膀上，突然，远远地看见魏徵走了过来。于是，唐太宗赶紧把鹞鹰藏进怀中。其实，魏徵早已看见，所以他故意奏事很久，而唐太宗却一直不敢取出怀中的鹞鹰，致使鹞子闷死在怀中。

　　魏徵去世后，唐太宗李世民亲临吊唁，痛哭失声，并说："夫以铜为镜，可以正衣冠；以古为镜，可以知兴替；以人为镜，可以明得失。朕常保此三镜，以防己过。今魏徵殂逝，遂亡一镜矣。"

　　古语有云：为上者不可不从下，师以政宽人，方能长治久安。作为领导者，要鼓励大家有不同的建议和意见，这样才能调动大家的积极性和创造性。服众才能有信，特别对于一些反对的言辞要谨记："信言不美，美言不信。"不要觉得不好听就不听，学会分析他人建议是否正确，是否值得听取才是最重要的。领导者不能合理地应对分歧，那么必然会造成治下不安、属下不明的状况。

　　此外，在日常生活中，也要多听取他人的好的意见，使自己避免固执己见，才能少走弯路，少犯错误。当然，在虚心听取建议时，不要"亦步亦趋"。要学会取舍，去粗存精，舍害存益。

　　总之，无论是治国还是管理一个企业，包容不同意见，乐于听闻反对意见，都是管理者必修的课程。只有学会多听意见，你的思路才能拓宽，才能收到来自各方面的声音；要有海纳百川的雅量，虚心听取各种不同的声音，才能善于集思广益，博取众家之长，来补己之短。

多一些磅礴大气，才能成就大事

同我一起工作的同事一多半是十年浩劫中的对立面，批斗过我，诬蔑过我，审讯过我，踢打过我。他们中的许多人好像有点愧悔之意。我认为，这些人都是好同志，同我一样，一时糊涂蒙了心，干出了一些不合乎理性的勾当。世界上没有不犯错误的人，这是大家都承认的一个真理。

——季羡林

老子说过："大丈夫，处其厚，不居其薄；处其实，不居其华。"（《老子·三十八章》）意思是说：保持自己纯真朴实的本性，做人不要太圆滑，不要总是斤斤计较。一个心胸狭窄的人，凡事都跟人斤斤计较，必定不会受欢迎，没有他人相助，也很难成就大事。做大事者，无不胸怀大志，为人处事磅礴大气。

有这样的一个故事：

东汉著名的军事家和外交家班超，是一个胸有大志、不修细节的人。

当时，班超负责在西域联络并结交好其他国家，在西域三十六国除去龟兹都向汉朝称臣。为了能够牵制自恃武力强盛的龟兹，班超努力结交乌孙国。于是，乌孙国王派遣使者到洛阳拜见天子。汉章帝决定派卫侯李邑携带礼物随行护送。班超只好去结交，以图从中牵制。

李邑到了天山南麓时，听闻龟兹正在攻打疏勒，便吓得不敢继续前行。为给自己开脱，便上书朝廷，捏造事实，诬告班超无作为。

班超得知后，很是无奈："我离皇帝这么远，如今有人说我坏话，皇帝难免会相信。"他立刻上书陈奏此事。

汉章帝查清此事后，斥责了李邑，并下诏由班超督办此事，李邑听从班超差遣。大度的班超得知自己已无事，便不再与李邑计较前嫌，热情接待李邑，改派别人护送乌孙使者回国，并且劝告乌孙王派王子去洛阳见汉王，并让李邑陪同前往。班超的属下对此很是不理解，问道："李邑如此诋毁将军，将军不但不责罚他，还派如此美差给他，放他回去，您就不怕放虎归山留后患吗？"

班超不以为然地说"圣上已经还我清白，只要我一心为朝廷服务，就不怕人说坏话。如若我还将李邑扣下，那显得我太过小气。再则，如果图一时痛快，公报私仇，那也不是忠臣所为。即使我把他放回去，他不也敢中伤于我。"此话传到李邑耳中，李邑对班超十分感激，并且自愧不如！

古有班超如此大度之人，也有范雎心胸狭隘之辈。范雎，秦朝丞相，是一个极为小气和报复心理很强的人。太史公马迁评价他"一饭之德必偿，睚眦之怨必报"。他妒杀"战神"武安君白起，举荐的郑安平降赵，降卒全数被杀，这两件事无疑对秦国有着极其大的负面影响。

人生在世应该宽以待人，善以待人，多做好事，这样才能化解一些不必要的麻烦。我们应该把目光放长远一点，做人大气一点，只有这样才能赢得众人的尊敬和支持，才能成大事！

蔡元培虽才华横溢，但是他深知学术不同于政治，其兴衰变迁，不能简单对待，他知道海纳百川、有容乃大的道理，因而对于各种学术思想、主张之存亡消长，保持一种超然的态度。蔡元培自己的学术观点鲜明，支持新文化运动的观点亦很鲜明，但作为一校之长，他没有简单地对待他所不赞成的东西，而是让它们在与新事物的竞争中自然淘汰。

无论是在学术上，还是思想上，蔡元培总是能够保持一种睿智，一种大度，虚心听取各种不同的声音，然后再从中选择对的，排除错的。蔡元培兼容并包的思想，不仅吸引了众多新思潮代表人物加入北大，更让一些旧派教员折服，树立了自己的威信。

五四运动爆发后，蔡元培校长被迫离开北大，当局政府让北大的旧派写一下批评蔡元培的文章，然而就连大骂新派的黄侃也力挺蔡元培，坚决不肯与当局苟同，他对人说："余与蔡子民志不同，道不合；然蔡去余亦决不愿留。因环顾中国，除蔡子民外，亦无能用余之人。"

对于不同的观点，采取简单的批评和压制的方法是不可行的，因为真理是打不倒的。正是在新的观念的冲击下而不断发现旧观念中的问题，解决问题，得到更好的观念。

可在生活中，总有人为了一些小的事情，就大发脾气，弄得双方两败俱伤，真是得不偿失！我们应该多一些包容，多一点理解，少去斤斤计较！自己的利益维护和形象的建立，不是靠吵架或者钩心斗角争出来的。这样的做法只会让彼此的冲突更大，显得自己的心胸狭隘。

所以说，让我们多一些长远的眼光，少一些狭隘的思想；多一些大气磅礴，少一些小肚鸡肠，这才是有为之人所必备的气质和胸怀！

包容不足，情谊更长久

对朋友不能太挑剔，清泉虽高，养不了大鱼，包容才能做大。

——翟鸿燊

常言道，物以类聚，人以群分。所谓朋友，就是能够在某一方面取得交集的群体，如性格相投、感情相印、工作相助等。但不同的两个个体，绝不是所有方面都一致的，即使亲兄弟、亲姐妹、双胞胎，也做不到，更不用说其他类型的朋友。有不同之处，意味着有交集之外，还有大片未能重合的区域，相互之间难免会有矛盾。维系朋友之谊，方法很重要，其中根本之道，就是要有包容朋友的胸怀。

就友谊的重要性而言，对一个人来说，如果人生中没有相知的友情，没有纯真的友谊，那么他的人生就不会丰富多彩，就会淡然无味。如果一个人长期生活在没有友谊的环境里，那么心灵犹如置身于一片荒漠，那种透不过气来的苦闷心情有时甚至会把人逼疯。然而，当一个人获得友谊时，被激发出来的激情就如甘霖，能够让心灵的荒漠变成绿洲。

人们常说："友谊是人生的调味品，友谊是人生的止痛药。"友谊对人生而言是不可或缺的。友谊是如此的重要，但如何才能保持友谊的长久，是许多人在人生的路途中经常会遇到的问题。春秋时期的孔子就已对这个问题有了深刻的认识。

孔子的学生子贡曾问孔子道："老师，有没有一个字，可以作为终身奉行的原则呢？"孔子说："那大概就是'恕'吧。""恕"，用今天的话来讲，就是宽容，就是包容。

一起来看看下面这些事例：

明朝年间，山东济阳人董笃行在京城里做官。

有一天，他忽然接到家里来信，诉说家里盖房子为地基而与邻居发生争吵的事，希望他能借权势来出面解决此事。董笃行看后立即修书一封，上面写道："千里捎书只为墙，不禁使我笑断肠；你仁我义结近邻，让出两尺又何妨。"

家人里读后，觉得董笃行言之有理，便主动地在建房时让出了几尺。而邻居见董家如此，也有所感悟，同样仿效。结果两家共让出八尺宽的地方，房子盖成以后，就有了一条宽阔的胡同，世人称为"仁义胡同"。

无独有偶，六尺巷也是类似的传奇。

清朝康熙年间，桐城人张英官至文华殿大学士兼礼部尚书。

他的邻居是桐城另一大户叶府，其主人是张英同朝供职的叶侍郎，两家因院墙发生纠纷。张老夫人修书一封送达张英。张英见信深感忧虑，回复老夫人道："千里家书只为墙，让人三尺又何妨？万里长城今犹在，不见当年秦始皇。"于是，张老夫人令家丁后退三尺筑墙。叶府很受感动，命家人也把院墙后退三尺。从此，张、叶两府消除隔阂，成了通家之谊。

可见，只有包容地看待人生和体谅他人时，我们才可以获取一个放松、自在的人生，自由地畅游在快乐温暖的生活之中。

西塞图说过："世界上没有比友谊更美好、更令人愉快的东西了；没有友谊，世界仿佛失去了太阳。"友谊是如此重要，我们要用心去珍惜。

第七课

忠实信仰，信仰是指航明灯更是精神支柱

人生最大的财富是信仰和信念的力量，人生是场不间断的战斗，而战斗的能量来自不竭的信仰。没有了信仰，人就会看不见未来，找不到出路，信仰是心中的神灯，思想的佛陀，为你守护着来之不易的快乐，带你走出暗无边际的黑夜。

信仰是一个人真正的财富

我愿终身为华夏民族社会尽力，并愿使自己成为社会所永久信赖的一个人。

——梁漱溟

信仰来源于对美好时光的期盼，对于人生理想的追求。每个人都需要信仰的力量，推动着我们不断前进，不断突破。信仰不分贵贱高低，没有绝对的概念和标准，只要我们认为值得追求，哪怕是像"夸父追日"那样认定了一个虚无的目标，我们也可以将它视为信仰，为之付出努力。

清代著名小说家蒲松龄一生一直都在参加科举，却屡试不第，直

到 71 岁，白发苍苍的时候，才勉强考上"岁贡生"。为了生计，他不得不在朋友家的私塾做老师。他一边传道授业，一边笔耕不辍，最终创作出一部描写花妖鬼狐的讽刺小说集，也就是著名的《聊斋志异》，此书堪称中国古典文学短篇小说之巅。人民艺术家老舍有这样两句诗评价蒲松龄："鬼狐有性格，笑骂成文章。"可见蒲松龄的造诣之高。

在蒲松龄的书房，也就是聊斋的门框上，曾挂着他创作的自勉联一副：有志者，事竟成；破釜沉舟，百二秦关终归楚。苦心人，天不负；卧薪尝胆，三千越甲可吞吴。这说明了蒲松龄对出仕的信念和对美好生活的信仰。

蒲松龄信奉"学而优则仕"，他一生热衷科举，尽管一直不得功名，却从没有想过放弃。正是一生苦求功名的经历，才有了《聊斋志异》这样的奇思妙想和对黑暗现实的深刻批判。

谁都应该拥有信仰。信仰看似来得很容易，实际上一点也不容易。只有内心的渴求激励人不断为之奋斗，它才能转化成为信仰。

孙中山先生被尊称为"国父"，这是对他一生为国、不断革命的真实写照。他是一名战士，毕生都在为革命而奋斗，他号召"驱除鞑虏，恢复中华，创立民国，平均地权"，他的一生都在为了一个理想而奋斗，这也是他的信仰，那就是"天下为公"。

1895 年 2 月 21 日，孙中山号召爱国人士，在香港成立兴中会，孙中山先生当选兴中会理事秘书。该会以"驱除鞑虏，恢复中华，创立合众政府"为宗旨。

这一年，孙中山回到故乡广州，创立农学会，并广征有共同理想的同志，积极准备，定于重阳节发动起义。但由于叛徒泄密导致起义失败，孙中山个人也遭到清政府的通缉，不得不逃亡海外。

1900 年庚子国变，义和团起义失败导致八国联军入侵北京，大肆洗劫。孙中山借机联系到当时的两广总督李鸿章，希望能允许筹划南方诸省独立，成立类似美国的合众国政府。李鸿章答应了与其会见，但孙中山在日本友人的协助下却发现，这只不过是清廷为了逮捕他而设计的一个陷阱。

同年9月，孙中山号召革命同志在惠州三洲田发动起义，因为实力弱小不幸失败，孙中山不得不再次逃到日本。

1903年夏，孙中山在日本青山开办革命军事学校，将革命宗旨改为"驱除鞑虏，恢复中华，创立民国，平均地权"。

这一年，孙中山离开日本，赶往美国檀香山，希望在华侨中发展革命同胞。由于美国当局的排斥，孙中山一度被美国移民局扣留在旧金山。经过旧金山致公堂的保释，并为其代聘律师，他这才逃过被交到清政府手里的厄运。

1905年8月，在日本友人内田良平的牵线帮助下，孙中山的兴中会、黄兴与宋教仁等人的华兴会、蔡元培与吴敬恒等人的爱国学社、张继的青年会等爱国组织齐聚一堂，在日本东京成立中国同盟会，孙中山被公选为同盟会总理，领导爱国同志们发展革命。

1907年5月，孙中山号令余丑等人在潮州黄冈起义，经过六日的奋战，终因寡不敌众而失败。6月，孙中山命邓子瑜在惠州七女湖发动起义，经过十余日，再次失败告终。

同年7月，孙中山经过越南赶赴广西，主持镇南关起义，又一次失败。更糟糕的是，这个时候孙中山被法国当局告知拒绝他入境。直到辛亥革命成功以后，孙中山才得以回到这个自己深爱着的国家。

孙中山先生一生历尽艰辛，辗转飘零。直到1911年10月10日，武昌起义胜利，各地纷纷响应，最终推翻清政府，成立中华民国。

说古论今，坚守信仰才是有志之士的成功之道。毋庸赘言，信仰的力量就是人生的最大财富。

大作家巴金曾经说过："支配战士的行动的是信仰。他能够忍受一切艰难、痛苦，而达到他所选定的目标。"战士的信仰是对保家卫国、保护亲人的追求，是对战争胜利、永不打仗的渴望。

其实，每个人都是一名战士，只不过我们的战场是在生活中，在工作中：家庭和睦、美满，工作顺利、职位高升，这些都可能是我们的战斗目标，我们必须一直为之奋斗。我们要将追求幸福、追求成功、追求美好人生的信仰作为我们战斗的动力，鼓舞自己不断奋斗。

总之，人生最大的财富，就是信仰和信念的力量。你追求圆满，你的动力便从这份信仰中不觉产生；你追求美好的生活，那么这份动力就从对美好生活的信仰中飘然而来。信仰的力量无法强求，却总在不经意间悄然而至；信仰的力量无形无状，却又充满生命的每一个角落。

没有信仰，幸福就会缺失

每个人的精神上都有几根感情的支柱，对父母的、对信仰的、对理想的、对知友和爱情的感情支柱。无论哪一根断了，都要心痛的。

——柳 青

作为人类最普遍、最深刻的精神活动和精神现象，信仰与幸福有着密不可分的关系。信仰可以是对内心的一份矢志不渝的守护，也可以是对理想的生活化和实践化。不过，信仰没有标准的答案。

今人不见古时月，今月曾经照古人。李白诗云"五岳寻仙不辞远，一生好入名山游"；杜甫曾叹"会当凌绝顶，一览众山小"；苏东坡写道"纵一苇之所如，凌万顷之茫然"。无论李、杜、苏，他们一生游历四海，曾经得意，曾经失意，却从没有心生败意。他们忧国忧民，见过社会的种种黑暗，却从没有舍弃心中的美好和光明；他们都活在自己的梦想中，活在自己的信仰中，活在对美好的憧憬中；他们坚信自己能够改变自己的人生，能够为这个社会带来一些美好，他们无疑是幸福的。

信仰的作用决定了信仰是幸福的源泉。在有限的人生中，信仰是人创造和享受精神生活的主观凭借和心灵依托。所以它决定着人是否幸福或幸福的程度，人的幸福感常常依赖于心灵的完满，而心灵的完满则来源于信仰的确立。

信仰是心中的精灵和上帝，为你守护着来之不易的快乐，带你走出暗无边际的黑夜。心灵就像一个装满石子的水杯，只要你愿意，总还是可以装得下一点水分。心灵就在那里，不动不移，却需要我们处理好它和自己、和幸福的关系，我们只有将光明、热情、智慧满载于我们的心灵之中，才能让我们自己变得更坚强、信仰更坚定，从而使人生更幸福。

苏轼是我国宋代著名的文学家，自称"东坡居士"，唐宋八大家之一。二十岁左右的苏轼进京赶考，因才学出众获得主考官欧阳修的赏识，中了进士。"三年京察"之后，苏轼被授予大理评事、签书凤翔府判官。宋神宗登基之后，重用王安石，实行变法，由于苏轼、欧阳修等人与王安石政见相左，被贬出京城，由此，苏轼开始了一生的颠簸。

苏轼在杭州当了三年知州之后，又被调往密州、徐州、湖州等地做知州。后来因为"乌台诗案"，他遭人诬陷被捕入狱，几次险些被杀头。

出狱以后，苏轼被下放到黄州做一名不起眼的小官差，因为官职低微，俸禄微薄，苏轼为生计所迫，带领家人开垦荒地，种田过活。他的别号"东坡居士"就是在这个时候起的。过了几年，苏东坡奉皇帝诏谕，去汝州担任小官。

神宗死后哲宗即位，王安石势力倒台，司马光重新上台，当上了宰相，这一年，因为苏东坡与司马光政见甚合，便被召入朝中做官。

在短短的两年内，就从一个小太守被提拔到了翰林学士知制诰，可谓平步青云。

由于他不喜欢新旧政党之间的相互倾轧，就自陈愿往杭州担任太守。这一次，他在杭州修建了苏堤，受到百姓爱戴。苏轼也很快乐，常常自比于白居易。可惜好景不长，王安石再度上台，苏东坡被流放到偏远的颖州。

在以后的人生中，苏东坡可谓历经宦海沉浮，几次入朝为官，又几次被贬出京城，甚至一度被流放至偏远的海南许多时日。苏轼虽然做官是不成功的，但是在文学上却成了大家，这和他的宦海生涯不无关系。

苏轼一直心怀"为官报国"的抱负，起起落落之中，未曾退出官场，"历典八州，行程万里"。然而，无论遭贬抑或被提拔，他无不淡然处之，苏轼是快乐的。

苏轼是幸福的，他的幸福来源于他淡然的心态。"一人之下，万人之上"的权利不是苏轼的梦想；"采菊东篱下，悠然见南山"的隐退也不是苏轼的风格，也许他所信仰的人生，就该有起起伏伏，欢喜悲伤，这样才足够地丰富和精彩。他一只脚在官场里，一只脚在田园上，既能满足自己为官为民的理想，又能贴近自然，贴近文学。他的路走得很艰辛，却因为心中那份信仰而幸福。

可以看出，真正的幸福并不在于主体所追求的信仰是否达到，而在于为追求这种信仰所进行的奋斗之中。当个体投身于自身所追求的信仰时，他不仅能体验到生活的充实感，而且能超越现实、超越自我，使生命获得一种连续感、延伸感，从而体验到一种至高无上的幸福感。追求信仰的过程同时也是人自身潜能不断展开、创造力不断发展、朝着自由全面发展的过程，在这一过程中，人会领略到永久的幸福。

相信美好，信仰源于对生命的热爱

　　一切外在的欠缺或损失，包括名誉、地位、财产等等，只要不是影响基本的生存，实质上都不应该带来痛苦。如果痛苦，只是因为你在乎，愈在乎就愈痛苦。只要不在乎，就一根毫毛也伤不了。

——周国平

　　信仰是源于对生命的热爱，一个热爱生命的人，心中会有一份信仰，怀揣着对美好人生的一份情感，在奋发向上追求美好人生的路途中，带着对生命的责任和对事业的敬畏，在信仰的支撑下，无论生命的环境有多么恶劣，生命是处于怎样卑微的局面，他们仍然会负重前行，坚定信心，信仰是他们精神力量的源泉。

　　海伦·凯勒是美国著名作家和教育家。她在一岁多的时候，因为发高烧，脑部受到伤害，从此以后，她的眼睛看不到，耳朵听不到，后来，连话也说不出来了。在沙利文老师辛苦的指导下，海伦用手触摸学会手语，摸点字卡学会了读书，后来用手摸别人的嘴唇，终于学会说话了。她的坚强意志和对美好生活的追求感动了很多人，她写了很多书，她的事迹还被拍成了电影。她把爱散播给所有不幸的人，带给他们光明和希望，她最有名的作品是《假如给我三天光明》。在不幸中依然相信美好，这就是海伦·凯勒的信仰。

　　1936年，和她朝夕相处五十年的老师离开人间，海伦非常伤心。她知道，没有老师的爱，就没有今天的她，她决心要把老师给她的爱发扬光大。于是，海伦跑遍美国大大小小的城市，周游世界，为残障的人到处奔走，全心全力为那些不幸的人服务。1968年，87岁的海伦去世，她终身致力服务残障人士的事迹，传遍全世界。

　　有人曾如此评价她："海伦·凯勒是人类的骄傲，是我们学习的榜样，是人类善良的表现，相信她的事迹能成为后世的典范。"马克·吐温说："19世纪出了两个了不起的人，一个是拿破仑，一个是海伦·凯勒。"

有些人一旦陷入了逆境，就难以自拔，万念俱灰，这是人生最大的悲哀，这就是没有信仰的结果。其实，人生就像一个四通八达的迷宫，成就自己的路很多，引诱自己的歧途也很多，还有很多走不通的死路，有捷径也有弯路，有小路也有坦途。如果我们不小心走进了死胡同，不要自怨自艾，误入歧途也不要自暴自弃，我们一定要想着回过头来，重新来过，毕竟后边的路还有很长，终有一条通向光明。坚信美好就在前方，我们只需勇往直前。

宋代著名婉约派词人柳永，自幼聪明，7岁便是乡里的神童，才名传遍崇安城。但是他的命运却被他自己的一句词彻底地转了方向。柳永因为惹怒了皇帝，基本上没有通过仕途博取功名的希望了。而当时通过科举走向仕途，是知识分子实现命运转变的主要途径。

故事的经过就是，柳永曾经作过一首词，词牌为《鹤冲天》，其中有"忍把浮名，换了浅斟低唱"一句，也就是这么一句把皇帝惹恼了，说："此人好去'浅斟低唱'，何要'浮名'？且填词去。"

就这样，柳永戏谑地称自己是"奉旨填词柳三变"，他并没有因为仕途无望就自暴自弃，反而更加努力，最终成为北宋著名的词人。

信仰所在，便是憧憬理想、热爱生命之所在，便是感受生活的爱之所在。信仰是滔滔大江的河床，没有它就只是一片泛滥的波浪；信仰是熊熊烈火的引索，没有它就只是一捆冰冷的柴薪；信仰是巍巍大厦的栋梁，没有它就只是一堆散乱的砖瓦；信仰是远洋巨轮的主机，没有它就只是瘫痪的巨架……所以，浮沉于茫茫的人世，不能没有信仰。

我们一定要坚信，即使你现在困弱不堪，只要你坚守信仰，美好一定会"闻香而来"。一切终究是美好的，我们只需要勇敢地追求。

人永远比想象的要坚强

世界既完美，我们如何能尝创造成功的快慰？这个世界之所以美满，就在有缺陷，就在有希望的机会、有想象的田地。换句话说，世界有缺陷，可能性才大。

——朱光潜

古语云"功崇唯志，业广唯勤"，意思是说，功劳高是由于有大志向，事业大是由于勤劳。你相信自己有多厉害，你就能攀登到多高；你能扛住多少，那么你便能得到多少。人生痛苦是难免的，同时也是短暂的，我们何不把那些痛苦的经历当作人生的一种磨炼，让我们自己变得更坚强，更不容易被打倒呢？

天汉元年（公元前100年），当时中原地区的汉朝和西北少数民族政权匈奴的关系时好时坏。匈奴政权新单于即位，汉武帝为了表示友好，派遣苏武率领一百多人，带了许多财物，出使匈奴。不料，就在苏武完成了出使任务，准备返回自己的国家时，匈奴上层发生了内乱，苏武一行受到牵连，被扣留下来，并被要求背叛汉朝，臣服单于。

最初，单于派人向苏武游说，许以丰厚的俸禄和高官，苏武严词拒绝了。匈奴见劝说没有用，就决定用酷刑。当时正值严冬，天上下着鹅毛大雪。单于命人把苏武关入一个露天的大地窖，断绝食品和水，希望这样可以改变苏武的信念。时间一天天过去，苏武在地窖里受尽了折磨。渴了，他就吃一把雪，饿了，就嚼身上穿的羊皮袄。过了好几天，单于见濒临死亡的苏武仍然没有屈服的表示，只好把苏武放出来了。

单于知道劝说苏武投降没有希望，但越发敬重苏武的气节，不忍心杀苏武，又不想让他返回自己的国家，于是决定把苏武流放到西伯利亚的贝加尔湖一带，让他去牧羊。临行前，单于召见苏武说："既然你不投降，那我就让你去放羊，什么时候公羊生了羊羔，我就让你回到中原去。"

与同伴分开后，苏武被流放到了人迹罕至的贝加尔湖边。在这里，单凭个人的能力是无论如何也逃不掉的。唯一与苏武做伴的，是那根代表汉朝的使节和一小群羊。苏武每天拿着这根使节放羊，心想总有一天能够拿着回到自己的国家。这样日复一日，年复一年，使节上面的装饰都掉光了，苏武的头发和胡须也都变白了。

十几年过去了，当初下命令囚禁他的匈奴单于已去世了，就是在苏武的国家，老皇帝也死了，老皇帝的儿子汉昭帝继任皇位。这时候，新单于执行与汉朝和好的政策，汉昭帝立即派使臣要把苏武接回自己的国家。

汉朝使者到了匈奴地区，扬言说，汉朝的天子在上林苑中射到一只大雁，雁的脚上系着帛书，帛书中清楚地写着苏武在北方的沼泽之中。单于只好把苏武等九人送还。

为了表彰他不辱汉节的功绩，昭帝封他为典属国，秩中二千石，赐钱二百万，公田二顷，宅一区。宣帝时，他被赐爵关内侯，后复为右曹典属国。苏武留胡节不辱的爱国精神，也受到后人们的敬仰，他的事迹被编为歌、剧、故事，广为流传。

或许苏武没有想过自己能够坚持多少年，他只身一人能在北海边牧羊十几年靠的就是对投降变节的不屑，对大汉王朝的忠诚。苏武有自己的信仰，他是一个坚强的人，甚至这份坚强，连皇帝都会为之感动。

人们自认为脆弱，自认为前方困难重重，如山似海，那是因为我们缺乏了自信，缺乏了坚定的信仰，没有勇气面对前方，所以只能徐徐退却，东躲西藏最终一事无成。敢于面对问题，问题才会迎刃而解，是谓"车到山前必有路，船到桥头自然直"，自认脆弱，那么必然不堪一击。

多给自己正面的力量

　　当失败降临的时候，也是我们最应该感到庆幸的时候，因为我们结束了一条不可能走到尽头的路，从而回到了正确的轨道上来。

——沈兼士

　　人就是一个磁体，宇宙就是一个磁场，世界上有一种神奇的法则叫吸引力法则，你向宇宙要什么，宇宙就给你什么，所以有一种积极的、健康的、催人奋进的、给人力量的、充满希望的能量，这个能量会促进你快速成功，这就是"正能量"。

　　如果一个人有正能量场，就会不由自主地散发出健康、快乐的气息，这不仅会影响自己，还能感染他人。给别人一个微笑，让别人感受到你的快乐。情绪是能传递的，当你的正能量外放时，它就能驱赶走空气中不和谐的因子，把快乐的事物吸引到你身边来。

　　从古至今，正能量激励着千千万万人，帮助他们走出困境，拨开云雾。

　　唐朝中后期，唐顺宗为了惩治宦官专权发动了永贞革新，但因反动势力根深蒂固致使失败。而参与其中的王叔文被贬为渝州司马，不久病死。柳宗元、刘禹锡等六人都被贬为边远州的司马。

　　逆境中，刘禹锡并没有就此颓废。他积极乐观、从容淡定，好像不是被贬了，而是得了休息放松的假期。

　　按当时的规定，他应住衙门里三间三厦的屋子。可是，和州策知县是个见利而为的小人，目光势利，他见刘禹锡被贬而来，自无好处，

101

便多方刁难。先是安排刘禹锡住在县城南门，面江而居。刘禹锡见房子面对大江，不但没有埋怨，反而很高兴，特撰写一联贴于房门："面对大江观白帆，身在和州思争辩。"

他这个举动气坏了策知县，策知县又令衙内书吏将刘禹锡的住房由城南门调到城北门，由三间缩小到一间半。这一间半房子位于德胜河边，附近还有一排排杨柳树，自是别有一番风趣。刘禹锡见了这个环境，也没有计较，依然安心住下，读书作文。因景生情，他又写了一副对联贴在新居："杨柳青青江水边，人在历阳心在京。"

策知县见他自是悠然自得，又把他的住房再度调到城中，而且只给一间仅能容下一床一桌一椅的房子。半年时间，刘禹锡连搬三次家，住房一次比一次小，最后仅是斗室。便想这狗官实在欺人太甚，遂愤然提笔写下《陋室铭》一文，并请人刻于石头上，立在门前。

人间沧桑，策知县早已化作黄土泥沙，而刘禹锡所作的《陋室铭》一文，却是光照历史，流传千古，至今仍是一篇脍炙人口的佳作。

十年后，刘禹锡奉旨回朝。他得知自被贬后，皇上用了不少谄媚卑鄙的小人，正义之心使他难以与之相容。一日，他到玄都观重游，有感而发，写下了《元和十年自朗州召至京城戏赠看花诸君子》。诗里讽刺道："紫陌红尘拂面来，无人不道看花回。玄都观里桃千树，尽是刘郎去后栽。"

当时，刘禹锡的诗文已经颇有一番名气了。那些奸恶的小人立刻抓住了这个不放，说他藐视朝廷、看不起同僚。皇帝听信谗言，再一次把刘禹锡贬职到连州当刺史，后又任命他为江州刺史。后来他又到了苏州，颠沛周折，但他从未低头妥协。一次次的政治压抑和打击，激起了他更为强烈的愤懑和反抗，并从不同方面强化着他的诗人气质。

无情岁月十四年，梦得依是本色人。刘禹锡不畏权贵，以戏谑的轻松姿态又在玄都观写下："百亩庭中半是苔，桃花净尽菜花开。种桃道士归何处？前度刘郎今又来。"

刘禹锡是乐观向上的，正是因为他对未来充满希望，才会越挫越勇。他是快乐的，因为他懂得"自古逢秋悲寂寥，我言秋日胜春朝。"在人生的低谷他没有一蹶不振，而是凭借着自己身上源源不断的正能量，为后世留下诗文 800 多篇，被称为一代诗豪。

"沉舟侧畔千帆过，病树前头万木春。"这是一种男儿的伟大志向，也是他散发出来的正面的能量。可见，正面的力量是多么的强大。给自己一个信仰，释放出正能量，你就是强者。

信仰迷失的悲剧

悲剧将人生的有价值的东西毁灭给人看，喜剧将那无价值的撕破给人看。

——鲁　迅

信仰的迷失是众多悲剧产生的原因，比如一个民族没有信仰，就会破坏环境，发动战争；一个政治家没有信仰，就会机关算尽，祸国殃民；一个企业家没有信仰，就会贪得无厌，损人利己……

《公羊传》中有一个故事，在春秋时期，宋楚两国交兵，楚军包围了宋国都城，以为城中没有粮草供给自然会弃城投降，这是楚军的策略，但是对楚军而言，他们的情况也并不乐观，军中所剩粮草仅够维持七天，粮草尽便只能撤回。所以战争的关键点便是双方都不了解对方的底细，谁撑到底便决定了这场战争的输赢。

宋国大夫华元与楚国大夫司马子反会面时，华元首先告知对方，城中已经穷困到极点，乃至"易子而食，析骸而炊"。

子反问："为何要把实情透露出来？"

华元回答："君子见人之厄则矜之，小人见人之厄则幸之。"意思是：相信子反是君子，不会乘人之危。

于是，子反随即也告诉华元，七天之后楚兵粮食将尽，如果还没攻下城池，就将撤兵。

子反回营后，将他们对话的内容告诉楚王，楚王大怒，责备他透露实情，子反回答道："区区小宋国都能做到不欺诈，何况我们楚国人！"

后来楚王与子反一起撤回军队，归国。

这便是古人的信仰，即便是在关于输赢的战争面前，两军会谈也不做欺诈，为的是城中百姓安危，君子的作为便是不乘人之危。而反观现在，诚信缺失，欺诈盛行，人与人之间缺乏信任感，食品安全事件频发，对物质享受的追求达到极致，金钱与地位变为唯一的评价标准……

信仰的迷失，让我们失去了敬畏之心，让我们做人做事没有了良心和底线。人生没有信仰，人的生活变得没有目标，只是为钱活着，这样就很容易迷失自己。

对个人而言，信仰是活着的理由，心理学家证实，信仰能使人在生活的道路上遇到任何困难都能够坚忍不拔，战胜困难，无论处于任何环境都能以积极上进的态度对待生活。而信仰的迷失往往会造成生命的悲剧。

海子原名查海生，生于 1964 年，在农村长大。1979 年 15 岁时考入北京大学法律系，大学期间开始诗歌创作。

从 1982 年到 1989 年，这 7 年的时光中，海子以他莫大的热情，洋洋洒洒地创作出了近 200 万字的作品。

然而，这样一个总是吟唱着"从明天起做一个幸福的人"，"面朝大海，春暖花开"的人，却在 25 岁的美好岁月中，用卧轨结束了自己的人生。

平生落寞孤独的海子，死后引起了世人极大的注意。

在这样一个缺乏精神和价值尺度的时代，一个诗人自杀了，他迫使大家重新审视、认识诗歌与生命。海子那一种燃烧自己青春激情方式的写作，或许是把他自己推进这个在写作与生活之间没有任何距离的黑洞里去的。海子的死让我们猜测种种，但我们发现了，这位诗人的信仰在一定程度上是迷失的，他执着于自己的方式，沉迷在自己的世界，他的信仰是孤独无依的。

信仰一旦走错方向，就会衍生出无数的心魔。他不能忍受自己信仰的世界被摧毁，一旦这个世界倒下了，他也就倒下了。海子是脆弱的，他的信仰给了他对于明天的希望，却没有告诉他今天亦应该勇敢地活着。没有今天，又哪来的明天呢？

当代古兰经经注学家麦卡利姆·设拉兹认为，任何人在生活中都会遇到许多困难，而在克服这些困难时，只有宗教信仰能赋予人强大的精神力量。我们发现在有信仰的人中，自杀现象很少，灰心、失望、自杀等消极现象往往发生在那些没有信仰的人身上。

人，千万不要迷失了信仰，做一个勇敢的人，好好地活着，找回属于自己内心的信仰，那是我们的价值所在。

第八课

思想自由，我不同意你的说法，但我尊重你说话的权利

每个人对事物的认识看法不可能完全相同，在一个多元化的社会中，尊重不同的观念和见解、听从不同的声音和意见是成功者必备的素质。做人要有海纳百川的雅量，集思广益，方能博众彩之长。

信言不美，美言不信

言人之所言，那很容易；言人之欲言，就不太容易了：言人之不敢言，那就更难了。我就是要言人之欲言，言人之不敢言。

——马寅初

老子《道德经》里有句话，叫"信言不美，美言不信"，意思是说：真实的话往往不好听，好听的话往往不真实。的确，词语表面上的动听、浮华并不真实，也不能代表什么。

每个人都被上帝赋予了不同的人生，也会产生无数种性格，如：有人磊落，必然有人阴暗；有人大方，必然有人小气。在这种复杂的人群中，我们很难分辨好与坏，但记住一点："巧言令色，鲜矣仁。"那些满脸都是伪善神色，满口都是花言巧语的人，是不值得交往的，

因为他们根本没有仁德。那些值得交往的君子通常是话语谨慎，做事行动敏捷，也就是《论语·里仁》里所说的"君子欲讷于言而敏于行"的意思。

无论是在现在，还是在古代，人们都十分忌讳那些"甘言厚币"之人。人们往往在有所图的时候才会甜言蜜语、厚赠钱财，实际上是贿赂他人，诱使人徇私枉法，表面上却做出一副看似友好的假态。

在春秋时期，秦国的秦穆公正要攻打郑国的时候，秦国的大夫杞子派人跟秦穆公报告说他有一个能轻而易举地占领郑国国都的方法，那就是：郑国人让他掌管国都北门的钥匙，只要秦穆公悄悄派兵前来，就可以得逞。

秦穆公觉得建功立业的机会这次真的来了，因此得知此事后异常兴奋。他又去向蹇叔征求了意见，蹇叔是当时秦国的一位老臣。

蹇叔说："大王您细想想，我军到那地方时，肯定已经精疲力竭，如果郑国国君稍有防备，我们恐怕就在劫难逃了吧？所以大王，我觉得在战术方面，这样的战术是不可行的。因为郑国离我国有千里之遥，如果您想要让军队占领它，我觉得这样是不可行的。况且此段路程如此之远，在此期间郑国一定会得到消息的，如果这样，我军的辛劳就付之东流了，恐怕还会有人叛变的。"

可虽如此，秦穆公却没把蹇叔的话放在心上，他让孟明视、西乞术和白乙丙三位将领从东门出发进攻郑国。

蹇叔得知秦穆公的决定，很是伤心，对孟明视说："我不想看着大军出发，却看不见他们回来啊。"西乞术和白乙丙是蹇叔的两个儿子，他们都随军出征，蹇叔对儿子哭诉道："晋国人一定已经在崤山埋伏好了，我军到那一定会腹背受敌。你可知道崤山有两座山头，北面的山头是周文王避雨的地方，南面的山头是夏王皋的坟墓？你们一定难以从两座山头之间逃脱，唉，我只能等着去那里拾你们的尸骨了。"

秦穆公听闻此话，心里不高兴，就派人对蹇叔说："如果你中寿就去世，没有活到现在的话，我估计两只手都不能合抱住你坟头的树了。"

孟明视他们果然在崤山中了埋伏，晋军把他们团团围住，使他们进退两难。最后孟明视、西乞术、白乙丙三员大将全都被活捉，秦国的士卒也死的死，降的降。

君王不能抵御溢美之词，轻信战争能顺利打赢，而蹇叔的言论虽是事实，但却让秦穆公感到难堪，所以执意要伐郑。不仅如此，他还派人讥讽蹇叔为何不早点死去，自己最后只落得个崤山大败。

这也是很好地证明了"信言不美，美言不信"这句话。魏徵的一篇《谏太宗十思书》，至今广为流传。魏徵善于进谏，而唐太宗也乐于纳谏，且政治修明。魏徵在进谏中有好几次都使唐太宗很不悦，但他都没计较，虽然偶尔口头上说要惩治魏徵这个"乡巴佬"，但他却终究没有打压魏徵。唐太宗在魏徵死后还评价他为"帝王人镜"，忠言虽逆耳，却利于行，魏徵也因此在唐太宗心中占据了不可替代的位置。

现实生活中，我们常常碰到，有的人说话说得天花乱坠，很动听，很华美，但是到头来是让你上当受骗。相反，"信言"是真实的、素朴的，不用"包装"，它往往没有那种外表的美，这就是"信言不美"了。

信言是真诚的流露，美言是虚伪的开端。孔子曾教育学生要交诤友，不交损友。诤友，能勇敢指出朋友的缺点过失；损友，则美言连篇，对朋友的错误姑息迁就。

当别人夸赞你的时候，听听也就罢了，而那些批评声才是你真正需要去反思的。所以，我们一定要坚持"信言不美，美言不信"的原则，虚心接受别人的建议。

己所不欲，勿施于人

学者们常说"真理愈辩愈明"，我也曾长期虔诚地相信这一句话。但是，最近我忽然大彻大悟，觉得事情正好相反，真理是愈辩愈糊涂。

——季羡林

"己所不欲，勿施于人"出自《论语·颜渊篇》，是孔子经典妙句之一，这句话的意思是说：自己不想要的东西和结果，切勿强加给别人。

无论何时何地，把意愿强加给别人都是不对的。我们自己再喜欢的事也不可以强加于人，每个人的价值观念不同，居住地域、生活经历不同，个性倾向性如兴趣、爱好、动机、理想、抱负、信念、世界观不同，于是满足个人需要的事物也会千差万别，呈现出很大的个性差异，所谓"萝卜白菜，各有所爱"。

大禹接受治水任务时，刚刚和涂山氏的一个姑娘结婚。当他想到有人被水淹死时，心里就像自己家里亲人被淹死一样痛苦不安，于是他告别妻子，率领 27 万治水群众，夜以继日地进行疏导洪水的劳动。经过 13 年奋战，三过家门而不入，他疏通了 9 条大河，使洪水流入了大海，消除了水患。

到了战国时期，有个叫白圭的人，跟孟子谈起大禹治水这件事，他夸口说："如果让我来治水，一定能比禹做得更好。只要我把河道疏通，让河水流到邻国去就行了，那不是省事得多了吗？"

孟子谈起这件事说："让洪水流到邻国，邻国难道不会让洪水再流回来吗？有仁德的人是不会这么做的，这么做只会造成更大的灾害。"

白圭只为自己着想，不为别人着想，这种是"己所不欲，要施于人"的错误思想，是难免要害人害己的。大禹治水把洪水引入大海，虽然费工费力，但这样做既消除了本国人民的灾害，又消除了邻国人民的灾害。这种推己及人的精神才值得称颂。

东晋大臣庾亮有一匹很凶的马，于是人们劝他："赶紧去市场上卖掉吧，不然就砸到自己手里了。"

没想到庾亮却说："我去卖掉，自然会有人买去，对我来说是减轻了伤害，但那样的话，它会伤害它的新主人。我难道要因自己的不安全就要嫁祸他人吗？"

庾亮所言体现了这种高尚的品格。他没有因为自己会受到伤害就将这种伤害转移给别人，而是将危险留给自己，他的这种"己所不欲，勿施于人"的品质让我们感到敬佩。

所以说，要做到"己所不欲，勿施于人"，关键在于：我们对待他人时要做到"将心比心，推己及人"。谁都不愿意干自己不爱干的事情，更不喜欢让他人来强迫自己做不爱做的事情。自己是这样，别人也是这样。如此，将心比心、推己及人后，自然就能做到"己所不欲，勿施于人"了。为别人着想，别人也会为你着想，真诚才能换真心，若人人都能做到这一点，世界一定会和平、安宁。

倡导民主，不搞"一言堂"

多提些问题，少谈些主义。

——胡　适

北大校长蔡元培在北大推行一种教授治校的方案，即学校由教授自己来管理，并赋予教授很大的权力，他们有权决定考试内容、学科选择等，这在大学的领导体制上是不凡的创新之举，也是史无前例的。

　　蔡元培授意在北大成立了评议会，用来决定学校的大政方针，并因此成为学校最高的立法机关。这个评议会由选举产生成员，这些成员大部分是学校里的教授，并且，他们在一年任期满后还可以通过选举而连任。

　　学校的每个系都成立一个教授会，同样是通过选举产生成员，并在这些成员中选举一人为主任。教授会和评议会一同来决定学校的教学、教务工作，校长并不参与意见，只是给他们起后勤保障作用。

　　蔡元培先生对后人的影响是伟大的，他对思想、言论自由的捍卫之心深深鼓舞着后代。梁漱溟先生曾说过："核论蔡先生一生，既不以某一种学问见长，也无一桩事功表现，亦没有什么其他成就，只在开出一种风气，酿成一大潮流，影响到全国，收果于后世。"也正是如此，蔡元培的学问、为人并没有达到很高的层次，但他在北大历史上的影响仍然是无人可及的，原因就是他秉持了这种自由民主、兼容并包的办学理念，并且坚持贯彻了7年之久，直到他离开北大。他的这种教育制度使北大的混乱局面得以改变，师生品行不检等为社会所菲薄的气象消失了，学生们也不再求官心切，而是改为专心研究学术。

　　要想倡导民主自由，就首先要自身保持思想自由，蔡元培作为学校的思想领袖，就很好地做到了这一点。

　　宋蔼龄、宋庆龄、宋美龄，被称为"宋氏三姐妹"，在那个特殊的历史舞台上，"宋氏三姐妹"随同她们的丈夫，以个人的突出才华和贡献改变了中国历史，同时也影响了世界历史，对中国妇女的解放做出了突出贡献。这三个不凡的姐妹身后有一位"不凡的父亲"——宋耀如。

　　在当时，大多数的中国传统家庭男子都以家长自居，他们的话像法律一样具有威力，不管对与错都可以强加在孩子头上。或者说他们的话本身就是法律，不管孩子理解不理解愿意不愿意，都要执行。而孩子的要求不管对不对，提出的愿望应该不应该，则全凭家长的一句话："对"或"不对"和"行"或"不行"。在"一言堂"式的家庭中，小孩基本不能按照自己的意愿去发展。

但宋耀如的家庭不是这样的。他为女儿们准备了一个崇尚平等、自由、独立、创新、坚忍、爱国的思想大熔炉，让女儿们从坠地之始就享有男女平等、个性自由、独立自主的权利，鼓励女儿们从小就勇于追逐梦想，为女儿们搭建了一个与绝大多数当时中国女性不同的成长平台。

宋耀如作为一家之主从不搞"一言堂"，主张家庭民主，在家中不论大人小孩都可以自由发表言论。而且当孩子的要求和大人的愿望相反，孩子均可以据理力争并最后使父母满足自己的要求。

在这样家庭成长起来的"宋氏三姐妹"难怪都能成为当时的一段传说。

因为真正的民主是要给人平等、畅所欲言的权利。所以，无论是在学习、工作或家庭生活中，大家都要秉持相互交流的观念，谁都不能以己独大。正如韩愈《师说》中所说"弟子不必不如师，师不必贤于弟子"。之后还要倡导"术业有专攻"的理念，给每个人机会，让他展现自己精彩过人的一面。

在学校里，育人应以授业解惑为首，治理则以民主自由为尊。而在社会中，朋友之间相处要平等相待，尊重对方；工作当中，领导要虚心接纳下层的意见。家庭中尊重长辈，但也要尊重小孩的意见。如果只是"一言之堂"，未免独断专行。

在现代社会，仍有很多人喜欢搞"一言堂"，把自己的话当成"圣旨"一样让别人去执行，这简直就是人们所说的"强盗思维"。想改变这一现状，就要求领导者不仅要受众人监督，还要开放思想，鼓励言论自由；还要求被领导者坚持民主理念，勇于维护自己的思想言论自由。也就是说，无论是领导人，或是被领导者，都必须坚守遵循民主的理念。

只有把民主放在首位，海纳百川，才能服众，从而事事成功。

敞开胸怀，给大家表达自己意愿的权利

敞开胸怀，给大家表达自己意愿的权利沟通的 5 个基本要素：点头、微笑、倾听、回应、做笔记。

——翟鸿燊

蔡元培对人非常宽宏大度。别人如有长处，他总是公开赞扬；别人如有过错，他总肯原谅。在他担任北大校长时，可以看到他对聘请教授采取兼容并蓄的态度。

当时，北大有提倡白话文的胡适和钱玄同，有极端维护文言文的黄季刚和刘申叔，有拖着长辫子的辜鸿铭，有朴学大师章太炎，有洪宪六君子之一的刘师培，有戊戌维新的梁启超，有讲昆曲的吴梅，蔡元培都让他们各本所学，尽量地发挥各人特长，在我国大学教育方面留下美谈和典范。

他提出了"学为学理，术为应用""学为基本，术为枝叶"的观点，指出："教育者，养成人格之事业也。""思想自由""兼容并包"，是蔡元培任北京大学校长时提出的办学方针。

他认为大学的性质在于研究高深学问。大学是"囊括大典，网罗众家"的学府，应该广集人才，容纳各种学术和思想流派，让其互相争鸣，自由发展。

蔡元培无论是对待"教授治校"还是"学生自治"，他都敞开胸怀，让人看到了一位长者的风范，让我们见识到了真正意义上的现代大学；他一生凛然正气，万世师表，在对待北大学子上，他给予大家表达自己意愿的权利。

可见，要敞开胸怀，就首先要做到大度。大度是一种心态，只要我们的内心存有大度之道，时常念及大度之词，就能够把自己修养得更有风范，而且心态上也会更加富有朝气。只有我们有了好的心态，我们才能敞开胸怀。

敞开胸怀的人是快乐的，因为他们的视角在广阔的天空和无垠的宇宙，而不在世间种种烦琐的事情上。试想一下，一个人的心胸广阔得可以盛下漫天的星星，还有什么盛不下呢？

周厉王姬胡为人暴戾而又刚愎自用，以严酷的政策来治理国家，使得人民怨声载道，背地里纷纷咒骂他。大臣召公好心劝告他说："人民已经不堪忍受了。"姬胡很生气，为了堵住人民的口，派了巫师监视百姓言行。这可能就是中国历史上第一个特务机构了。

姬胡的特务治国的策略，弄得亲友熟人在路上遇到了都不敢互相招呼，只能看上一眼。整个国家人人自危，陷入极权专制的恐怖之中。

从此，就没有人敢议论了，但是诸侯也很少来朝拜了。几年过后，整个国家都没有敢张口议论国事的人了。人们在路上相见，也不敢说话，只是以互递眼色示意。厉王对此却十分满意，还对召公说"你看，他们都不敢多嘴了，是寡人消除了人们对我的议论！"

姬胡自以为得计，得意扬扬地对先前劝过他的召公说："我有办法叫百姓不敢诽谤我，现在没人再敢说我坏话了。"

召公再次劝谏说："这样堵住人民的嘴，就像堵住了一条河，河一旦决口，要造成灭顶之灾；人民的嘴被堵住了，带来的危害远甚于河水，治水要采用疏导的办法，治民要让天下人畅所欲言，然后采纳其中好的建议。这样，天子处理国政就少差错了。"姬胡听了不以为然，嗤之以鼻，仍然一意孤行，实行暴政。举国上下都是敢怒不敢言。3年后，人民最终不堪忍受，自发地拿起生产工具作为武器攻入王宫，把昏君放逐到了一个叫彘（今属山西）的地方。

　　周文王、周武王开创的强盛的西周王朝就在周厉王的暴政下开始衰败了，不听召公之言"防民之口，甚于防川"，仍旧把民众逼得"道路以目"，这种做法实在可怕。周厉王得此悲剧，原因就是他不愿意广开言路，不愿意别人议论他的得失，而是封杀舆论。也正是这种做法导致他落得逃离王国、客死异乡的悲惨下场。

　　大禹治水就是采取了"疏"的办法，从而治水成功。言论就和洪水一样，如果你无视它，或者一味地堵住，都不能从根本上解决问题，最终只会祸及自身。只有广开言论，才能吸取更多人好的意见，从而使社会长治久安。

　　因此，做人要胸怀广阔，能够接受别人的意见，这样有利于事业，也能够弥补自己学识的不足。心胸狭窄、鼠目寸光、锱铢必较的人是不会有所作为的。

让思想百花齐放

　　知教育者，与其守成法，毋宁尚自然；与其求划一，毋宁展个性。

——蔡元培

　　孔子、孟子、老子、荀子等思想大家都诞生于春秋战国时期。那个时候百家争鸣，不仅留下了很多的学说，还丰富了中国古文化。可以说，这一笔宝贵的信仰财富正是那个时代思想撞击下的产物。

　　儒家、道家、墨家都以说服对方为目的，即使一方受重用，也不会封杀其他学说。因此，才会涌现出源源不绝的大师。

　　在《庄子·天道》中记载了这样一个故事：

　　孔子希望周王室的图书馆能收藏他编写的著作。孔子的弟子子路就对他说:"老子曾经是图书馆的馆长,老师,要不咱们找找他吧?"

孔子听了他的建议,找到老子商量这件事,但老子却没有同意帮助他。于是,孔子为了争取便对他说起自己的著作。老子却有些不耐烦地说:"请你讲重点吧,这样说太慢了。"

孔子说:"重在仁义。"

老子又问他:"你所说的仁义符合人的天性吗?"

孔子答道:"是的,君子必须仁义,不仁就站不住脚,不义就活不下去。不用怀疑,仁义必然是真正的人性。"

老子说:"那把你所谓的仁义跟我说说吧!"

孔子道:"仁义就是心存善念,愿万物安乐;无私的爱世间所有人,不带私心杂念。"

老子笑着回道:"天地、万物、人,都有自己的天性,都按照各自的天性去生存,这本来就很好,很幸福,你们要强迫他们仁爱,不就是存心要搞乱人心吗?简直是太自私了!仁义虽好,但绝对不能人为地、强制地去规定,非要如此,必定会乱了真性情啊!"

儒家不断地宣扬仁爱的理论,希望诸侯能够以仁义治国,安抚天下;而道家则反对仁义,认为仁义违反了人的天性,而这个礼崩乐坏的社会已经没得救了,越折腾越坏事。而儒家和道家之争,在当时只是一方面,还有包括儒墨之争、道法之争、兵墨之争等很多思想也在不停地冲突、发展中。真可谓是"千帆共竞,百舸争流"。

早在两千多年前,文明开化之风就蔚然盛行,当时的诸子百家辉煌壮阔,各持其说,争鸣激荡。各学术团体并不受制于政治,它们都是相对独立的。所以,幽深微妙的思想才能不断迸发出最绚丽的光辉。各家纷纷著书立说,议论时事,阐述哲理,从不同社会集团的利益出发,各成一家之言。但是他们并不依附于政治或是某个政治权势集团,只是秉着"用我则留,不用我则去"的原则。

当然，面对错误与偏颇的思想，我们要有所选择，但选择并不意味着一刀切，而是要用更为智慧的方式去引导、去教育、去扶正、去融合、去保留独特的个性，这样我们的思想才不会只剩下不蔓不枝的主干。

1951 年，国内关于京剧问题的发展出现了争论，一派主张全部继承；另一派认为京剧是封建主义的，主张全部取消。1951 年 4 月，毛泽东为中国戏曲研究院题词："百花齐放，推陈出新。"他主张不单是京剧，各种戏曲形式都要去其糟粕，取其精华，加以继承。

当代教育家、革命家、政治家蔡元培先生在北大任教时就提出"兼容包并，思想自由"的方针，他是想借此把北大办成学术自由的摇篮、百花齐放的发源地。从此这个方针也就成了北大的无形校训。

蔡元培认为只有从思想上变革才能一改北大的"老爷"式学堂传统，所以他对北大的整顿是从文科开始入手的。他的第一个举措就是请人，他把一批像李大钊、刘半农、周作人、胡适等新学方面的先驱者聘请到学校，还包括自然科学方面的李四光、翁文灏等科学家，开设北大的理科组。同时，一些学术上造诣很高，但在政治上非常保守的学者甚至吹捧封建君主制的人也被他选中，其中有辜鸿铭、黄侃、钱玄同、刘师培等。

从此，北大的校园里有了保守派、激进派，亦有维新派，三教九流、诸子百家汇聚一堂。老学究们的背后拖着长辫，心里眷顾着帝制，但仍然能与思想激进的新人物同席笑谈和激烈辩论。蔡元培先生看到此景象，很是欣慰，因为他觉得这才是真正的大学。

蔡元培先生似乎是预知未来的，他高瞻远瞩，请来各种人物、各种思想，让学生们自己选择，自己理解，从而使思想百花齐放，进而迸出火花。正是如此，思想才能延续下去，救国救民的思想才能出现。

如果我们压抑排斥所有非主流的思想，那么在提倡妇女守节最严酷的明代，我们就听不到被禁锢人民唱出的为爱情献身的动人吴歌；如果我们打压清理所有非主流的思想，那么玩物广泛的王世襄，就不可能成为一个精熟民俗文化的大方之家；如果我们要求所有人都文理兼善，那么数学仅考十五分的钱锺书，便不可能进入清华，而终成令人高山仰止的文化昆仑……

所以说，让思想百花齐放是一件必要的事，也是一件刻不容缓的事！

打破条条框框，拥有开放性的思维

教育是帮助被教育的人，给他们能发展自己的能力，完成他的人格，于人类文化上能尽一分子责任；不是把被教育的人，造成一种特别器具，给抱有他种目的人去应用的……教育是要个性与群性平均发达的。

——蔡元培

传统儒家思想教育人们以"中庸之道"行事，"君子取道甚迂，行不由径"等根深蒂固的思想，在潜意识中影响着人们。这种思想还表现在教育方面，缺少一种开放性的思维方式。

胡适留学归国后，立即被聘为北京大学的教授。当时，北京大学是国内唯一一所略有历史，略具规模，而又正逢蔡元培掌校，决心进行改革的大学。

胡适怀抱发展高等教育的志愿来到北大，可谓如鱼得水，正可一展他的抱负。他首先提倡把北京大学办成研究型的大学，着手创办研究所。他是哲学研究所的第一任主任，提倡选科制，以利于发挥学生的主动性。他提倡教授会制度，在各系（当时叫作门）成立教授会；再由各系教授会推举代表组成大学的评议会，于是，就形成了教授治校的制度。在蔡元培的支持下，他的各项建议都先后逐一落实，将北大打造成一个新型的大学。

他对中小学教育的改革也有相当的主张和积极的贡献。如提倡启发式的教学法，编撰新式教科书，等等。尤其是胡适亲自主稿的中国新学制，在中国实行了三十多年。

胡适于1929年在上海出版的《基督教年鉴》上发表了一篇英文论文，叫作《今日的中西文化问题》。其中用了一个英文词 wholesale westernization，这个词可以解释为整个的西化，因此也可以译作全盘西化。在中文文献里，明确提出全盘西化主张的是著名学者陈序经先生。陈先生在1928年，在广州中山大学的一次讲演中提出了全盘西化的主张。但陈先生当时名气不大，又限于广东一隅，影响有限。1935年年初，在批判十教授的中国本位的文化建设宣言时，陈序经以其全盘西化的主张与之相对抗。此时，胡适是明确与陈持同一立场的。故后来批判全盘西化论时，人们皆以胡适为靶子。

胡适赞成全盘西化，是为了反对折中主义（陈序经也是如此）。从前，几乎所有批判全盘西化的人都不曾平心地了解全盘西化的真意义，都把全盘西化歪曲成是全部废除中国固有的文化而以西方文化取代之。无论是胡适还是陈序经都说过，这是批判他们的人强加给他们的！

可见，在开放的文化心态下，在同其他民族文化的交流中，自己民族文化的一切优秀的东西绝不会丧失。因为在文化的竞争中，同样是循着优胜劣汰的规律，真正好的东西是用不着担心它的命运的。

在古代，这样的例子也是很多的。

齐桓公提拔管仲之后，管仲就一心想为齐国效力，成就齐国霸业，他也从不掩饰这样的野心。

有一次，齐桓公问管仲："先生，我尤其酷爱打猎，我怕影响到齐国的霸业，你说会吗？"

管仲不假思索地给出了否定的回答。

齐桓公又问："那我爱喝酒的嗜好呢?"

管仲仍旧给出否定回答。

齐桓公又继续问道："那我的好色呢?"

管仲仍面不改色道："不会的,都没有影响。"接着他又说道,"我认为下面这三种情况对霸业的影响最大。第一,得贤不能任;第二,用而不能终;第三,与贤人谋事而与小人议之。您的那些嗜好都不是什么大毛病,我认为不能重用贤才,宠信小人、佞臣,才会影响国家的安危。"

齐桓公听了受益匪浅,不禁感叹道："先生果然高于众人之上。"

也许在今天,管仲的观念并不会得到众人的认可,但是在当时,的确是很好的,因为管仲辅佐齐桓公九合诸侯,一匡天下,成就了春秋霸业。管仲认为好逸恶劳、趋利避害是人的本性,人不应该强行压抑这样的思想,这也就有些类似于以人为本的理念。

管仲还提出了"仓廪实而知礼节,衣食足而知荣辱"的观点,他认为充裕的物质才能使人们在道德上有所节制。这与孔子的"克己复礼"相比,要轻松简明多了。

管仲的开明在当时实属难得。他一反历代重农轻商的观念,鼓励商贾流通,使"天下之商贾归齐若流水",也正是他的改革奠定了齐国称霸的基础。管仲秉着他这种开明的政策,一举打破了夏商周奴隶制度下种种不合理的条条框框,并为齐国的强盛谋求到了出路。

汉武帝"罢黜百家,独尊儒术",儒家学说在一定程度上推动了历史的进程,但也有不利的一面,就是极大地束缚了人们的思想,使人们只对儒家顶礼膜拜,从而把天命看得过于重要。

明末清初的大思想家顾炎武,提出了"理学,经学也"的概念,抨击了自元宋明以来兴盛的理学,特别是称朱氏理学乃伪理学。之后,王船山也曾说:"吾心之知,有不从格物而得者。"这也就从侧面呼应了顾炎武的学说，在王船山、顾炎武、黄宗羲的努力下程朱理学遭到批判，"经世致用"的思想理念也随之兴盛起来。所以说，在思想上，开放性的大局观才是正途。

每个人都有自己的思维方法，这是建立在经验、常识和知识的基础上的。在生活中，最常见的思维方法就是基于逻辑的定向思维。如：马路上围着一群人，在那里七嘴八舌地讨论着什么，路过的人立刻会意识到那可能有人在打架或是发生了一场车祸，而事实也许是施工挖到古墓了。这里不论是哪种结果，对看到的人都没有什么影响，但是类似的定向思维对于研究而言却是影响深远。

总之，我们应该常常提醒自己：打破条条框框，用开放的思维对待一切。

推崇理性，以理性面对生活的一切

感性是一瞬间，而理性则是永恒。感性是冲动和混乱，理性是规则和有序。感性能丰富生活，但以理性生活并非等同于无趣和冷血，而是在感性的同时保持冷静的自我，少走弯路，更易达到预定的目标。

莫因一时疯狂毁一世明智

遇事必须深思熟虑。先考虑可行性，考虑的方面越广越好。然后再考虑不可行性，也是考虑的方面越广越好。正反两面仔细考虑完以后，就必须加以比较，做出决定，立即行动。

——季羡林

所谓"行成于思毁于随"，意思是说：我们在行动之前应该多想想，这样的做法总是利大于弊的。导致人际关系变差的原因之一就是——"一时之气"！在情绪激动、愤怒的时候，多会发生疯狂之事，此时人的情绪化严重，理性被降到最低，也往往以心情看待问题，敲打也无济于事。

所以，在情绪不稳定时，最好先冷静下来，稍后再做决定，否则就会因小失大。

　　章武元年，关羽被害，此时张飞正镇守阆中重镇，惊闻此事，血泪衣襟，旦夕号泣。帐下诸多将领不停地敬酒以劝慰将军，但没想到醉酒后的张飞，怒气更盛。

　　张飞命人鞭打犯了小错的士兵，甚至将他们鞭打致死，以至于军中上下都万分恐惧。刘备听闻，就劝他说："翼德，这些士兵都是一直追随在你身边的人，你竟然鞭打他们，这样下去，迟早会惹祸上身，你应该宽容地对待士兵。"张飞依然如故，根本没有把刘备的话听进去。

　　后来，张飞为了替兄报仇，在军中下令，三军将挂孝伐吴，限三日内置办好白旗白甲。第二天，属下范疆和张达入帐请求宽限时日。张飞大怒，厉声道："为二哥报仇迫在眉睫，我恨不得现在就攻打逆贼，你们居然敢违抗命令？"说完，便把二人鞭打五十。还责令二人明日必须置办妥当，否则绝不手软，以军法处置。

　　此时的范疆和张达已经被打得满口出血，还被要求明日就得置办妥当，所以异常悲愤，正在范疆不知所措时，张达满脸愤恨道："与其他杀我，不如我杀他。"

　　于是，二人密谋趁张飞夜里大醉酣睡帐中时杀掉张飞。他们俩得逞后就连夜拿着张飞的首级，逃往东吴。

　　虽然张飞的悲剧与其时局因素有关，但最直接原因则是因为他脾气暴躁。在关羽被害之后，他没有反思，反而以鞭打手下来泄恨。而他的三日内置办三军白旗白甲的出格命令，更把手下逼得走投无路而奋起反抗，最后使自己落得悲惨下场。

　　纵观历史，从"义释严颜"和"计挑张郃"中可以看出，张飞并非一介莽夫，实乃粗中有细。但他在遇到关羽被害的伤心事后，异常悲愤，以致忘掉了平日里治军的本事。张飞戎马数十年，明知道他下令三日内置办白旗白甲之事根本不可能办到。然而，盛怒之下，张飞已经没有"义释严颜"时的冷静了，报仇占据了他整个思想，以致丧失了他本该有的理性。

对于愤怒，如果不根据其特点对症下药，找准正确的调节方法，那不仅控制不了感觉体验，反而更增加了某些交感神经的激活水平，促进愤怒的突发性，其后果不堪设想。

换言之，人难免会受到亲情、友情等复杂社会关系的约束，这些约束使我们无法保持理智。正如泰戈尔所说："全是理智的心，恰如一柄全是锋刃的刀，它叫使用它的人的手上流血。"

因此，想要对自己的人生负责，想要正确应对愤怒的情绪，就要理智，或者强迫自己不要做任何决定，只是单纯地发泄和哭泣。在冷静下来之后，再做决定和选择。要知道，世界上没有后悔药可吃。不要因一时，而毁一世！

有利有弊，凡事皆有好坏两面

> 做过许多年补充兵，做过短期正兵，做过三年司书，以至当流氓。
>
> ——沈从文

事物都是有两面性的，如：拥有与失去，欢乐与悲伤……看似互相矛盾，互相对立，实际上却互相关联在一起，其差别只在一念之间，走错一步便会截然不同。

春秋末期，文种是当时著名的谋士，立下了赫赫功劳。越王勾践打败吴王夫差，就是在他和范蠡辅助下达成的。

文种和范蠡在军事方面都很有才能，但文种却没有范蠡的理智。当眼前有成功和荣誉时，他把未来想象得太过于美好，却没有想到美好的背后也存在着危机。也就是文种没有看到事物的两面性，没有辩证地进行思考，所以才造成被迫自杀的惨剧。

东汉建立，在刘秀当皇帝时，赤眉军尚未平定，他便派大将军冯异率军西征。当时赤眉军首领假装战败，设计引冯异追击，并在路上设下埋伏，大破其军。

冯异费尽千辛万苦，终于突围，回到营寨后，召集部队。当时战线拉得很长，双方都难以分辨敌我，只能靠服装来辨认。冯异就想出了一个计策，让自己的一部分士兵把眉毛化成赤色，换上赤眉军的装束，混入赤眉军中。而后，剩余部队由冯异带领强攻赤眉军营寨，而那些混入的士兵在里面迎合他们，并在敌军营地纵火，引起骚乱，就在这样的内外夹击之下，冯异最终一雪前耻，在崤底彻底打败赤眉军。

胜仗归来，刘秀颁布诏令说："冯将军虽然在回溪失利，但最终获胜于渑池，可谓失而复得，应当论功行赏，以表战功。"

刘秀有"允冠百王"之称，他是东汉的开国皇帝，还被誉为最会打仗、最有学问、最懂用人的帝王。当时冯异大败之后，他并没有让冯异班师回朝，而是给冯异戴罪立功的机会，这才有了崤底大捷。事后，他又给这件事做了公正评价，不愧是一个明智的人。

刘秀大兴儒学、推崇气节，他在位的 33 年，正是后汉"风化最美、儒学最盛"的时代。所有这些都源于刘秀理性地看待事物，好坏兼顾。这也是他为何能在乱世之中如启明星般崛起、成为中兴之主的原因。相比文种只看到功名利禄、勾践气量小而只能共苦不能同甘要略胜一筹。

《道德经》有云："天之道，损有余而补不足，是故虚胜实，不足胜有余。"意思是：平衡便是这天下间的规律，强盛的事物要削弱从而弥补弱小的事物，所以虚多于实，不足胜过有余。老子的这些话告诉我们矛盾双方是对立统一的，并且这也是大千世界的客观规律。所以，当我们像文种一样处于优势地位时，须居安思危，千万不要陶醉于此。

有这样一个小故事：

在美国，一位刚新婚的军官接到命令，要一个人前往靠近沙漠的地方驻防，他非常疼爱自己的娇妻，不想让娇妻跟着自己吃苦，他很清楚那里的条件不是一般的差，但是他的妻子执意要跟着。

不管怎样，两个人在一起比什么都好，新婚燕尔的他们在一个小村落找了一间栖身的小木屋，周围住的都是不懂英语的印第安人，所以双方无法交流。更尴尬的是这里白天酷热难耐，风一年到头刮个不停，日子一长，开始的热情渐渐没了，妻子觉得极其无聊。一次，趁丈夫外出参加部队演习，她就给母亲写了信，诉说苦处，并说她将要回家。

母亲很快回了信，意味深长地告诉女儿："有两个饿得发昏的乞丐晚上望窗外，一个看到的是泥巴，一个看到的是美食。"寂寞的新娘并不是真的愿意撇下自己的丈夫，想了想，便对自己说："那我就去寻找那美食吧。"从此，她改变了以往的生活方式，她与周围的印第安人交朋友，真正地走进他们的生活，并向他们请教怎样编织东西和制陶。慢慢地，新娘还迷上了印第安文化，不仅如此，她还开始研究沙漠，最后成了一名沙漠专家，写了一本有关沙漠的专著。

可见，凡事都有两面性，利弊是相生相克的，好与坏也是取决于如何看待它。你把它往好的一方面看，那它就会朝着好的一方面走。相反，如果你把它朝坏的一方面看，那它真的会如你所愿，变得越来越糟糕。

理智对待自己的负面情绪

　　我深深地感觉到，一个人如果失掉快乐，那就意味着，他同时也已经失掉了希望，失掉了生趣，失掉了一切。

——季羡林

　　情绪是一种复杂的心理现象，具有多形式、多结构和多功能的特征。情绪既具有独特的主观体验色调，又具有鲜明的客观外部表现；既可以以心理状态的形式构成其他心理活动的背景，又可以以心理特质的形式蕴含在人的个性结构之中。

　　随着社会的快速发展，人的接触面越来越大，与外界的联系也越来越多，在这个时候，我们产生情绪的概率也会相应增加，不管是好情绪还是不好的。如果不把握好情绪的话，那负面情绪就会滋生，甚至影响我们的生活，使人做出自我毁灭的行为。

　　一位心理学家想知道人的负面情绪之恐惧心理对行为会产生什么样的影响，就做了这样一个实验：

　　刚开始的时候，他让十个人穿过一间黑暗的房子。在他的悉心引导下，这十个人很顺利地穿了过去。

　　接着，这位心理学家打开房内的一盏灯。在不那么明亮的灯光下，让这几个人往下看。这一看，他们就吓得浑身发抖。原来，这间房子的地面下是一个大水池，水池里十几条鳄鱼，水池上方搭着一座窄窄的小木桥，而他们就是从小木桥上穿过来的。

　　这时，心理学家问他们："现在，你们当中还有谁愿意再次穿过这间房子呢？"

　　没有一个人回答，时间过了很久，有三个胆大的人站了出来：第一个人小心翼翼地走过去，前行的速度要比第一次慢一些；第二个人

127

颤抖着身体踏上小木桥，还没走到一半，由于害怕，就慢慢爬了过去；第三个人还没走几步就趴在桥上了，一步也不敢往前走了。

接着，心理学家把房间里所有的灯都打开了，房间很亮，把一切看得都很清楚。细心的人这时发现小桥下方装有一张安全网，网线很细、颜色极浅。

"现在，谁愿意通过这座小木桥？"心理学家问。这回，又有五个人站了出来。

"你们为什么不愿意呢？"心理学家望着剩下的两个人，这样问道。

两个人互相看了一眼，同时问："这张安全网牢固吗？"

实验表明了负面情绪之恐惧情绪对人们行为的影响：当人们心存恐惧的时候，就迈不开行动的脚步，就会退缩、畏缩。相反，如果人们没有这种恐惧的话，那就会大步向前，顺利地渡过难关。

可以说，负面情绪是一种短暂爆发的力量，在情绪激烈的时候，人根本就找不到自己的方向，他的脑海里只会有一个想法，再也容不下别的念头。

在生活中，我们经常会遇到这样的人：遇事非大喜则大悲，他们容易因小事而大发脾气；不过，同样，也极容易因喜乐而手舞足蹈。他们快乐时表现出来的天真烂漫让很多人为之开心；但是，在他们情绪不好时，他们的行为令人避之不及——周围的人很难适应这种大起大落的情绪发泄，纷纷敬而远之，因此他们很难维持自己的人际关系。

苏轼是豪情澎湃的大文豪，在他的作品里，奇思妙想，无所不容。但《江城子·密州出猎》中的词句却与他本人的性格大相径庭，这也正是他的高明之处。平日里"左牵黄，右擎苍"的快乐并非是苏轼有意假装的，他对亡妻的哀悼也是真情实意的，两种感情似乎不能相容，但是苏轼却能很好地处理这些负面的情绪，他在怀念妻子的时候写下文章悼念，但回归生活却不再伤感。他在该怀念的时候怀念，从不把悲伤带进平日的生活，他知道妻子不会愿意他沉沦的。苏轼身上有负面情绪，但他却控制得很好，以诗词寄托感情，表达感情，而又不过火，所以在善于管理自己负面情绪方面，苏轼可谓是一位高手。

还有这样一个关于庄子的传说：

在庄子快死的时候，他的弟子想要厚葬他，因此四处筹钱，为他的后事忙碌。庄子知道了，对弟子说："我死了，棺材就是天地，陪葬的玉石珠宝就是日月星辰，上天把世上万物都赐给了我，难道这些还不够安葬我吗？"

弟子却不认同，担心地说："老师是很高明，可我们担心会有老鹰、乌鸦吃了您的尸首呀！"

庄子却笑了，说道："不埋葬会被乌鸦吃掉，埋葬则会被虫蚁吃掉，这有什么区别呢？所以何必从乌鸦的嘴里抢来给虫蚁吃呢？"

弟子沉默不语，最终只得放弃了厚葬庄子的打算。

其实庄子也是怕死的，只是庄子知道淡然面对生死，他明白死不仅是一个自然的过程，更是自由和解脱，因此他能够如此洒脱、如此风趣地面对死神。

庄子一生都知道该如何去调理自己的情绪，连面对死亡都洒脱自然，但他也曾哀伤过，在他的好朋友惠子死后，他就悲伤地感叹道："世上再也没有任何人能像你一样和我辩论了啊！"此时全然没了面对自己死亡的淡然。真性情的庄子，不会让悲伤压抑住，也不会让恐惧淹没自己。他的洒脱的根源就是他能够理智地对待负面情绪。

其实，只有我们把负面情绪控制在可以承受的范围内，正面情绪才会显露出来。所以说，当我们出现负面情绪的时候，要及时调整好心态，重新审视自己，向现实和自我挑战。发现身边的亲人、朋友出现负面情绪的时候，我们应该及时伸出温暖的手，予以安慰、鼓励和扶助，这样才能保证我们家庭和睦、工作愉快、生活满意。

顺境、逆境，淡定是王道

> 根据我个人的观察，对世界上绝大多数人来说，人生一无意义，二无价值。
>
> ——季羡林

淡是一种示现于外的状态，定是一种一心不乱的心境，一个人看事比较淡，不慌不忙，这种人，大都心里有定见，有主心骨。同样，一位一心不乱的人，对很多事也会表现得很淡定。正是心的定，才有行的淡。因此要想淡定，更多的要从定下心来开始修炼。所谓"禅心已定粘泥絮，不逐春风上下狂"。淡与定相表里，定是因，淡是果。

谢安，字安石，东晋名士。在他任丞相之时，前秦的苻坚率领八十万大军，直逼建康，投鞭断流，挟统一北方之势，志在必得。谢玄，谢安的侄子，在淝水前线作战，当时朝廷上下，一片惶恐，或逃或降，各怀心思，东晋王朝岌岌可危。当前线捷报传来，众人都很高兴，唯有谢安一如从前，继续和客人下棋。客人忍不住问他，谢安却不动声色地回答："小儿辈大破贼寇。"

难道谢安对此一点也不关心吗？当然不是，当时谢家未来和东晋存亡都寄托在淝水之战上，听到胜利的消息谢安理应兴奋异常才是，但是他却毫无喜容，这正是他的过人之处。因为他想到，此次虽战役大胜，但后续的交战还有很多，还有很多问题都没有解决，包括追击、俘虏、失地等。胜利了也不能松懈，要将继续奋斗。起初，谢安运用的就是"风声鹤唳，草木皆兵"，以静制动来动摇敌人军心的心理战术。后来再加上"围棋赌墅"和"小儿辈大破贼寇"的神态，更加让东晋下至士兵百姓，上至将领官员，都被其感染而情绪镇定，因此，当时全国上下没有被胜利冲昏头脑，也没有因敌我实力差距过大而慌乱。

平常心就是谢安的诀窍，是极其简单的，并非什么玄机奇妙的东西，也不是什么深不可测的学问，不过是看水是水、看山是山的简单心态。往深里说，就是处逆境时泰然、遇顺境时淡然的本领。

谢安和谢玄在淝水之战前下的那盘棋也给我们的人生带来了很大启示：如果你走得顺，占了先机的时候，稍微随意一点对大局可能影响不大；反过来，如果走得不顺，任何一步都很重要，此时则要力求最好，不错过任何积累反转能量的机会，直至最后彻底逆转，成为顺境。想要战胜逆境，就要比对方看得多，否则只能以失败告终。

苏轼涉足官场多年，历经政治风雨，饱经风霜，他的无喜无悲、乐观淡定的心态，支撑着他在一贬再贬后，仍能笑看人生。不过，东坡居士的淡定，还远不及一个叫佛印的人。

苏轼在瓜州任职期间，和金山寺的主持佛印相交莫逆，经常一起参禅论道。

有一天，苏轼在静坐时突然有所感悟，提笔就写了一首小诗："稽首天中天，毫光照大千。八风吹不动，端坐紫金莲。"苏轼觉得很是不错，就派书童送给佛印鉴证。

佛印从书童手中接过诗作一看，笑了笑，提笔写了两个大字，就叫书童拿回去了。苏轼见书童回来了，想到佛印禅师一定会赞赏他修行的境界，急迫地打开诗作，却看见上面赫然写着"放屁"两个大字，不禁怒火中烧。暗自腹诽道："这死秃驴，居然辱骂于我。"立刻起身，慌忙乘船过江，找佛印理论去了。

苏轼到金山寺时，看到佛印早已恭候在此了，苏轼勃然大怒，质问道："佛印大和尚！我俩本是至交，我是为了修行才写诗的，你可以不夸赞我，但何必恶语中伤呢？"

"东坡，何人骂你？何出此言啊？"佛印若无其事地反问道。

苏轼指着诗作上的"放屁"二字给佛印看："你好好看看,这上面文字出自何人之笔?难道你想抵赖?"

佛印大笑："你不是说'八风吹不动'吗?怎么'一屁'就过江了?"苏轼呆立半晌,终于恍然大悟。他不得不承认:淡定如山,山外还有山。

苏轼一生风雨飘摇,人生态度多变,虽然他没有佛家不动如山的本事,但他也是相当淡定的,否则是支撑不了自己多舛的命运的。其实,世上的事大多是庸人自扰。逆境、顺境都是人生的一种表现形式,没有必要过多地去顾虑。

谢安的棋局转逆为顺,也不为所动;苏轼的一生波澜四起,但也谈笑面对。孟子曰:"行有不得,反求诸己。"身处逆境之时多从自身找原因,面临顺境时多想想远虑近忧。此为王道也。

总之,要做到淡定,关键要围绕两点下苦功。一是给自己的志向、目标加上一个适度的顶端;二是理清那些不必要的欲望,尽可能地将之摒弃。我们要疏离盲目的物质追逐,确立对社会的责任和对他人的关爱,用一颗淡定的心面对世界。

学会隐忍,盛怒之下伤人伤己

对待一切善良的人,不管是家属,亦是朋友,都应该有一个二字箴言:一曰真,二曰忍,真者,以真情实意相待,不允许弄虚作假;对待坏人,则另当别论。忍者,相互容忍也。

——季羡林

忍一时风平浪静,退一步海阔天空!忍一片地,得一片海;忍一次鄙夷,得一次胜利。愤怒犹如一座"活火山",只要将火山口盖住,耐心地等待,它就会自己悄悄地溜走。但是一旦你给它行一个方便,它就能喷出更多的怒气，这些怒气一旦爆发，不仅会伤害别人，更会伤害到我们自己。

孔子有言："士不可以不弘毅，任重而道远。"在一路荆棘中，唯有学会承受，学会隐忍，韬光养晦，才能厚积薄发，铸就成功的辉煌。隐忍之道其实就是自我控制，在充分认清自己的实力之后，做到收放自如。隐忍不等于一味地忍让，何时该忍，忍到什么程度，这就要看每个人的修为和境界了。隐忍也不等于害怕，它只是战略上的忍让，但心里要十分清楚自己忍的是什么，等待的是什么，需要的是什么！

韩信幼年贫苦，很小的时候就失去了父母，主要靠钓鱼换钱维持生活，屡屡遭到周围人的歧视和冷遇。但是韩信抱负远大，他专心研究兵法，练习武艺，相信会有自己的出头之日。所以，他习惯佩带宝剑，加上韩信身材高大，属于比较扎眼的人。

一次，一群恶少当众羞辱韩信。有一个屠夫对韩信说：有本事的话，你敢用你的配剑来刺我吗？如果不敢，就从我的裤裆下钻过去。于是，韩信当着许多围观人的面，从那个屠夫的裤裆下钻了过去。史书上称为"胯下之辱"。

胯下之辱对一个男人来说是奇耻大辱，韩信是一个破落的贵族，而谁都知道一句话，士可杀而不可辱，韩信为什么接受这样一个奇耻大辱？他究竟是英雄还是懦夫呢？历史评论家柏杨先生有个说法很有意思："不要认为弯下膝盖就是懦弱，这其中分两种情况：第一种是心胆俱裂，扑通一声跪下来，这是懦夫；还有一种是先弯一下，然后往上一蹦——因为人只有蹲下来以后才能跳得高，这是英雄。如果是别人惹你一下，你就一下扑上去，一口咬住死死不放，这算是什么？是螃蟹！而韩信就是这样的英雄。"

如果说韩信当时不是忍气吞声，承受胯下之辱，而是奋起反击，甚至一怒之下将其杀死，那么韩信一定会被抓到衙门里去，轻则判个十来年，重了就判死刑，这样何来日后的"明修栈道，暗度陈仓"？何来"井陉之战，背水为阵"？何来"垓下合围，四面楚歌"呢？可以说，韩信之所以成功与他早年备受欺辱是分不开的。那些曾经对他的讥笑、嘲讽、辱骂，其实都充当了他奋发的动力，他人给予的耻辱是变相的鞭策。正是那些刻画在心里的伤痕，用疼痛时刻提醒着他，不能松懈，不能气馁，不能放弃。

韩信成就一番伟业回到家乡后，先是拿重金酬谢当年救他的老婆婆，接下来便是去寻找那个叫他钻裤裆的人。所有人都以为韩信必是要去雪胯下之辱，怎料到，他竟然感谢当年侮辱他的人，因为韩信认为，虽然老婆婆救了他的命，可真正成就他一番事业的是那个叫他钻裤裆的人。

在实际生活中，"忍"可以让我们思想变得有条不紊；"忍"就像夏日的凉风，丝丝吹来，冷却我们发热的大脑。"忍"就是我们成功处理问题的节点。当我们愤怒时，如果我们能使心情保持平静、态度保持温和，这样遇到事情就能抑制感情，从而保持冷静，才能使我们的生活大道变得更加平坦。

那是一个残酷的年代，战火纷飞，他举起锄头，汗水滴在干涸的大地上，瞬间化为灰烬。烈日下，他只是一个奴隶。孱弱的越国被强盛的吴国击败，越王勾践更沦为了吴王奴仆。面对妻儿离散，勾践隐忍着；面对吴王对自己尊严的践踏，勾践隐忍着；面对越国人民身陷战败痛苦中，勾践还是隐忍着。他为的是有朝一日能剑指吴国，击败吴王，光复越国。因此为奴二十年后，他领三万雄兵围困吴王于姑苏城中，统领吴越，在春秋的历史上写下了凝重的一笔，这是出人意料的一笔。

但，这绝非偶然。这二十年来，勾践放弃了曾为王，以及作为男人的全部尊严和欲望，博取吴王的同情与怜悯，卧薪尝胆，励精图治，

终于成就一方霸业！

苦心人，天不负，卧薪尝胆，三千越甲可吞吴，出人意料却在情理之中。忍让是一种气度，能大忍的人必然能做大事。忍耐，是为了磨炼坚韧的性格；忍耐，是为了获得更大的成功；忍耐，是为了铸就永恒的辉煌。

忍耐虽然让我们暂时痛苦，却能让我们获得心灵上的解脱。所以它不仅是一种境界，更是一种智慧，既不至于迁怒于人，又能让自己不生气，还能轻而易举地化解矛盾。不过，忍是让我们躲避一时之气的方法，但是要想一世不生气，那么除了忍耐，还要将容与忍结合起来处世，从心里学会宽容，这样才是一个聪明人。

第十课

内心向善，慈悲心方能度一切苦难

君子所以异于人者，以其存心也。君子以仁存心，以礼存心。仁者爱人，有礼者敬人。爱人者，人恒爱之；敬人者，人恒敬之。推己及人是儒家遵守的法则，与人为善、心怀慈悲，这才是君子所为。

给予比接受更幸福

向人索求的越少，给予的越多，就越是接近于成功者的品质。

——林语堂

著名演员宋丹丹曾说："我忽略了一个生活中重要的原则——给予比接受更为幸福。我总是忙着给予，忙着让自己幸福。我不会也不太懂得接受，我忽略让他人给予，也就是忽略他人得到幸福的权利。"

在生活中，我们也忙碌着各种事，忘记给予父母一句问候，忘记给予朋友在失落时的安慰，忘记给予孩子童年时期需要的快乐，忘记给予……还美其名曰：我忙，我累，我苦闷，我也不快乐！但其实，懂得给予的人，才真正懂得快乐，懂得生活。

有个小男孩家里很穷。在生日那天，妈妈给他买了一块小蛋糕，因为没有钱，只买了一小块，只够小男孩一个人吃。贪吃的小男孩狼吞虎咽地吃着蛋糕。等把蛋糕吃了个精光，才发现妈妈一直看着他笑。

小男孩儿吮着手指问妈妈："妈妈，你把最好吃的蛋糕给我吃了，你却没有，你为什么不哭呢？"

妈妈轻抚着他的头说："傻孩子，只有你吃了，妈妈才开心呀！"

小时候，我们都曾经被妈妈这样疼爱过。她把最好的东西留给我们，看着我们高兴的样子，她会更高兴。小时候我们对幸福的要求是：得到，认为得到了就幸福了。长大后，我们才明白，给予比接受更幸福。

一天，教授和学生一起去散步。教授对那些学生非常好，他愿意把自己的知识全部传授给他们。也因此，他常常被学生亲切地称为"学生们的朋友"。

在散步的途中，他们看到小路上放着一双旧鞋，就猜测这鞋子是在附近田地劳作的某个穷人的。

这时，学生扭头对教授说："我们来逗逗这个人吧！我们先把他的鞋藏起来，然后躲在那些灌木丛后，等着看他找不到鞋子的窘态吧。"

"我年轻的朋友，"教授答道，"我们永远都不应该把自己的快乐建立在损害穷人的基础上。既然你有钱，可以通过帮助穷人，让自己得到更大的快乐。在每只鞋里各放一枚硬币，然后我们躲起来，看看他对这个意外发现会有什么反应。"

学生照教授的吩咐做了，随后他俩躲进附近的灌木丛里。

不久，那个穷人干完活，穿过田地来到他放外套和鞋子的小路上。他一边穿外套，一边把一只脚伸进鞋里。由于碰到了硬硬的东西，他弯下腰来想摸摸究竟是什么，结果发现了那枚硬币。

他面露迟疑地凝视着那枚硬币，然后翻过来，看了又看。接着，他看了看四周，可是连一个人影都没有。

他把钱放进口袋，去穿另一只鞋。当他发现另一枚硬币后，更是倍感惊异。

他大为感动，跪倒在地，仰望上苍，感恩不止。他嘴里念及自己患病无助的妻子、食不果腹的孩子们，现在这些雪中送炭的慷慨救助将会使他们免于一死。

那名学生站在那里深受感动，眼中满是泪水。"现在，"教授说道，"与你先前预谋的恶作剧相比，你难道没有感到更快乐吗？"

年轻人回答道："您给我上了一堂终生难忘的课。我现在终于领悟到这句话的真谛：给予比接受更幸福。"

如果你是一个只懂得享受幸福、接受幸福的人，那么你一定不懂得幸福的真正含义；如果你是一个懂得给予别人爱和幸福的人，你将得到世上最多的爱和回报。把别人的幸福当作自己的幸福，把鲜花奉献给他人，才是最幸福的人。

给予是一种快乐。每一个懂得给予的人都会在这种真心而无私的给予中，得到别人的尊重和敬仰，实现着自己的价值，感受着"给予别人，快乐自己"的乐趣。

悲悯之心济苍生

你早已成我灵魂的一部分，我的影子里有你的影子，我的声音里有你的声音，我的心里有你的心；鱼不能没有水，人不能没有氧气；我不能没有你的爱。

——徐志摩

鲁迅先生的"无穷的远方，无数的人们，都和我有关"，范仲淹的"先天下之忧而忧，后天下之乐而乐"，都是对悲悯之心的最好诠释。

一个具有悲悯情怀的人，总是悲悯万物，博爱众生，自觉地关注民生疾苦。一提到悲悯众生，我们会想到封建君主，似乎这是他们才需要肩负的责任，和普通人没有任何关系。但其实，这种想法是错误的！悲悯之心是指一个人敢于直面惨淡人生，懂得思考生命意义，愿意捍卫人性尊严的情怀。只要有这样的心念，无论是君王还是普通百姓，都是一个有悲悯之心的人。

有这样一则故事：

一个游客跟随导游参观一所古宅，这个古宅里居住的是大户人家，建筑高大，院落别致。

不过，他发现这所古宅与他所看到过的其他古宅有一点不同，这所古宅的屋檐特别宽。他很好奇，便去问导游：这里面是否有什么典故？

导游对他说：古宅的主人是个乐善好施的人，他的日子过得温饱无忧，但是他每每看到在外流浪无家可归的人，便心生怜悯，给他们一些施舍。于是在建造自己的房子的时候，他就要把屋檐建宽一点，这样流浪汉或路人就可以在屋檐下避雨歇脚了。

游客对这独特的宽屋檐的故事心生感慨，就把这个故事记录下来了。

每个人都应该有这样一个心灵屋檐，有兼济苍生的情怀。

如果世上没有这些悲悯之人，世界会失去一种瑰丽的色彩。悲悯情怀历来久盛不衰，因为它蕴含了人世间至诚至善的真理。

五代十国时期，吴越国君钱镠十分迷信风水之说。

这天，有个风水师向钱镠进言，说西湖的存在，实在破坏吴越国的风水，建议填平西湖，以保基业千秋万代。

谁也没有想到，一向迷信的钱镠却拒绝了风水师的建议。他对臣子们说："如果西湖真的危及吴越基业的话，我也情愿选择留下西湖，福泽百姓。我虽然酷爱风水之说，但绝不能做如此祸及万民的暴行。"

后来，北宋南下吴越，大军压境，兵临城下，宋太宗下了通牒：如果不赶快割让国土，便让大军踏平吴越国境。继任的吴越王钱俶为了保全国民，于是同意将"三千里锦绣山川"和十一万带甲将士，悉数献纳给北宋中央政权，避免了杭州一代遭受生灵涂炭的兵燹之灾。

这件事在历史上第一次实现了强盛的割据王国与政权的和平统一，被史家称为"伟大的投降者"。

自古以来，封建国王都是以江山社稷为重，社宗基业怎可轻易易手他人？钱俶也不例外，他是一个投降者，并要承受无数人的质疑和反对。钱俶对不起他的先祖，却对得起吴越的百姓。他的投降为百姓免除了战争之灾，还保住了西湖宝地。钱俶固然没有宋太祖、宋太宗那般一统全国，得立史册，但是他的悲悯之心却让吴越百姓永远地记住了他。他的功德像佛道一般泽被万民。他不是一位伟大的君主，却是一个伟大的人。

对于天下苍生来说，不需要侵略，不需要战争，他们需要的是安宁的生活。他们需要的是拥有悲悯之心、能够保住他们安宁的国主。

包拯铁面无私，在得知自己的侄子犯法之后，不顾众人劝阻，大义灭亲，斩首示众，以正国法。怎能说他这不是一种悲悯之心。人都有私心，戏剧里包拯的嫂子如同母亲一般把他养大，最终他却将嫂子的亲生儿子送上断头台，这要经历怎样的挣扎。如果不是有着坚定的信仰，他是做不到的。他的信仰便是心系苍生，还人公道。

可见，悲悯之心是世间大爱，无论权贵，无论钱财。像钱俶、包拯这样的人，是以他们的仁爱之心惠及天下，仁爱之举泽被苍生，因而他们成了人们心目中抹不去的记忆。

悲悯是一种大爱，它源于同情而高于同情。积德行善、修炼德行，是大爱的必然，是大爱的使然！因此，我们都要抱有悲悯之心，以此来温暖整个世界。

把自己的快乐分享给他人

让自己快乐，是一种美德；让别人快乐，是一种功德；人际交往，最忌讳的是一脸死相。

——翟鸿燊

或许我们会有这样的体会：当我们看到一部好电影的时候，就会介绍朋友一起看；当我们听到一首好歌的时候，就会介绍朋友一起听；当我们吃到一道美食的时候，就会邀请朋友一起品尝……

这就是乐于和别人分享的心理，当和别人分享时，就会有了双倍的快乐。

一位犹太教的长老，酷爱打高尔夫球。在一次犹太安息日，他决定偷偷去高尔夫球场，想着打9个洞就好了。由于安息日犹太教徒都不会出门，球场上一个人也没有，因此长老觉得不会有人知道他违反了规定。

然而，当长老打第2个洞时，却被天使发现了。天使到上帝面前告状，上帝听了，就跟天使说，会好好惩罚这个长老。第3个洞开始，长老打出超完美的成绩，几乎都是一杆进洞。到打第7个洞时，天使又跑去找上帝："上帝呀，你不是要惩罚长老吗？"上帝说："我已经惩罚他了。"

直到打完第9个洞，长老都是一杆进洞。因为打得太神乎其技了，于是长老决定再打9个洞。天使又去找上帝了："到底惩罚在哪里？"

上帝只是笑而不答。

打完18个洞，成绩比任何一位世界级的高尔夫球手都优秀，但长老高兴了一下子就蔫了。天使很生气地问上帝："这就是你对长老的惩罚吗？"

上帝说："正是！你想想，他有这么惊人的成绩以及兴奋的心情，却不能跟任何人说，这不是最好的惩罚吗？"

没有人分享的人生，无论面对的是快乐还是痛苦，都是一种惩罚。因为我们的生活需要伴侣，快乐和痛苦都要有人分享。不单单是快乐，我们有任何好东西也要学会和别人一起分享，我们的东西被分享后虽然变少了，但是我们由此得到的快乐却是无穷的。东西还可以再有，但是快乐失去了就再也回不来了。

但有很多人却不这么想，他们觉得在自己的世界里面，只要过得开心就可以了，他们觉得，只要自己幸福快乐，那么一切都会变得幸福了。不过事实并非如此，只有学会了把快乐和别人分享，才会更加快乐。

我们一起来看看下面这个故事：

清朝的大贪官和珅除了爱财，也很好色，家里娶了十六房姨太太，可是他还是不满足。

有一天，他走在街上又看见一位年轻美貌的女子，和珅又动起了歪心思，花重金请了个媒婆，让她为自己说媒。

由于和珅的名声在外，女子的家人不敢得罪和珅，而且觉得女儿嫁入和府自己也有面子，就答应了媒婆，同意了女儿嫁给和珅。

和珅的原配夫人非常不高兴，但是没有办法，整天闷闷不乐。

这件事传到纪晓岚耳朵里，纪晓岚当时一笑，想到了让和珅难受的办法。

纪晓岚先让自己府里的一个丫鬟逐渐接近和珅的原配夫人，等和夫人混熟了，就把惩治和珅的办法告诉了这个丫鬟。这个丫鬟将纪晓岚给她出的主意告诉了和夫人，和夫人听了，将信将疑。

之后，和夫人就换上了诰命夫人的官服来到皇宫面见乾隆皇帝，向乾隆诉说了这件事，乾隆忙于公务，本不会管这些小事，但是听和夫人说完，皇上觉得非常有趣，就答应了她的请求。

当天，皇上传召和珅，告诉和珅，你要纳妾可以，但是你却不能说出去，也不能带着你的小妾一起出去，不许让别人知道你和她的关系，否则就是抗旨。

和珅听了虽然不理解皇上的意思，但是也没多想，觉得无所谓。

就这样，和珅如期将小妾迎进门，第二天一早，和珅就想带着这个漂亮的小妾出去炫耀一番，但是却想起皇上的圣旨，只好作罢。

就这样过了两个月之后，和珅终于知道了皇上的用意，自己非常难受。

这个故事的真假我们无从追究，但我们可以通过这个故事看出，虽然自己得到了心爱的东西，但是没有人知道，这就相当于很大的惩罚了。同样的道理，人逢喜事却不能与他人分享自己的快乐，这便是最大的不快乐了。

在生活中，我们就应该向别人敞开自己的心扉，也把自己的快乐和他人分享，同时，也不要拒绝倾听他人的心声。这样一来，在倾诉和被倾听的过程中，我们不知不觉间，就和别人建立起了良好的关系，也增进了友情。

北京大学客座教授翟鸿燊对此感受非常深，他曾经在课堂上说过："让自己快乐，是一种美德；让别人快乐，是一种功德；人际交往，最忌讳的是一脸死相。"

有句话叫：如果你把快乐告诉一个朋友，你将得到两个快乐；而如果你把忧愁向一个朋友倾吐，你将被分掉一半忧愁。

把我们自己的快乐带给别人，把我们自己的笑意留给他人。只有这样，我们才会比别人活得更快乐、充实。否则的话，我们只会缩在自己的小圈子里，永远无法体会到真正的快乐。让我们学会与人分享快乐，善于分享快乐，让分享快乐为每个人点燃一盏心灯！

"乐善"方能"乐"

帮助了别人，你也会很快乐。

——徐光宪

常言道："赠人玫瑰，手有余香。"帮助别人有一种成就感，还有助于和周围的人和睦相处，得到别人的喜欢与尊重，自然也使自己感受到满足和快乐。

对于快乐，北京大学化学系教授徐光宪说："我相信，人可以掌握自己的生命；快乐是一种相对的情绪，要有一个参考坐标系；快乐不快乐，就看你的坐标原点怎么定。"在徐光宪眼里，"帮助了别人，你也会很快乐"。他把快乐的坐标原点定位在"助人"上，他的人格同时也就定位在了高尚上。

如果把快乐的坐标原点定位在"整人"上，那他的人格定位就偏离了快乐。你一定听到过很多年轻人所谓"找乐"的做法吧：他们相约到某一路段，故意设置些小障碍，使不留心的过路人摔得人仰马翻，他们则因有人"中招"而在一旁哈哈大笑。这种"损人为乐"的恶搞，反应的是怎样无聊空虚的内心世界啊。在这样的年轻人面前，举手之劳的"助人为乐"是多么"难能可贵"！

可见，快乐的坐标怎样定位是何等重要！

事实上，只有真正的乐善行为，才能给自己带来真正的快乐以及意外收获。比如，你的帮助给别人带来快乐的同时，自己也能感到快乐，得到尊敬，而这不就是"赠人玫瑰"时手上的"余香"吗？

韩信小的时候家中贫寒，父母双亡。他虽然刻苦读书、拼命习武，却还是无以为生，被生活逼得迫不得已，只好到别人家混饭吃，为此，常遭别人冷眼相待。韩信咽不下这口气，就来到淮水边垂钓，用鱼换饭吃，经常吃了这顿没下顿的，饥一顿饱一顿的生活。

淮水边上有个为人家漂洗纱絮的老妇人，人称"漂母"，她看见韩信可怜，就常常把自己的饭菜分给他吃。并且天天如此，从来没有间断过。韩信深受感动，他感激地对漂母说："您真像我逝去的母亲，我将来一定报答您。"

漂母生气地说："谁要你报答！我是可怜你啊，好男儿志在四方，可你连肚子都混不饱。我只希望你活得像个顶天立地的男人。"漂母的话像一声惊雷震撼了韩信，他收拾起宝剑兵书投军。

后来，功成名就后的韩信被封为淮阴侯，他始终没忘漂母的一饭之恩，于是派人四处寻找，最后携带千金想赠送给漂母。

"我不能收你这么贵重的礼物，"漂母说，"我没有要你报答我。"

韩信诚恳地说："在我最饥饿最穷困的时候，您给我吃的；在我最彷徨最无助的时候，您教诲了我。是您让我有了今天的成就！您曾经教育我做一个好男儿，好男儿就要信守诺言，这也是您的教诲啊！您不要我的报答，等于让我食言啊！我怎么能做那样的事！"

品德高尚的漂母，让人尊敬，她施恩不图报的思想，更是让人钦佩。

古人的事例就像一面镜子，我们不但要学会感恩，而且还要学会在帮助别人之后，不求回报。任何一个人，哪怕仅是做了自己举手之劳的事，只要能给别人带来帮助，就会让我们的生活因你我的互相关爱而变得更加幸福。

北齐时，有个叫李士谦的人，家庭非常富有，虽然他很崇尚节俭，但为人非常慷慨，经常周济老百姓。有一年闹春荒，许多人家粮食不够吃，李士谦就从自己家拿出一万石粮食给了乡里的缺粮户。

到了秋天收获季节，因为年成不好，庄稼歉收。借了粮的人无法偿还，纷纷到李士谦家，求他延期偿还。李士谦对大家说："我借粮给你们是为了帮大家度过饥荒，本来就不是为了求利。既然今年收成不好，借的粮食就不用还了。"并且，他还请来一些欠粮的人到家里吃饭，怕大家不放心，在吃饭时当着大家的面把全部借据烧毁了。

第二年风调雨顺，粮食丰收了，许多人自发地挑粮来还，李士谦坚决不收，还粮的人只好又挑了回去。李士谦乐善好施30年，去世时，他的居住地赵州一带，万人空巷，有近两万人为他送葬，哭声惊天动地。

帮助别人不是一种责任，没有人会强求，但是帮助别人是一种快乐。当你向别人伸出援助之手时，我们的生活就会多了温情，少了不和谐，你就能体验到爱别人和被别人爱的快乐。

为别人，更为自己，再多些善行善举吧，世界会因你的善行而更有温情，你的人生会因你的善举而更加完美。

与人为善天地宽

你要包容那些意见跟你不同的人，这样日子比较好过，你要是一直想改变他，那样子你会很痛苦。

——海　子

俗话说：德人即德己，善待他人其实就是善待自己。只有与人为善，才能拓展自己的心灵天地。

正如歌中唱的："只要人人都献出一点爱，世界将变成美好的人间。"而爱心则来源于人善良的本性。只有心地善良的人，才能与人为善。"与人为善"这个词出自《孟子·公孙丑上》，其本意是汲取别人的优点，与他人同做善事。后来它的语义有了引申和发展，指的是以善意的态度对待和帮助他人。仔细想来，"与人为善"含有三层意思：

首先要宽容大度。即事事处处为他人着想，胸襟宽阔，豁达大度，不计小怨。当与他人发生冲突时，要有包容之心，多检查自己，少责怪他人，即使是别人错了，也不要得理不饶人，针锋相对，硬要争个输赢，弄到反目为仇、处处树敌的地步；当自己因误解和诬陷而受到委屈时，要自我劝解，忍辱负重，委曲求全，让时间去澄清事实。不要暴跳如雷，怒发冲冠，大吵大闹，兴师问罪；当有人做了对不起你的事，甚至伤害了你时，不要耿耿于怀，以牙还牙，挟嫌报复。而应容人之过，谅人之失，捐弃前嫌，以德报怨，主动拆掉心中的围墙，消除彼此之间的怨恨，化消极为积极，化冲突为和睦，化对手为朋友。做到和睦相处，团结共事。比如下面的这个故事：

东汉时的司马徽是一位心地善良的知名学者。

有一天，邻居家丢失了一头猪，由于司马徽家有头猪和他走失的猪很相似，就误认为是他家的。司马徽也不争辩，就说："是你的你就拿去。"

邻居毫不客气地把猪赶回家。过了一些日子，邻居从其他地方找到了自己的猪，很惭愧地把误认的猪送还司马徽。司马徽不但没责怪他，而是说邻里间发生这些误会不奇怪，还称赞他知错能改、懂道理。邻居听了非常感动。后来司马徽被人们尊称为"水镜先生"，这是对他清雅、纯明品性的赞扬。

其次是要常怀善意。当见到别人的成绩和进步时，要为之高兴，扬人之善。并见贤思齐，虚心向别人学习，取人之长，补己之短。当见到别人的缺点和错误时，要以善意的态度，真心诚意地予以帮助，使其克服缺点，改正错误，与之共同进步。当遇到自己的利益和别人的利益发生冲突时，要站在别人的角度为人着想，把别人的利益看得更重。

有这样一个故事：

明朝礼部尚书杨翥居住在京城，平日里骑驴上朝或外出。由于驴子非常好使，他很是喜欢，每天回朝，亲自给驴子喂草细心照料。

杨裒的邻居是一位老头，老来得子，夫妻俩非常高兴。但小孩子有个特点，一听到杨裒的驴子叫，就哇哇地哭个不停，搞得全家人都不得安宁。可是杨裒是朝廷大官，这家人怕得罪杨裒，也不敢向杨裒说这个事。眼瞅着那孩子一听到驴子叫就哭，几天下来，饮食也明显地减少，老两口最终还是把这件事告诉了杨裒。

杨裒听后二话没说，随即就把心爱的驴子卖掉了，从此每逢上朝或外出都靠步行。

再次要乐施善举。要常怀爱心，无私奉献，助人为乐。当别人遇到烦恼和不顺心的事时，要主动亲近，好心劝慰，释人之惑，使其消除烦恼，从苦恼走向欢乐；当别人身处危险时，要解人之危；当别人生活遇到困难或遭遇不幸时，要伸出援助之手，解囊相助，雪中送炭，扶人之困，济人之难，帮助别人点亮心中的明灯，使其渡过难关。

有则故事是这样说的：

婆婆和媳妇的关系很不好，婆婆对媳妇横挑鼻子竖挑眼，甚至不惜挑拨儿子和媳妇的关系。媳妇对婆婆不满意，经常在背地里说婆婆的坏话。

有一次，婆婆生病了，正赶上儿子出了远门。媳妇侍候得不耐烦了，于是去找巫婆。她打算向巫婆要一些慢性的毒药，把婆婆慢慢毒死。

巫婆明白了媳妇的来意之后，给了她一包自制的毒药，并嘱咐她把毒药放进好吃的饭菜里，面带微笑服侍婆婆吃下。一天三次，服侍得越周到越好，以免婆婆起疑心。半年之后，婆婆就会慢性中毒而死。媳妇高高兴兴地回家了，她按照巫婆的嘱咐，给婆婆做好吃的饭菜，一日三餐耐心周到地服侍婆婆吃饭喝药。

一个月之后，媳妇又来到巫婆那里。她一进门就哭着给巫婆跪下，说："求您救救我婆婆吧，我不想她死了。"巫婆笑着问她怎么回事。原来媳妇的热心周到让婆婆很感动，婆婆改变了原来的态度，经常夸媳妇又能干又孝顺。她觉得拖累了媳妇，坚持下床帮媳妇做事。媳妇发现原来婆婆并不是那么可恶，是自己错怪了她。她很后悔当初要毒死婆婆，于是来向巫婆要解药。

巫婆告诉她："我给你的本来就不是什么毒药，只是一些帮助消化的杂粮粉而已。真正的药是周到的服务和好吃的饭菜。"

这则故事从另一个角度说明了主动亲近、助人为乐对改善人际关系的巨大作用。我们要真诚地、发自内心地喜欢别人、善待别人。只有这样，当我们善待家人时，才能"善"出一个温馨的家庭；当我们善待他人时，才可以"善"出一个和谐的社会。

善良是生命的黄金，善良是世上稀有的珍珠。那么如何才能培育出一颗"善待众生"的心呢？有位哲人提出了"养心八珍汤"的处方：慈爱心一片，好肚肠二寸，正气三分，宽容四钱，孝顺常想，奉献不拘，老实适量，回报不求。

古代圣人也说与人相交"里仁为美""睦乃四邻"，意思是说一言一事皆须有益于人便是善人，这指出衡量人们做事好坏是以道义为标准的。善是人的品格，它并不只存在于学识广、官位高的人身上，人都是有感情的，当你能够以一颗真诚的心来善待他人，同情、关爱和帮助他人，能够设身处地替别人着想时，别人一定会受到感动，从而与你建立深厚的感情。

而这，就是与人为善天地宽的道理。当一个人做到了"与人为善"，其人际关系就会得到改善，生活就会得到安宁，团结就会得到增强。当人人都做到了"与人为善"，那么整个社会风气就会更加清新，世界就能演奏出美妙和谐的乐章。

第十一课

慎思明辨，要会选择敢放弃

与人，见贤思齐，择其善者而从之；摒弃他人的缺点，并反省自己，做到见其不善者而改之。与事，懂得取舍之间的智慧，慎思明辨，擦亮眼睛，人生是个不断选择的过程。

认真衡量，当机立断

如果你考虑正面，又考虑反面之后，再回头来考虑正面，又再考虑反面，那么，如此循环往复，终无宁日，最终成为考虑的巨人，行动的侏儒。所以，我赞成孔子的"再，斯可也"。

——季羡林

当一件事情到手的时候，考虑一下，再考虑一下，就可以了。如果第三次再考虑一下，很可能就会犹豫不决，再也不会去做了。可以说，做事谨慎是必需的，但是过分的谨慎就变成了小气。

因此，孔子主张，何必三思而后行，再思就可以了。

在一个寒冷的冬天，先生穿着棉长袍给学生授课，当讲到"三思而行"的时候，先生兴致勃勃，一屁股坐在讲堂前边取暖的火桶上，引经据典、举一反三、眉飞色舞、聚精会神地侃侃而谈起来，想给学生讲清楚"三思而后行"是如何如何重要，如何如何有道理。

这时，火桶里的炭火燃烧得正旺，不经意间火烧着了先生那过膝长的棉长袍衣角，由于先生过于专注讲课，竟然丝毫没有察觉。

下面的一个学生看见了，却是不敢作声，心里嘀咕："先生刚刚还在说，叫我们不管遇见什么事情都要三思而后行，这件事我也要好好地想想，看看要不要告诉先生。哎！还是继续听先生讲课吧！"

过了会儿，棉大衣已经燃烧了半个巴掌大一块了，正凑巧这时，一阵穿堂风吹过半开着的教室门，把燃烧的青烟吹散了。先生还没发觉，仍然在兴致勃勃地讲他的"三思而后行"！

这时学生看见有点心慌了。"该不该告诉先生呢？"学生脑子里进行着激烈的斗争，"先生不是告诫我们遇事一定要三思吗？是不是要我们遇事思考三次呢？嗯！是这样，我才思考了两次。"

又过了一阵子，看见先生的棉大衣快燃到小腿边了，可先生还是慷慨激昂、唾沫四溅，越说越来劲，越讲越激动，完全沉浸在他讲的"三思而后行"的重要性里去了。下面的学生看见了又想了一想："现在可以告诉先生了吧！我已经考虑三次了，是该告诉先生了！"于是马上举手说道："报告先生，你的棉大衣着火了！"

先生低头一看，急忙站起来，一边扑灭大衣上的火，一边埋怨那个学生道："都燃了这一大块才说，看见了，怎么不早点告诉我呀！"

学生委屈地辩解道："先生，刚才不是你教我们一定要三思而后行吗？我就是考虑了三次才说的呀？"听到这话，先生瞪着眼，鼓着拳头，狠狠地瞪了那个学生一眼，无话可说。

虽说做事要冷静思考，用头脑做事，面对问题不慌张，沉着而果断地处理问题，但也要视情况而定。像故事中的情形，如果学生再犹豫，那就要酿成大祸了。所以，有的时候考虑得过多也未必是好事。

　　在人的一生中，各种各样的选择会层出不穷地出现，例如选择得失、取舍、好坏、对错、进退、美丑等，但无论选择什么，都应该对选择内容认真进行权衡、判断，在认真思考之后，不能犹豫，要当机立断，做出正确的选择。

　　有个农民养了一头驴，由于毛驴全心全意地为主人干活，所以主人很喜欢它，经常为他准备精良的草料，安排舒适的睡觉地方。

　　一天，主人需要出门远行，就把毛驴委托给一个朋友照管。受主人所托，朋友很热情地对待毛驴，为毛驴准备了鲜嫩可口的青草。主人本来要求一晚给毛驴一捆青草，可是朋友出于好心，就多加了一捆青草，每天都放两捆青草给驴吃。

　　可是第二天早晨的时候，朋友惊讶地发现，昨晚给毛驴的两捆青草一根也没动。朋友感觉奇怪极了，以为青草不够好，毛驴不喜欢吃。在当天晚上，他又换了两捆更加鲜嫩的青草。又一夜过去了，这次朋友早早就去看毛驴，发现两捆草依然一根也没动。朋友见此情况，一下就着起慌来。于是急忙骑着马去找毛驴主人，向毛驴主人说明了详细情况。毛驴主人听到朋友的诉说，也感到十分困惑，就急忙随着朋友赶回来。

　　可怜的毛驴已经三天三夜没吃东西了，当主人赶到的时候，它已经奄奄一息了。听到主人的呼唤声，它慢慢睁开眼睛，留恋地看了看主人。

　　毛驴主人一下明白了，他的毛驴是被朋友的好心迷惑住了。因为朋友给它两捆同样的鲜嫩的青草，而毛驴却不知道先吃哪一捆好，于是东瞅瞅，西瞧瞧，很是拿不定主意，结果整晚一口也没吃上。不大一会儿，驴子就饿死了。

　　在这个寓言中，毛驴的犹豫不决造成了被饿死的悲惨下场。常有人犯和毛驴一样的错误，在面对如何选择时犹豫不决。正像季羡林老先生所说的"成为考虑的巨人，行动的侏儒"。

面对人生，要有当机立断的决心，也要有永不后悔的气魄。很多事情的结果都可能和自己想的不一样，难道可以重来吗？如果不一样，最好的办法就是接受，然后迈过去，朝前走。有时候，甚至可以不在乎结果，你去做了，努力了，就问心无愧了，至少体验了过程之美。在这个速度制胜的社会里，做事绝不能优柔寡断，看准了，想好了，就要当机立断。有时，人的成功和成败，靠的就是这一点当机立断！

取其精华，弃其糟粕

要运用脑髓，放出眼光，自己来拿！

——鲁　迅

每个人的身上都有熠熠闪光的地方，但是亮点是不同的，也许你擅长的，别人不及你，但是同样，别人的优点也可能是自己身上所欠缺的。

《论语》中说道："三人行，必有我师焉。择其善者而从之，其不善者而改之。"孔子是想通过这句话告诉人们：在虚心向他人学习时，一定要注意辨别是非，辨别出他人身上哪些长处对自己有帮助，哪些短处要克服。

学习就像一个过滤器，无论是学习书本知识，还是向他人学习，或者是学习国外先进的技术与知识，都应该有所选择，有所辨别，得到精华，滤去糟粕。

那么，如何得到精华，滤去糟粕呢？

鲁迅先生在《拿来主义》一文中教给我们："要运用脑髓，放出眼光，自己来拿！"要批判地继承。在汲取外国文化重要性的认识上说："没有拿来的，人不能自成为新人，没有拿来的，文艺不能自成为新文艺。"因此可知，不但要向别人学习，而且必须向别人学习，才能不断地提高自己。但是在借鉴别人的东西时，要通过自己的大脑，有选择、有目的地吸收，而不能毫无选择地一股脑接收。

选择性地汲取营养是一个辛苦的过程，许多人在学习知识时，常常会不去辨别而全盘接受。下面来看古代的一则故事：

有个书生学习的时候，总是会把书中的文章大声读出来，看似学习很刻苦，也读了很多的书。但是，他在读书的过程中，却从来不去动脑筋，不去思考书中的道理，就这样浅尝辄止地读了很多书，自认为懂得了很多道理。

一天，他参加朋友聚会。在聚会时，大家聊得很开心。正当大家兴致很高的时候，有一位客人忽然指着桌子上的梨与大枣，非常感慨地说道："世界上真是很少有两全其美的事情啊！就拿吃水果来说吧，虽然吃梨子对牙齿很好，但是会伤及胃口，而吃枣子能健胃消食，但是吃多了会损伤牙齿。"

朋友们听了这位客人的话，感觉很有道理，纷纷向他竖起了大拇指。可是，就在这时，这个人为了表现自己的聪明，抢着说："这很容易解决嘛！吃梨子时只咀嚼不咽，就不会伤胃了；吃枣子时为了不伤牙齿可以整个吞下去啊！"

一边说着，他一边从桌上的盘子里拿起一颗大枣放进嘴里，囫囵着咽了下去。大家惊讶极了，担心他噎着，急忙劝道："千万别吞，卡在喉咙多危险呀！"

这时，旁边一个喜欢开玩笑的人说道："你真是囫囵吞枣呀！"这话把大家逗得笑翻了天。

这个故事便是"囫囵吞枣"的由来，故事中的这个人被一代一代的后人耻笑，原因就是他学习知识时不会分辨什么是"精华"，什么是"糟粕"，而是毫不思索地整个接受，断章取义。

对于"取其精华，弃其糟粕"，蔡元培先生做得非常好。在当时，他制定了北大的办学方针——"兼容并包、思想自由"。

他之所以强调这几个字，是因为他知道每个人都有自己的优点，每个人身上都有自己的独到可取之处，但同时每个人也有缺点，也有不应该被学习、被发扬之处。所以，对于不同的思想学说要互相包容，彼此宽容。但是身处其中的学生进行学习，就要懂得扬弃了。

正因为对学人之长有着深刻的认识，所以蔡元培在聘请辜鸿铭作为北大的教授后，就教育北大学子要选择性地学习辜鸿铭先生的长处，摒弃他的短处。了解辜鸿铭的人都清楚，他既是学贯中西的大家，又是民国时期主张君主立宪的代表人物；他既能用德语、法语、日语等七国外语阐述自己的主张，但是他又崇尚清帝，认同清王朝，脑后还一直拖着清王朝那标志性的长辫子，他不认同革命，把革命者看作洪水猛兽。

以上这些例子都一遍遍地告诫人们：在向别人学习时，一定要对学习内容进行甄别，一定要做到"取其精华，弃其糟粕"。

古人说"尽信书不如无书"，讲的也是这个意思。是的，但凡懂得学习的人，首先就懂得分辨好坏。

如果注意我们身边的成功人士，就会发现他们对事物不是盲目地进行学习，而是在学习之前认真选择，他们会选出有价值的进行学习，丢弃那些没有价值的东西。即便他们并没有多么出色的学习能力，也会取得惊人的进步。

但并不是所有人都能够认识到这一点。大家常犯的一个通病，就是往往只看自己的优点和他人的缺点，而看不到自己的缺点和他人的优点。总爱拿自己的长处比他人的短处，不会向别人学习。在与人相处中，往往表现为对优于自己、强于自己的人不服气；对有缺点、有错误的人鄙视、嫌弃；严于责人而宽于责己。这样，既堵塞了向他人学习提高自己的道路，也会造成人际间的不和谐，甚至于造成冲突。

俗话说："尺有所短，寸有所长。"它揭示了世界万物都有"长短"的客观事实，同时也启示人们要善于发现、发挥万物的长处，而规避万物的短处。正像人们常说的："梅须逊雪三分白，雪却输梅一段香。"

因此，一定要学会博取众人之长，补充自己之短，遇事在不懂的情况下，要不耻下问，一定不要不懂装懂，自欺欺人，做掩耳盗铃的傻事，更不可以妄自菲薄，盲目照搬。同时，也要通过观察别人不断地改进自己，做到"取其精华，弃其糟粕"，这样才能在人生的道路上走得又快又稳。

放弃也是一种选择

幸福和快乐是一种相对的感受。如果为失去一件事物而懊悔苦恼，那么，失去的就不仅是那件事物，还有心情、时间和健康。

——徐光宪

人生好比是一份试卷，有大量的单选题。有时，A 或 B 你都想选，但它会告诉你：你必须学会选择放弃！

当你选择放弃悲伤，那你将会得到快乐；当你选择放弃痛苦，那你将会得到幸福；当你选择放弃寒冷，那你将会得到温暖；当你选择放弃自私虚伪，那你将会变得诚实高尚……学会放弃吧！只有放弃，你才能在人生的道路上轻装上阵！

一条从雪山走来的小河，跳下陡峭的崖壁，战胜山石阻挡，穿过繁茂的森林，流过绿油油的草地，终于一路向前来到了山脚下。然而，平坦的脚下是一望无际的沙漠。望着干涸的沙漠，战胜过无数困难的小河胆怯了。因为它清楚地知道，要想穿过沙漠就必须付出惨重的代价，甚至让自己不复存在。

　　虽然前途不可预料，但不甘心放弃的小河流还是暗自思忖："我既然已经越过了重重障碍，那么也就有可能越过沙漠，只要我有足够的信心和勇气。"

　　于是，它下定决心穿越沙漠！勇敢的小河流开始了向沙漠进军，它小心翼翼地流进沙漠，沙漠太浩瀚了，流入不长的距离，小河就发现河水的三分之一在泥沙当中不见了。虽然它感到莫名地恐慌，但是它并没有止步，仍然尝试着前进。试了一次又一次，得到的结果都一样，更为可怕的是越向前河水消失得越快。

　　可怕的结果让小河绝望，垂头丧气的它无奈地想到："我要葬身在这茫茫沙漠了！或许我永远也无法到达传说中的浩瀚大海了。"

　　这时，一种低沉而有力地说话声在小河的耳边响起："小河流，这么快就失去信心了？这种方法不行，你可以换一种方法试试啊！为什么不借助风的力量，让它带你跨越整个沙漠呢？"

　　被说话声吓了一跳的小河流诧异地看了看四周，当它发现是沙漠在跟它说话时，就抱怨地说："如果不是你挡住了我的去路，也许我早就见到浩瀚的大海了。让风带着我过沙漠和让我去送死有什么区别？我可不想这么做。"

　　沙漠摇了摇头，耐心地说道："你不能到达浩瀚的大海的原因，并不是因为我挡住了你的去路，而是因为你的思维单一固化，不知道灵活变通。但是如果你改变想法，变通途径，让风儿带着你飞过去，你就会顺利到达目的地。而你唯一需要做的，就是放弃现在的样子，让自己变化成另一种形态——水蒸气，飘散到空气中，让风助你一臂之力越过沙漠。"

　　小河流暗自思忖着沙漠的话，心想："让我放弃自己现在的模样，那不是等于叫我自杀吗？这种奇怪的方法我可从来没有听说过，沙漠是不是在骗我啊？"沙漠似乎看出了小河流的心思，解释道："风可以把水蒸气吹到天空，越过沙漠，在合适的时间、地点，把水蒸气以雨水的形式降落下来。这样，你又变成现在的模样，就可以继续奔向你梦寐以求的浩瀚大海了。"

"那我还是原来的河流吗？"小河流疑惑不解地问道。

"当然，经过了形式的改变，你可以说是原来的河流，也可以说不是。但是你的本质却从来没有改变。归结到底，你依然会是一条河流，依然会以一条河流的形式到达你想要去的地方。"沙漠的一番话让小河沉思起来，它想起了自己的过去，隐隐约约地记得自己在变成河流之前的事，那时也是风把它带过高山，带到内陆，然后以雨雪的形式落下来，慢慢地变成了现在的模样。小河流于是听从了沙漠的话，它鼓足勇气，向风敞开了怀抱。

在风的吹拂下，在烈日的照耀下，小河慢慢地化作了水蒸气，随着风开始了它生命中的新旅程。

在这生死存亡的危急关头，小河如果不进行选择，不放弃原来的模样，那么它的命运就会到此为止，永远也不可能到达它梦绕魂牵的大海。要知道，坚持对的选择是智慧，坚持错的选择是愚蠢。让人高兴的是，小河做出了自己的正确选择，最终到达了大海，实现了自己最初的梦想。

这则寓言揭示了一个深刻道理：学会放弃。当一条路走不通时，最明智的选择是要果断地放手；当鱼和熊掌不能兼得时，果断地放弃将是一种智慧的选择。

同样的道理，想要闻到野花的清香，就必须放弃城市的舒适，到野外去踏青；想要得到永久的掌声，就必须学会放弃眼前的虚荣，扑下身子努力去做。如果双手握紧了东西，那么你就将什么也拿不下了；而当你想要获得更多更好的东西时，必须先把自己手中的东西放下。

人生苦短，时不我待，如果一个人想要得到更多，那么就必须学会放弃更多。那些什么都不想放弃的人，什么都想抓住的人，是不可能收获什么的。最终的结局就是一生都碌碌无为，对生命造成最大的浪费。

智者说：勇于放弃者精明，乐于放弃者聪明，善于放弃者高明。学会放弃吧！放弃失落带来的痛楚，放弃屈辱留下的仇恨，放弃心中所有难言的负荷，放弃耗费精力的争吵，放弃没完没了的解释，放弃对权力的角逐，放弃对金钱的贪欲，放弃对虚名的争夺……只有这样，才能让整个身心沉浸到轻松和宁静中。

不同的选择缔造不同的人生

> 我很赞赏北大博士生的一句话："在大学、研究生期间，不要致力于满口袋，而要致力于满脑袋。"满脑袋的人最终也会满口袋，我是相信这点的。
>
> ——王 选

山石的坚持，最终成就了它的粗犷，而卵石的脱离，最终也成就了它的圆润。人生往往如此，在一步步的选择中，最终人们都会形成自己独特的人生。

西汉时期，霍去病屡立战功，获得了高官厚禄，但是他常常把个人的安逸享受搁在一边，一心以国家利益为重。取得河西战役的重大胜利后，汉武帝论功行赏，在长安奖励他一座豪华住宅，并叫他去看看是否满意。但是霍去病谢绝了汉武帝的好意，没有去看房子，而是气概豪壮地说："匈奴未灭，何以家为！"

此后，这句豪言壮志就是霍去病光辉一生的写照。霍去病在面对国家的责任和显贵的待遇之间做出了自己的人生选择。

唐朝著名学者陆羽，从小是个孤儿，流落到寺院，被智积禅师抚养长大。陆羽虽然从小在庙中长大，但是却不愿终日诵经念佛，而是喜欢读书学习。陆羽稍稍长大一点后，就执意要下山求学，然而老禅师却坚决反对。

禅师为了阻止陆羽下山，也是为了更好地磨炼他，便叫他学习冲茶。在钻研茶艺的过程中，陆羽碰到了一位好心的冲茶技艺高超的老婆婆，老婆婆不仅教会了他复杂的冲茶技巧，还教会了他不少读书和做人的道理。当陆羽最终将一杯热气腾腾的苦丁茶端到禅师面前时，禅师终于答应了他下山求学的要求。后来，学有所成的陆羽撰写了广为流传的《茶经》，把我国的茶艺文化发扬光大！

宋仁宗时期，范仲淹因坚持提倡改革被皇上贬官邓州，遭受了政治上的不如意。面对这一无情打击，范仲淹没有消极颓废，随波逐流，放纵自己，更没有降志曲节，与邪恶势力同流合污，而是选择了心忧国家，继续为国家、为人们着想，留下了"先天下之忧而忧，后天下之乐而乐"的千古绝唱。

从以上的例子可以看出：人生伴随着选择，不同的选择注定了不同的人生。现在的生活由过去的选择决定，将来的生活又由现在的选择决定。正如佛家所讲的因果循环，现在所得到的结果，往往是由于当初的选择种下了"因"。

先后被聘为北大讲师的周树人（即鲁迅）与周作人是亲兄弟，他们都知识渊博、才华横溢。然而，在历史的紧要关口，两个人的选择不同，造就了两人迥异的人生。

众所周知，鲁迅先生以文章为武器，用犀利的文字像匕首一样插进黑暗的反动势力心脏，无情地揭露着他们的罪恶，鞭挞着他们的灵魂。同时，鲁迅先生不断用文字唤醒中国人民的反抗意识，不断用文字鼓励中国人民奋勇直前。因此，他被后人敬仰、纪念、崇拜。只要一提到周树人，人们都会被他那铮铮铁骨、甘为孺子牛的牺牲精神所深深折服，即使从没有与之见过面的共产党人方志敏也把他视为最值得信任的同志。然而，周作人却背上了汉奸的千古骂名，这是由他最初的不同选择所致。

选择很难，尤其是做出正确的选择更难。对此，我国古代圣人有着深刻的认识，孟子就做过专门的论述。

他说：鱼是我所喜爱的，熊掌也是我所喜爱的，如果这两种东西不能同时都得到的话，那么我就只好放弃鱼而选取熊掌了；生命是我所喜爱的，大义也是我所喜爱的，如果这两样东西不能同时都具有的话，那么我就只好牺牲生命而选取大义了；生命是我所喜爱的，但我所喜爱的还有胜过生命的东西，所以我不做苟且偷生的事；死亡是我所厌恶的，但我所厌恶的还有超过死亡的事，所以有的灾祸我不躲避。

如果人们所喜爱的东西没有超过生命的，那么凡是能够用来求得生存的手段，都可以采用；如果人们所厌恶的事情没有超过死亡的，那么凡是能够用来逃避灾祸的坏事，就变得都可以干了。只要采用某种手段就能够活命，可是有的人却宁死也不肯采用；采用某种办法就能够躲避灾祸，可是有的人怎么也不肯采用。为什么会这样呢，因为他们所喜爱的有比生命更宝贵的东西；他们所厌恶的，有比死亡更严重的事情，那就是"义"与"不义"。不仅贤人有这种本性，人人都有，不过贤人能够不丧失罢了。

一碗饭，一碗汤，吃了就能活下去，不吃就会饿死。可是轻蔑地、呵斥着给别人吃，过路的饥民也不肯接受；用脚踢着或踩过给别人吃，乞丐也不愿意接受。

如果见了巨大优厚的俸禄却不管是否合乎礼义就接受了，那么这样的优厚俸禄从大处来讲对我有什么好处呢？我只是为了住宅的华丽、大小老婆的侍奉和熟识的穷人感激吗？先前宁肯死也不愿接受赐予，现在为了住宅的华丽却接受了；先前宁肯死也不愿接受富贵，现在为了大小老婆的侍奉却接受了；先前宁肯死也不愿接受施舍，现在为了熟识的穷人感激自己却接受了。这种做法应该让它停止，因为这就叫作丧失了人所固有的羞恶廉耻之心。

人放弃捷径通途，不是偏爱崎岖曲折，而是为了通达成功之路；放弃安逸舒适，不是不会享受生活，而是为了坚守自己的志向；放弃功名富贵，不是为了选择贫困穷寒，而是为了追求自己的理想；放弃生存，不是为了获得死亡，而是为了维护自己的人格和尊严。

在面对选择的时候，命运的好坏就取决于个人如何选择。人生就是这样，不同的选择缔造了不同的人生。所以，要慎重对待每一次的选择，开启拥有幸福美满人生的正确道路。

当然，在人生的道路上，每次选择的决定性作用是不一样的，有时候选择的决定性强一些，有时候选择的决定性就弱一些。但不论是哪种情况，都要慎重对待每一次选择，哪怕是非决定性选择。只有更多地做出正确的选择，才会在量变中达到质变，过上幸福快乐的生活。

鱼与熊掌不可兼得

献身于科学研究就没有权利再像普通人那样活法，必然会失掉常人所能享受到的不少乐趣，但也会得到常人享受不到的很多乐趣。

——王　选

人生在寻找得的同时，总要付出一些代价，正确地认识得与失，人就会在得到的时候，懂得必然的失落；也会在失落的时候，懂得如何从失落中找回自我。豁达的人懂得超脱；真情的人懂得奉献；幸福的人懂得放下；智慧的人懂得舍得。

孟子在《鱼我所欲也》里说："鱼，我所欲也；熊掌，亦我所欲也。二者不可得兼，舍鱼而取熊掌者也。"是的，当鱼和熊掌必须要我们舍弃一种的时候，才是最考验一个人智慧的时候。

有个聪明能干、自尊心强的青年人，处处都显示出比别人强的能力。他有个梦想，就是想成为一名大学问家。为实现自己的人生梦想，他一直不懈地追求着，但是，许多年过去了，尽管他在许多方面都取得了很大的成绩，可是在成为大学问家的道路上，始终没有明显的进步。于是，苦恼的他就向一位智者求教。

智者听了他的讲述后，安排了一次爬山活动，并对他说："爬到了山顶后你可能就知道应该如何去做了。"

第二天一大早，他们就开始爬山了。山上有许多奇形怪状的小石头，晶莹漂亮。喜欢收集石头的青年人高兴极了，不停地捡着石头。智者看见了，就让他把捡到的石头带着。当他们爬到半山腰的时候，早已累得气喘吁吁的青年人对智者说："不能再带石头了。不然，恐怕到不了山顶就累趴下了。"

智者微笑地说："是呀，的确很累，那该怎么办呢？"

青年人毫不犹豫地说："扔掉这些石头吧！"

智者回答道"是啊！背着石头怎么登山？你早就该扔了！"

这句话像一声霹雳震醒了青年人，他霎时惊呆了，立即有了感悟，旋即放下石头，快速向山上奔去。

智者通过实践教育了青年人，使他懂得了必须舍弃才能得到的道理。如果什么东西都想要，都舍不得丢弃，那么最终会捡了芝麻，而丢了西瓜，甚至于一无所有。在这个故事中的青年人，如果不能够及时放弃石头，那么他就无法爬到山顶。石头固然美丽，但不是青年人的追求目标，而是阻止他前进的绊脚石。当青年人勇敢地抛弃它时，也是他的最终目标能够实现之时。

同样道理，在人生路途上的种种欲望，都是实现目标的阻碍。如果被欲望分心，对我们的既定目标产生干扰，那么必然就会影响既定目标的实现。

有人说，取是一种本能，舍是一门哲学。一个没有能力的人，常常取不足；一个没有开悟的人，常常舍不得。

一天，小男孩被父亲放在收藏架上的花瓶吸引住了。在好奇心的驱使下，这个顽皮的小男孩把手伸进了花瓶中。这可不是一个普通的花瓶，而是一个价值连城的古董，印着精美青花的元代花瓶。然而，让人感到糟糕的是，当小男孩想把伸入花瓶中的手收回来时，却发现无论如何也拔不出来了，套用一句时髦的话说就是不小心被套住了。

急于脱手的小男孩大声呼喊，闻声赶来的父母看到后，心里非常焦急。父亲帮助他试拔多次，但都无果而终。无奈之下，父亲便想到了司马光砸缸的办法，就想把瓶子砸碎，帮儿子的手拿出来。但是，花瓶太名贵、太稀有了，父亲舍不得，很是犹豫不决。

很大一会儿过去了，看着小男孩痛苦的样子，父亲便决定在孤注一掷前，进行最后一次尝试。如果还不行，也就只能忍痛砸瓶了，毕竟救孩子是大事。于是，父亲耐心地对儿子说："孩子把手伸直，五指并拢顺到一块儿，然后使劲往外拔，就像这样。"父亲一边说着，一边用手给儿子做示范动作。不料，小男孩听了父亲的话，大声叫了起来："不行，不行啊，爸爸！我不能伸开手。如果我把手伸开了，那枚硬币就会掉到里面去了。"

父亲哑然失笑，长舒了一口气，终于明白了儿子的手拔不出来的原因。

小男孩因为舍不得那枚微不足道的硬币，才无法把手拿出来。正所谓舍与得，不能舍也就不能得。现实生活中有太多这样的故事，由于不愿意做出舍弃，结果却因小失大，失去了更多有价值的美好东西。

舍与得虽是反义，却是一物的两面，是矛盾的统一。凡事在舍之前，总是要先取得，才能有舍，在取多了之后，常常得舍弃，只有这样才能再取。人刚出生的时候，只知道索取。要取得维持生命的东西，例如食物、水等物质；而后在成长中，又要学习知识，获取自身内涵的增长；等到长大后，则必须有取有舍，或取功名利禄而舍悠闲自在，或取熊掌而舍鱼，或取权力地位，而舍安逸享乐；等到年老后，则更要懂得舍弃，并且是舍多于得。不知道舍、不服老的人，往往会把自己也赔进去。如此看来，人生真的是愈取愈少，愈舍愈多。所以要少年时取其丰；壮年时取其实；老年时取其精。少年时要舍其不能有；壮年时舍其不当有；老年时舍其不必有。就像登山履危、行舟遇险的时候，先要抛弃不必要的行李。

在很久以前，一个土财主家乡发了大水，贫穷的人们都因为没有所要带去的东西，而顺利游在水中最终获救。有个土财主却把家中的金银财宝缠满了全身，竭尽全力地在水中挣扎，并向远处的一个小船呼救。

船上的人大声喊他，并让他把身上附带的重物扔掉，那样的话他就不会沉下去，以便赢得别人划船去营救他的时间。但这个守财奴却不舍得扔掉自己的金银财宝，最终溺水身亡。

假如他能把身上重重的包袱舍去，那么他得到的便是生命。于是，佛祖感慨地说：舍得舍得，有舍才有得。

虽然故事的真实性没有办法考证，但讲述了一个有关"舍得"的道理。人活在世上，无非也就是一舍一得的重复循环。舍得既是一种生活的哲学，更是一种处世与做人的艺术。舍与得就如天与地、水与火一样，是既对立又统一的矛盾体，万事万物均在舍得之中。只有真正理解参悟到了"舍得"二字，那么也便知道了"不舍不得，小舍小得，大舍大得"这个朴素的哲学道理。

总之，舍得，是一种精神；舍得，是一种领悟；舍得，更是一种智慧，一种人生的境界。人的一生是否幸福，关键是看自己是否懂得取舍。

看淡一点，放下不等于忘记

人能忘，渐渐地从剧烈到淡漠，再淡漠，终于只剩下一点残痕，有人，特别是诗人，甚至爱抚这一点残痕，写出了动人心魄的诗篇，这样的例子，文学史上还少吗？

——季羡林

我们执着什么，往往就会被什么所骗；我们执着谁，常常就会被谁所伤害。在人生的旅途中，总会有一些过客，他们来了，走了，不留一点儿痕迹。此时，我们不要太执着，不要患得患失，而是要看淡一些，珍藏那些美好的记忆就够了。

过去的一切，无论是伤痛还是快乐，都是我们人生的财富。所以，无论我们失去什么，都不要失去好心情。

季羡林在德国哥廷根留学期间，曾与一位德国姑娘有过一段爱情经历，这曾给他带来过前所未有的幸福与快乐。

有一家叫迈耶的德国人家，就在季羡林居住地附近。迈耶太太生性活泼，能说会道，热情好客，迈耶为人憨厚朴实。他们有两个女儿，大女儿名叫伊姆加德，皮肤白皙，金发碧眼，身材苗条，活泼可爱，年龄比季羡林小一些，还没有嫁人。

当时季羡林的好友是迈耶家的租客，迈耶一家很是热情好客，所以他的好友经常邀请季羡林去他家做客，久而久之就与迈耶家熟悉了。由于季羡林彬彬有礼、年轻英俊，迈耶一家也很喜欢他。

当时季羡林正在写博士论文。每次，都需要打印好再交给教授。当时打字机还是很稀有的，正巧伊姆加德有一台，而且她很愿意帮助季羡林。就这样，季羡林几乎天天晚上到她家去。在以后的岁月里，都是由伊姆加德帮助季羡林打稿子的。

两人日久生情，季羡林经常去迈耶家，偶尔是打字，偶尔是参加宴会。伊姆加德生日那天，邀请了很多客人，当然季羡林是必不可少的。伊姆加德每次在知道季羡林要来家里时总是打扮得漂漂亮亮的，在安排宴席座位时，迈耶太太也特意让季羡林坐在伊姆加德的旁边。就这样，一对异国青年相爱了。

但是，季羡林是一个有妻子、有儿女的人。每当季羡林回到寓所，内心便充满矛盾与痛苦。在很长一段时间里，他一直被幸福与痛苦、欢乐与自责的矛盾心理折磨着。最后，他终于狠下决心，还是自己来咽下这个苦果，不要伤害或少伤害别人。

季羡林毕业回到祖国，伊姆加德等待了一生。在季羡林90岁生日那天，他收到了伊姆加德从哥廷根寄来的一张照片，此时的她虽已经满头银发，但端庄恬静，面带微笑。季羡林看到了这个，一直牵挂也愧疚的心，终于得到了慰藉。

出于道义和责任，季羡林没能与伊姆加德终生厮守，但放下不等于忘记。有次接受记者专访时说，季羡林先生说："估计世界上没有几个人能想到伊姆加德。如果我也不会想到她，那么世界上就没有人记得她了。"这些话时常让人感动得潸然泪下。

放下长久的相伴，记得美好的瞬间；放下心中的芥蒂，记得曾经拥有的美丽；放下心中所有痛苦的东西，而记得美好的事物。

我们不要让过去成为现在生活的压力，而是要让它成为回忆，不再去比较，不再去后悔，也不再去期望。

范小米和金小明相恋已经5年了，小米一直以为他们可以相守到老。可是，正当她对他们的未来充满憧憬时，金小明却提出了分手。顿时，小米崩溃了，她觉得天都要塌下来了，她质问小明这到底是问什么，可他只是简单地说不爱她了。小米还在执着地问着原因，可金小明却很不耐烦地说"不为什么"。

　　小米每天都在哭，哭得歇斯底里的。她很痛苦，就给远方的妈妈打电话，诉说着自己的痛苦，说她放不下小明，电话那头的妈妈静静地听着女儿诉说。等到女儿的哭声渐小时，妈妈说道："孩子，妈妈跟你讲讲我和你爸爸的故事吧！"女儿变得很安静，耐心地听着。

　　妈妈说："我想你对你爸爸都没有印象了吧？因为在你很小的时候，他就离开了我，与另一个女人生活在一起了。那时，我也很痛苦，吃不下，睡不着，但没有办法，我还有你，所以我必须撑下去。后来，我带着你离开了与你爸爸生活的城市，来到了这里，重新开始生活。但偶尔，我还会想起那时我们在一起的快乐时光，只是那种怀念已经很淡定，没有了过去的那种悸动，反而有一种解脱的感觉。"

　　女儿一言不发地听着。

　　妈妈继续说："小米，你要知道，既然对方已经不爱了，就不要再纠缠了，那只是无谓的挣扎，放下才是你最好的选择。放下并不等于忘记。等你渐渐老去时，回想起曾经的美好，仍会觉得此生无憾。"小米听了妈妈的话，顿时领悟。

　　人生路上很多事，很多人，看淡就好！如果可以，就让那些我们认为重要的继续活在我们的记忆中。但不要用无法改变的过去形成对我们的束缚，整天沉溺其中，看不到生命的灿烂和辉煌。

　　可以说，人生犹如一部戏，我们每个人都是戏里的主角，每个人都不可能把自己的角色演得淋漓尽致，而不留一丝遗憾。虽然放下过去我们会遗憾，但至少我们不会迷茫了，因为曾经的美好总在我们脑海里不断闪现，曾经的伤害让我们成长，当我们回首过去时，才知道是什么让我们变成了如今成熟的自己。将过去的留恋埋在心底深处，怀着对未来的期盼，把握每个现在吧。

　　时光一点一点流逝，从不曾留恋地回头。但我们感受着，经历着，活在每个当下，可以做到的，就是尽自己最大的努力，去追赶时间的脚步。我们还有很长的路要走，没有人可以预料我们下一秒会是怎样，但是这一秒却很真实，只有把握现在，才有资格站在时间的前端，对着未来骄傲地挥手。

当初有些事，让我们刻骨铭心；曾经有些人，令我们难以释怀。我们一路走来，告别一段往事，走入下一段风景。路在延伸，风景在变幻，人生没有不变的永恒。走远了再回头看，很多事已经模糊，很多人已经淡忘，只有很少的人与事和我们有关，牵连着我们的幸福与快乐，这才是我们真正要珍惜的地方。

所以说，放下不等于忘记，而是给自己更多的空间去呼吸。

第十二课

时时自律，自我约束方得自在

君子自律，小人弗能。人内受七情六欲之诱，外受功名利禄之惑，而保持本我之心不变，故在能自我约束。成事多艰，概因诱惑之多，甄别君子与小人，就要看他是否能有约束自我之心。

给自己一个反省的空间

德育实为完全人格之本，若无德则虽体魄智力发达，适足助其为恶，无益也。

——蔡元培

每个人身上都存在着这样或那样的缺点，但这并不可怕，可怕的是我们不懂自省，反而百般掩饰！这样的做法无疑是让蛀虫在自己身上蛀洞，最终只能毁了自己。

比如：西楚霸王项羽直到生命的最后一刻还在大喊："天亡我，非战之罪也！"正是不知反省，执迷不悟，才导致他一步步走上绝路；清朝统治者，沉醉于"天朝上国"的美梦中，认为自己的国家战无不胜，不知反省自己，最终只能割地赔款。

反省像一把手术刀，割在自己身上会很痛，但一味心疼自己而不向病灶部位下手，我们很可能全身溃烂；反省得越深刻，越及时，肌体就会越健康，生命也会永葆活力。

通常情况下，我们犯了错误的第一反应是：这不是我的错。我们很少从自己身上找原因，很少自我反省。

但其实，借口只是自我欺骗的谎言，理由只是心灵慰藉的麻药，只能让你一错再错，终究在迷途中无法挽回。不摔跤的人生，是苍白无力的，没挫折的命运，是没有悬念的。倒下了，别指望着别人来搀扶，唯有自己爬起来，才能体味疼痛的感觉，领略站立的幸福，别轻易钻进自己编织的网。

人们常说"成功源于自我分析""失败是成功之母""检讨是成功之父"……这都是在说明一件事，自我反省、自我分析、自我检讨与成功有莫大的关系。

东汉时期，太中大夫宋弘就是一个很自律和懂得自我反省的人。

光武帝曾经向宋弘了解国内通博之士，宋弘便推荐了沛国的桓谭，称他才学广博，几乎可以赶上扬雄与刘向、刘歆父子。

光武帝于是任命桓谭为议郎、给事中。此后光武帝每次宴会，总是叫桓谭弹琴，因为他很喜欢那种美妙的轻音乐，宋弘知道后，心中便不高兴，懊恼当时推荐了桓谭。

有一次，宋弘伺得桓谭从宫中退出，便派了一名属吏去传唤桓谭。

他自己整整齐齐地穿上朝服，坐在大司空府堂上，桓谭进来后，宋弘并不请他入座，斥责道："我之所以推荐您，是希望您以道德辅佐君王，但你现在几次向皇上演奏郑卫淫声，损害了《雅》《颂》正音，这不是忠正之士应当做的。你能够自己改正吗？还是叫我依法纠举呢？"

桓谭也知道这样的行为是辜负了宋弘的一片苦心，跪了下来。他一再叩头认错，过了好久，宋弘才让他离开。后来，光武帝大会群臣，又叫桓谭弹琴。桓谭看见宋弘也在座，便显得非常不安，弹得也不像平常那样熟练自如。

光武帝奇怪，便问其中的缘故。宋弘便离开座位，摘下官帽，对光武帝说："臣下之所以推荐桓谭，是希望他能够以忠正之节引导君王，可是现在他叫朝廷耽迷于郑卫淫乐，这是为臣的罪过。"

光武帝一听，马上向宋弘道歉，让他戴上帽子。此后，便不再让桓谭担任给事中的职务了。

宋弘共推荐贤士冯翊、桓梁等三十余人，其中有一些人相继担任了公卿大臣。

宋弘懂得反省，才会勇于在皇帝面前说自己举荐错了人；光武帝知道这件事主要是自己的过错，反过来向宋弘道歉。正是这样的君明臣贤，才有了东汉风化良好的时期。

善于反省，是自我进步的表现。我们要时常检视自己的短处，审察自己的言行，掸掸心灵的"尘埃"，剔剔思想的"污垢"，才能自觉地知其短而补其短，明其长而扬其长，趋利避害，成就自己。当然我们还要善于以他人的视角认识自身的短处，借他人的帮助纠正自己的错误，多听批评意见，让真诚、善意的批评者帮助自己认识缺陷，修正不足。

孔子的弟子曾子是个特别注重自身修养、严格要求自己、努力提高自己的人。

他说："吾日三省吾身，为人谋而不忠乎？与朋友交而不信乎？传不习乎？"意思是说：我每天多次自我反省，替别人办事，是不是尽心竭力了？和朋友往来是不是做到诚实了？老师传授的学业是不是复习了？

曾子对自己的要求是："君子已经学习了，怕的是学得不够多；已经学多了，怕的是不注意学习了；已经温习了，怕的是不理解；已经理解了，怕的是不能用于实践；已经能够用于实践了，最宝贵的是谦让。君子学习，达到五条就可以了。"

曾子每天进行反省。不断地反省使他的修养不断提高，终成一代名人，成为后人的楷模。除了以上因自省成功的人，还有：齐国贤臣邹忌常常反省，能在众人的赞扬声中清醒地认识到自己的不足，认识到齐国的政治弊端，及时采取措施，最终"战胜于朝廷"；唐太宗李世民以魏徵为镜，反省自己对百姓是否尽心尽力，对国家是不是无私奉献，在官员面前是不是以身作则，最终为一代明君，开创了贞观盛世。

可见，一个人经常反省，可以很快成为一个了不起的人，受到人民的景仰。因此，我们应该停下脚步，给自己一个自省的空间。

别成为惰性的奴隶

我哪里是什么天才，只不过耐烦罢了。

——沈从文

所谓惰性，是指因主观上的原因而无法按照既定目标行动的一种心理状态，它是人懒惰的本性；不易改变的落后习性；不想改变老做法、老方式的倾向。当一个人有惰性心理时，做事就会迟迟不行动，一拖再拖。

比如，当某人考试成绩不理想，心里计划要好好学习，在下次考试中取得好成绩。但每次准备学习的时候，都因为离考试时间还久远或今天约好朋友出去玩等借口未开展学习，最终下次考试依然未能取得好成绩。

比如：明知道锻炼身体的重要性，还是没去健身房，整晚坐在沙发上做手指运动——换电视台。许多人的新年计划都很意气风发：不再拖拉、早睡、戒烟……但不久就发现，只是又一次美好的愿望。

这，就是惰性带来的一个简单的负面效果，不仅做事拖拖拉拉，爱找借口，虚度时光而碌碌无为，还致使人的计划、理想、抱负就在这拖拉与借口中变成了泡影。

常常有人说自己天生懒惰，其实，根本就没有与生俱来的懒惰。

古代有一个非常聪明的县令，懂得如何教百姓养成好习惯，并且非常注重培养人民的勤勉与细心。

他常说："如果大家只抱怨或者期待他人帮自己解决问题，那么好事就不会降临到你们身边，老天爷只赐福给那些将命运掌握在自己手里的人。"

一天晚上，趁其他人都睡了，他把一块大石头放在通往皇宫的路上，躲在一边观察会发生什么事情。

首先，迎面而来的是一个农夫，马车上载满了谷物。

"是谁这么粗心大意？"他边说边把马车转向，绕过石头。

"为什么这些懒人不把石头移走？"尽管他不断地抱怨其他人的懒惰，却也没有将这块石头搬走。

过了一会儿，一位年轻的士兵唱着歌走近了。他心中还想着自己在战场上的英勇，并未看到石头，直到石头差点将他绊倒。

他生气地举起剑，咆哮着责骂过路人的懒惰，竟然没有谁把它搬走。于是，他也跨过石头走远了。

时间一天天地过去了，许多人打此经过，但依然没有人设法移动这块石头。

直到一天晚上，一个贫穷的书生正好经过。

他看到了这块石头，自言自语："这么黑的天，如果有人经过这里会被石头绊倒的。我要把它挪开。"

书生开始搬石头，石头很大，赶路的他又非常劳累，移动起来很艰难，但是他最终还是将它移到了路的旁边。但让他惊讶的是，石头移开之后，下面竟然有一个盒子。盒子上面写着一句话："送给挪开石头的人。"他打开盖子，里面装满了金子！

当农夫与士兵以及其他人听到消息后，马上聚集到曾经放石头的地方，在附近仔细寻找，希望也能发现一块黄金，但他们失望了。

县令对他们说："我们经常会遇到障碍与重担。如果选择绕过，可能会因此失去成功的机会，懒惰的代价往往是失望。"

有人说过，懒惰的心理，比懒惰的手足不知道要危险多少倍。而且医治懒惰的心理，比医治懒惰的手足还要难。懒惰就像慢性的自杀。它就像生锈一样，比操劳更能消耗身体，在不知不觉中，在你还沉浸在自欺欺人的借口当中时，它已经慢慢地腐蚀你全身的细胞。

懒惰也是很奇怪的东西，它使你以为那是安逸，是休息，是福气，但实际上它所给你的是无聊，是倦怠，是消沉；它剥夺你对前途的希望，割断你和别人之间的友情，使你心胸日渐狭窄，对人生也越来越怀疑。

总之，没有一个懒惰的人能够轻易成功，成功都是给勤奋努力的，有准备的人。如果看到障碍就赶紧清除的话，那一路上就会顺畅，其他人也会因此受益。

诸葛亮少年时代，从学于水镜先生司马徽。他学习刻苦，勤于用脑，不但司马徽赏识，连司马徽的妻子对他也很器重，很喜欢这个勤奋好学、善于用脑子的少年。

那时还没有钟表，计时用日晷，遇到阴雨天没有太阳，时间就不好掌握了。为了计时，司马徽训练公鸡按时鸣叫，办法就是定时喂食。

为了学到更多的东西，诸葛亮想让先生把讲课的时间延长一些，但先生总是以鸡鸣叫为准，于是诸葛亮想：若把公鸡鸣叫的时间推后，先生讲课的时间也就延长了。于是他上学时就带些粮食装在口袋里，估计鸡快叫的时候，就喂它一点粮食，鸡一吃饱就不叫了。

过了一些时候，司马先生感到奇怪，为什么鸡不按时叫了呢？经过细心观察，发现诸葛亮在鸡快叫时给鸡喂食。先生一开始很恼怒，但不久还是被诸葛亮的好学精神所感动，对他更关心、更器重，对他的教育也就更毫无保留了。而诸葛亮也就更勤奋了。

诸葛亮通过自己的努力，终于成了一个上知天文、下识地理的饱学之人。

一个人如果没有与困难做斗争的顽强精神，没有坚强的意志，就必然会为惰性找到借口。我们要经常检查自己，督促自己，克服自身的惰性、动摇性，养成不畏艰险、不向困难低头的坚韧性格。

因此，我们应该自觉严格要求自己，扔掉惰性。同样的道理，只有那些真正懂得人生的价值和意义，把生活看作是一种责任、一种使命、一种创造的人，才能真正自觉地鞭挞自我，克服惰性。

战胜自己的弱点是伟大的开始

> 征服自己的一切弱点，正是一个人伟大的起始。
>
> ——沈从文

人性弱点的存在是必然的！一个说自己没有弱点的人，是还未发现自己的弱点，这是他人生的失败；知道自己的弱点而不去战胜，则是他更大的失败。

当我们不断完善自己的修养，战胜"命定的"人性弱点时，我们也就拉开了成就伟大的序幕。

1928年，26岁的沈从文被胡适聘任为中国公学的讲师。那时的沈从文刚来上海时间不长，还带着一身泥土气。虽然只有小学文化，但他那灵气飘逸的散文早已震惊文坛，颇有名气。盛名之下粉丝颇多，当沈从文第一次登上讲台时，除自己的学生外，慕名而来听课的人很多，满满地坐了一堂。但名气不是胆气，面对渴盼知识的莘莘学子，这位大作家竟然紧张得整整呆了10分钟，没有说出一句来。

原本准备好的一个课时的内容，被沈从文三下五除二地十分钟就讲完了，剩余的课堂时间还很多，怎么办呢！沈从文没有天南海北地瞎扯来补足时间，而是老老实实地用粉笔在黑板上写道："今天是我第一次上课，人很多，我害怕了。"

看到这句话，课堂上爆发出善意的欢笑，大家被沈从文的坦诚感染了。这件事传到胡适那里，他评价说：这节课沈从文成功了。果然不出胡适所料，自从这节课后，沈从文找到了自己失败的症结，汲取教训，认真克服自我，不断战胜自我，很快就能挥洒自如地讲课了，以至于后来辗转任教各所大学之间，都受到了学生们的爱戴。

从自己的亲身经历，沈从文总结出：一个人克服自己的弱点正是成就伟大的开始。

智者说：聪明的人，是能了解别人的人；有智慧的人，是能认识自己的人；有力量的人，是能战胜别人的人。真正的强者，是能战胜自己的人。强者之所以为强者，不单单是能战胜别人，更重要的是因为他能战胜自己。

战国时的谋略家苏秦，是东汉洛阳人，洛阳是当时周天子的都城。苏秦年轻的时候很想有所作为，曾想求见周天子，却没有引见之路，一气之下，变卖了家产到别的国家找出路。但是他东奔西跑了好几年，没有得到任何一个君主的赏识，官也没做成，最后钱用光了，衣服也穿破了，只好回家。

家里人看到他趿拉着草鞋，挑副破担子，一副狼狈样。他父母狠狠地骂了他一顿；妻子坐在织机上织帛，连看也没看他一眼；他求嫂子给他做饭吃，嫂子不理他扭身走开了。苏秦受了很大刺激，很伤心，决心争一口气。

从此以后，他发愤读书，用心钻研兵法，不断增进自己的学问。他天天埋首读书到深夜，可是每到夜深，又累又困，就不由自主地瞌睡起来，苏秦为了驱除睡意，便将一把锥子放在身边。

每当昏昏欲睡时，他就拿起锥子向自己的大腿刺，剧烈的疼痛使他睡意全无，再次打起精神读书。一年后，苏秦终于学有所成，再次游说各国君主，更得到了各国君主的重用。

这就是苏秦"刺股"的故事，他用这种方法鞭策了自己、战胜了自我。俗话说"江山易改，本性难移"，人的性格中的弱点是比较难改的，但只要下决心还是能改正的。

正视自己的弱点，专注于要做的事情，努力找到战胜它的对策。这样我们才能为事业的发展准备好充足的力量，今后才能活得更有特色，才能成为一道亮丽的风景。

相信大家都知道林则徐的故事，下面我们就来看看他有什么弱点，他的弱点又能给我们带来什么启示。

林则徐火烧了鸦片，吓坏了洋人。洋人诡计多端，派兵偷打天津，直逼京都，要挟清朝政府严办林则徐。昏庸无能的道光皇帝吓破了胆，连忙下了一道圣旨，飞马送到广州，押解林则徐到京听候惩办。

钦差读罢圣旨，林则徐又气又恼，但他仍不慌不忙，把公事一一料理停当，才回到私衙。满面泪痕的林夫人已把随身行李收拾停当。林则徐看了一眼，踱步来到书房，朝壁上挂着的一张横幅一指："把这个也带上。"夫人不解，问道："老爷，比这贵重的东西都丢了，你要带此作甚？"

林则徐说："要说比什么都宝贵，我办事数十年，时时都记着它，如今年老了，还要靠他养身呢！"

"哦，"夫人又说"留得青山在，不愁没柴烧，望老爷多多保重。不过，这么一张纸，又能怎样养身呢？"

林则徐深深看了夫人一眼，便讲起来这横幅的由来，原来这张横幅是林则徐父亲林宾日的遗训。因他年轻时性子急躁，遇事不称心就要发怒。父亲多次劝告，见效不大。一年，林则徐将赴外地上任，临行前，父亲给他讲了这么一个故事：

从前有一个县官，非常孝敬父母，最恨不孝的犯人，判罪也特别重。一天，有两个人捆了一个嘴里塞着东西的年轻人来见官，说这年轻人是个不孝之子，不但骂他娘，而且还要打他娘，把他捆住后仍不停地骂，因此用东西把他的嘴巴堵着。县官一听，火冒三丈，立即吩咐重打五十大板，把那年轻人打得皮开肉绽。

这时，有个老婆婆拄着拐杖进来，边哭边诉道："求求青天大老爷做主，刚才有两个强盗来抢我家的牛，我儿子一个人打不过两双手，被强盗绑了去，不知弄到哪儿去了，请求老爷赶快替我找我儿子，我只有这么一个孝顺的儿子呀！"

县官这才明白，原来打的是个孝子。真是一时性急，判错了案。

林则徐明白父亲讲这故事的心意，当场便遵嘱写了"制怒"两字的横幅。随身带着，时刻警惕自己心情急躁、容易发怒的毛病。时间一久，他还从中悟出了制怒养身的道理。他说："性子急躁，遇事不顺心，便易发怒；发怒多了，肝火就旺，肝火旺，既坏事，又伤身，我看老年人得中风，十有八九是肝火旺的缘故。所以嘛，这回进京，我要带这'制怒'的横幅。"

林则徐战胜了自己易怒的弱点，后来做事常常三思而后行，使他成为抗击英军的民族英雄。

无论是沈从文、苏秦，还是林则徐，他们都用实际行动告诉我们：要敢于面对自己的弱点，并加以改正。如果我们总是逃避弱点，那弱点也会堆积，总有一天会让我们得到教训的。因此，我们一定要学会战胜自己的弱点，勇于挑战自我。

成事多艰，人贵有恒

写作主要是做到每天坚持，哪怕一天写一千字、几百字，一年下来几十万字，也就很可观了。

——朱光潜

在这个世界上，人们发现一帆风顺的事极少，多数事困难重重，但只要有恒心，有坚韧不拔的精神，就一定会在困难中站起身来，勇往直前。

朱光潜教授就是一个有恒心的人。在工作上，朱光潜教授不但译完了黑格尔的美学，还把维柯的著作也翻译了。众所周知，这些著作内容极其深奥，是出了名的难翻译，很多学者都不愿意做这样的活儿。要知道，承担完成这种翻译工作，不但需要极大的勇气，还需要持之以恒的努力，这其中的辛苦可想而知。

但朱光潜教授偏偏爱啃这样的硬骨头，他凭借渊博的学识和精深的外语水平，兢兢业业、不辞辛劳、争分夺秒、锲而不舍，终于完成了如此艰巨的工作，为后人留下宝贵的精神财富。

做事持之以恒是朱光潜教授一生的写照，尤其突出表现在学术上。将近九十年的人生历程中，他执着追求，从不懈怠。顺利与挫折，他都经受过；峰回路转，柳暗花明，他也碰到过。幸运的是他在费尽千辛万苦之后，实现了人生的最终追求。

《孟子·告子上》中有一句话："一曝十寒。"意思是说：天下有些易活的植物，假如把它放在太阳下晒一天，然后再把它放在阴冷的地方冻十天，即使是生命力再强的植物也会死。这与"三天打鱼，两天晒网"所表达的意思相同，都说明了一个人如果少努力、多荒废、没有恒心，是很难做成一件事的。

1621年，谈迁28岁，母亲亡故，他守丧在家，读了不少明代史书，觉得其中错漏甚多，因此立下了"编写一部真实可信的明代历史书"的志愿。在此后的时间中，他长年背着行李，步行百里之外。到处访书借抄，饥梨渴枣，市阅户录，广搜资料，终于卒5年之功而完成初稿。以后陆续改订，积26年之不懈努力，六易其稿，撰成了100卷400多万字的巨著《国榷》。

岂料两年后，1647年8月，书稿被小偷盗走，他满怀悲痛，发愤重写。经4年努力，终于完成新稿。

1653年，为了使新书更加翔实，59岁的他，携第二稿远涉北京，在北京两年半，走访明遗臣、故旧，搜集明朝遗闻、遗文以及有关史实，并实地考察历史遗迹，加以补充、修订。书成后，署名"江左遗民"，以寄托亡国之痛，使这部呕心沥血之巨作得以完成。

如果不是谈迁有恒心，在成事多艰的情况下，是不可能花费30多年的时间写成《国榷》的。

明代药圣李时珍熟读了800余种图书，攀悬崖，涉溪流，走遍了大江南北，历时27年，在他61岁时，终于写成了一部近200万字的药书《本草纲目》。

明代杰出的思想家李贽，少年立志求学，由于家境贫寒，不得不四处谋生，51岁当上云南姚安知府，三年后离任时"囊中仅图书数卷"。他在湖北麻城龙湖的芝佛院定居下来，专心治学。在近20年时间里手不释卷，写出了《藏书》《焚书》等不朽著作。以犀利的眼光和实事求是的态度，为我国战国到元朝末年的800多个历史人物立了传。

没有哪个人的人生道路是平坦的，一路上总会遇到坎坷崎岖，碰到困难挫折在所难免，最重要的是能否坚持下去，能否持之以恒。

邓春兰女士是第一个喊出妇女心声、带头冲破大学女禁的人。在五四新文化运动中，为了争取妇女同男子有平等教育的权利，她不懈抗争，建立了首功。

邓春兰小的时候，即接受其父民主思想的影响，得以不缠足，少小便读书识字，树立起追求真理，反对旧传统、旧教条的新文化思想。

7岁那年，邓春兰入初等学校念书。由于学校全是男生，只有她和姐姐两人是女生，便成为人们议论的焦点，说什么"想当女秀才、女举人！""念书不是姑娘们的事！"等。在众口铄金下，她们没有屈服。读完初小后，邓春兰接受了师范教育，但她仍向往于大学深造。那个时候，从全国来看没有哪一所大学敢招收女生。

邓春兰从小十分要强，长大后又接受了新思想，这为她在"五四"期间积极参加青年运动争取妇女解放准备了充分的条件。在"五四"运动倡导的"民主、科学"两面旗帜下，广大青年知识分子对"社会公开""婚姻自由""男女平等""男女同校"等要求，形成了思想解放的新潮流。邓春兰便在这股潮流的鼓舞下，勇敢地站到"争取男女教育平等"的最前列。

1919年5月，她上书北大校长蔡元培，申述妇女与男子应平等，呼吁请求开放大学女禁，招收女生，实行男女同班。之后又投书报界，在社会上大造男女同校舆论，终于冲破女禁藩篱。

邓春兰致书蔡元培约一个月后，北京女子师范开始从各省招生。录取了邓春兰和她的堂姐邓春芬。她们辞别亲人前去求学，离家赴黄河边登上木筏，在千里黄河的惊涛骇浪中奔波数日，食宿均在筏上，后改乘木船进发。用了33天时间，于8月底到达北京。求学的过程，处处显现出她那坚韧不拔、自强奋斗的精神。

邓春兰的求学梦一波三折，到达北京后，由于军阀的反对，阻止她们顺利入学。邓春兰并未因此气馁，又写《告全国女子中小学毕业生同志书》，后附《致蔡元培先生信》，在报纸上公开发表，利用报界影响力，继续为争取女子进入大学疾呼。邓春兰要求大学开放女禁的呐喊，轰动了社会，得到了当时文化界著名人物陈独秀、李大钊、胡适等人的响应，纷纷撰写文章，主张妇女解放，支持男女同校，在全国舆论界产生了积极的效应。

1919年9月，蔡元培复职北大校长。第二年，邓春兰等9名女生成为北京第一批女大学生，也是我国历史上第一批男女同校的女大学生。

大学女禁被"五四"时代邓春兰等这样一批坚持不懈、顽强争取的自尊、自强、自立的女性冲破了！当时人称为这是"中国教育史上一大纪元"。在北大招收女生之后，全国高等学校纷纷仿效，陆续解除女禁。于是，男女同校，男女教育平等，渐渐在国内传播开来，蔚然成风。

成事多艰，人贵有恒。一个有远大的理想、有明确的目标的人，才能立志勤勉，持之以恒，苦学不怠，才能用坚韧不拔的毅力，战胜一切困难和干扰，向着既定的目标奋勇拼搏！

看淡得失，别把生活化为手段

人类至此，凡计算较量都左右瞻顾是最大的危险，把一切生活都化为手段，凡事都想想为什么。

——梁漱溟

我们在世俗的生活中蝇营狗苟，为名利计较太多，活得太累！其实，人生并不是一个常赢的过程，有得就会有失，只有看淡得失才是通往豁达人生的必经之路。

梁漱溟小时候自理能力很差，开始认字读书时还不会穿衣服；求学之路曲折，仅小学就转读过四次，学的都是西洋文；尽管按部就班地读完了中学，取得了毕业证书；大学没有毕业，就应蔡元培先生之聘，出任了北京大学印度哲学讲席；尽管是个城市青年，却喜欢农村，热衷于乡村建设；尽管毕其一生精力研究中国传统文化尤其是儒家学说，始终向往出家人的生活方式。

梁漱溟是北京大学出了名的传奇人物，一生充满"谜"一样的传奇色彩。

"人在精神上，气贵平和，情贵淡泊。"这是梁漱溟的人生哲学，他解释说："一个人遇事动不动就气盛、发怒，势必肝火攻心；如气盛不得平和又不外露，则又积气于内腑，两者都伤肝劳神，损害健康。所以说，气平情淡自长自消，算得上是人生身心锻炼的一项功夫。"

而今，许多人因为过于患得患失、斤斤计较，所以常常容易情绪波动。俗话说得好：塞翁失马，焉知非福，在得的后面，往往潜藏着失，只有短视的人，才会只顾眼前利益，而看不见利益背后的隐患；而失的后面，也隐藏着得到，只是因为目光短浅的人遇事思考不周，只看到事物变化的一面。

道德高尚的人，不但凡事不斤斤计较，而且不受得失束缚，能够自由自在地生活。那么，当一个人徘徊在得失之间，产生纠结的时候，应该怎么办呢？我们不如来学习以下的做法：

历史上东晋之后的梁国人张率，是个才华横溢的人。

官居长安的时候，任司徒之职。有一次他曾派仆人往老家运送30多万斤米，运到家里时，仅剩下十几万斤。审查原因，仆人们纷纷说："米被鸟雀和老鼠吃掉了。"

张率笑着说："老鼠、鸟雀成精了！"就停止了追查。

这说明张率为人气度不凡，遇事想得开。因为，他知道鼠雀是不会成精的，是仆人造成了粮食的损失，但如果认真查究，一定会使主仆关系产生隔阂，还不一定能把粮食追回。

无独有偶，大文学家柳公权也是心胸豁达的人。

他家里的东西经常被仆人们偷走。一次，他发现自己收藏的一筐银杯不见了，但是筐子外面的印封却丝毫未动，问下人都说不清楚。

柳公权笑着说："银杯都成仙了。"也就不了了之了。

有时表面上看着善于算计的人得到了一点东西，但他们内心深处难以掩盖的不坦然，常常会引起较为严重的焦虑症。因此说他们都是很不幸的人，甚至是多病和短命的人，更不要说开心和快乐了。怎么样才能看淡得失呢？最基本的要求是面对现实，承认结果，接受现实，这样才能以坦然的心态接受人生的缺憾，从而看淡得失；最有效的办法是把眼光放得长远一些，俗语说：人无远虑必有近忧。所以我们对待问题，不要只顾眼前利益，不顾长远利益。

战国时期的仇由国是个山区小国，国内只有几条弯弯曲曲的小路和国外连通，交通不便。

它的邻居晋国是个大国，掌权人智伯早就想吞并仇由国，也准备好了人马，但是因为仇由国的道路狭窄，大部队进不去，于是心生一计：

智伯花费巨资铸造了一口大钟，这钟比仇由国的道路宽很多。智伯派人告诉仇由国国君说，为了两国交好，赠送给你们这个大礼物，请准备迎接。

仇由国君听了非常高兴。为了迎接这口大钟，他下令军民赶快砍树凿石准备修路，好迎接送来的大钟。

仇由国有个非常聪明的谋士，叫赤章蔓枝，他是国君的军师。当他听说这件事后，立刻去见国君。对国君说："这条路千万修不得！现在许多小国都被大国灭了，之所以我们的国家还存在，并不是因为大国怕我们，而是由于我们是个山区小国，道路狭窄，交通不便，紧要关隘，一夫把关，万夫莫开，所以我们才得以太平。如果把路修平加宽，就等于给侵略者的军队铺平了道路。一口钟事小，失国事大，请大王千万不要因小失大。"

仇由国君听了哈哈大笑，不以为然，执意修路，最后上了智伯的当，丢了仇由国。

仇由国君这种因小失大，只顾眼前利益，而不顾长远利益的做法，最终只能以失败告终。

人生就像进行万米长跑，要合理安排每一阶段怎么跑。所以，看问题的眼光要长远一点，对人生的道路要有长远的规划，不要只顾眼前的蝇头小利。总之，人生要看淡得失，高瞻远瞩，只有这样才能人生豁达，在享受人生中获得长远利益。

冲动是魔鬼，提高自控力

你叫我怎么学会发脾气呢？

——冯　至

一个人是否成熟的标志，不是写在脸上的年龄和沧桑，而是面对突发事件时的冷静程度。人们常说，"冲动是魔鬼"。在日常生活中，许多人都会在情绪冲动时做出令自己后悔不已的事情来。

因此，学会有效调控自己的情绪，是一个现代人必须学会的事。只有学会控制自己的情绪，才能心平气和地去对待所有事物，才能让情绪处于良好的状态。更进一步，如果一个人在控制自我情绪的同时，还能够体察出他人情绪的变化，那么这个人一定是情绪控制力的高手。

北大的冯至教授不但学富五车，是位出了名的大学问家，而且为人仁慈忠厚，待人以诚，长者风范十足，遇事很能控制自己的情绪。在冯至教授去世前一段时间，女儿陪护在他的病床前，想到父亲一辈子忍辱负重，就说："有不高兴的事就发发脾气吧，别憋在心里，这样对身体会好些。"

冯至教授却说："你叫我怎么学会发脾气呢？"

在冯至的一生中，似乎从没有发过脾气。其实女儿心里明白，父亲是一个注重个人修养、很会克制自己情绪的人。

《韩非子·观行》中记载："西门豹之性急，故佩韦以缓己；董安于之性缓，故佩弦以自急。"意思是说，西门豹知道自己有个性急躁的缺点，经常佩带熟皮，提醒自己放宽缓一些。董安于觉得自己性格过于宽缓，经常佩着绷紧的弦，提醒自己紧张起来。这是说古人用不同的方法来提高情绪的控制力。

若我们仔细研究，就会发现：大凡成功人士，自我控制情绪能力也都较强，身处逆境或者受到较强刺激，甚至在有意挑衅羞辱的场合中，都能保持冷静，思维、言语仍旧自然流畅，所讲内容依旧有条理，用词依然准确恰当，有分寸，富有逻辑性。相反，那些失败者往往容易被别人牵着思维走，容易掉入他人圈套，常常不会逆向思维，不能冷静思考，这其中与自我情绪不受控制有很大的关系。

有一个叫爱地巴的人，每次生气和人起争执的时候，就以很快的速度跑回家去，绕着自己的房子和土地跑3圈，然后坐在田地边喘气。爱地巴工作非常勤劳努力，他的房子越来越大，土地也越来越广，但不管房地有多大，只要与人争论生气，他还是会绕着房子和土地绕3圈。

爱地巴为何每次生气都绕着房子和土地绕3圈？所有认识他的人，心里都起疑惑，但是不管怎么问他，爱地巴都不愿意说明。直到有一天，爱地巴很老了，他的房地又已经太广大，他生气，拄着拐杖艰难地绕着土地跟房子，等他好不容易走3圈，太阳都下山了，爱地巴独自坐在田地边喘气。

他的孙子在身边恳求他："阿公，你已经年纪大了，这附近地区的人也没有人的土地比你更大，您不能再像从前，一生气就绕着土地跑啊！您可不可以告诉我这个秘密，为什么您一生气就要绕着土地跑上3圈？"

爱地巴禁不起孙子恳求，终于说出隐藏在心中多年的秘密，他说："年轻时，我一和人吵架、争论、生气，就绕着房地跑3圈，边跑边想，我的房子这么小，土地这么小，我哪有时间，哪有资格去跟人家生气，一想到这里，气就消，于是就把所有时间用来努力工作。"

孙子问道："阿公，你年纪老，又变成最富有的人，为什么还要绕着房地跑？"

爱地巴笑着说："我现在还是会生气，生气时绕着房地走3圈，边走边想，我的房子这么大，土地这么多，我又何必跟人计较？一想到这，气就消了。"

在现实生活中，还有一些人似乎是莫名地火气大、爱发脾气。其实这是主观愿望与客观现实相悖时所产生的消极情绪反应，只不过他们的主观愿望都是一些小事而已。如果我们都能学习爱地巴这样宣泄的办法，不仅不会轻易伤害他人，而且也有利于自己的身体健康。

事实上，培养情绪的控制力的方法很简单，做起来不容易：一是面对任何挫折或失败，既然发生在自己的身上，就必须勇敢地去承担它，面对它，克服它，从而超越它，解脱它；二是每个人都要根据自己的因缘去生活，依照自己的因缘成就人生，这样才能发挥潜能，才会得到充分的喜悦和成功的人生；三是要摆正心态，生活的本质是实现而不是需索。实现者的内心充满丰足、喜悦和光明；需索者的心态总是饥饿和匮乏。努力奋斗去实现的生活，一切具足；挑剔需索的态度使人处处烦恼不安。

　　让我们超脱失败，随缘努力，以实现者的心态来不断提高自我情绪的控制力吧！只有这样我们才能遇事时冷静，才能做到处变不惊，才能用智慧化解一切危机，将不利形势逆转为优势。

第十三课

勤于反思，反思过往之事，活在当下之时

君子博学而日参省乎己，则知明而行无过矣。是说君子应该广博地学习和勤于反思，这样才能通达明理，行为无错。如若能见贤思齐，知行合一，必将有巨大的进步空间。反思过往，以史明鉴，才能不在同一个地方跌倒两次。

吾日三省吾身

改造自己，总比禁止别人来得难。

——鲁　迅

"自省"是自我意识能动性的表现，是行之有效的德行修养的方法。孔子的弟子曾说"吾日三省吾身"，这句话一度成为古代知识分子的行为准则，是每个儒生为学和做人的基本。

如今的时代人心浮躁、物欲横流，如果不注意及时反省，及时调整自己，就很容易迷失自我，为名利所累，虽有小富小贵却心思空虚，毫无幸福感可言。每一个成熟的人都知道反省自己的生活，久而久之，才能有大的作为。

190

古往今来，凡是成就大事业的人都将自我反省作为修养自己的重要手段。自省不仅是一种优良的品德，更是一种使人走向幸福的能力。

著名作家利奥·巴斯卡利亚写了很多书，影响了很多人的生活。据说，他之所以有这样卓越的成就，主要来自父亲的教育。他回忆说，青少年时期，每当吃完晚饭的时候，父亲就会问他："利奥，你学到了什么？"这时，利奥就会把在学校学到的东西告诉父亲。

如果无话可讲，他就会跑进书房拿出百科全书学一点东西告诉父亲，然后再上床睡觉，他一直坚持这个习惯。每天晚上，他就会拿"利奥，你学到了什么"这句话来问自己。如果当天没学到什么东西，他是不会上床的。这个习惯刺激他不断地吸收知识，产生新的思想，不断上进。

利奥的这种做法，能够时刻检讨自己的言行，查看不好的地方，使得自己更进步。也正是这样，他才得到了今天这样的成就。

一个人如果能经常反省自己的过失，放下自我处处为他人着想，就可以防微杜渐，避免许多无谓的事情，并能够保持平静的心态，过上和睦幸福的生活。

面对这个色彩缤纷、光怪陆离的世界，一个人应该努力寻求与他人的契合，反求诸己，事态出现不尽如人意的情况，一定要问问自己哪些地方没有做好，而不要急着去抱怨客观环境和别人的不足，不能采取这种逃避责任，遇事先把自己择出去的做派。君子须严于律己，必须通过深入细致的自我反省，才能找到问题的症结所在，才能真正解决问题。

当然了，自省不等于盲目自责，自省是积极的、愉快的、建设性的，是往好的一面引导自己的思想言行。自省能力强的人，意志力就比较强，这类人个性独立，有自己内在世界观，有自信，做事效率也高；而自省能力差的人自我价值感很低，不知道自己的人生目标，并且时常担心亲近的人会讨厌自己，离开自己，从而每天生活在患得患失的郁郁寡欢之中，总也找不到人生的意义和生命的真谛，感觉自己就是在虚度光阴。

自省也不等于自我批判，自省也不是自虐，它是自我评价、自我反省、自我调控和自我教育的总和，是思想的总结和升华，是道德修养得以提高的必经之路。我们只有在自省中总结过去，才能更好地规划未来。逆境时要自省，以找到问题的突破口，顺境时更要自省，防止自己不思进取，纵欲享乐。

钱锺书的父亲钱基博是一个很懂得自省的人，他是我国著名的文史学者。在他的一篇自我检讨书中，我们会看到一个很有意思的开场白：

"思想改造，当得自动，不能被动；不过人类通病，自屎不觉臭，旁观者清；所以发动群众，帮助自己改造；最好自己不要掩藏自己的思想，欺骗群众，得到通过；宁可通不过，将我心里症结所在，赤裸裸地给群众看；通过，固好；不通过，正好鞭策我自己的反省！我现在检讨我自己的思想，不过有些思想，根源知识；有些思想，涉及环境；所以检讨不能不涉及多方面。"

中国最后一名状元张謇曾评价钱老先生"大江以北，未见其伦"。钱老先生一生著述广泛，文采斐然，学识渊博，他之所以能够培养出钱锺书这样的大学者、大文学家，正是因为其善于自省，以自己的思想精华育人的品格使然。

钱基博老先言语幽默，他拿"自屎不觉臭"作比喻，戏谑之中，透露出一位长者的人生感悟：没有人觉得自己是不对的，这只不过是"只缘身在此山中"罢了。钱老先生的话语也道出了人类的通病，那就是总是认为自己是对的，别人都是错的。

所谓"金无足赤，人无完人"。时时省察自己的言行，对人对己对社会都是有好处的。每个人都有缺点，都会犯错误。自省贵在坚持，只有保证自我反省的连续性，才能看清自己的性格，才能更好地应对生活；相反，三天打鱼两天晒网，甚至连一个阶段性的结论都得不到，最后于事无补。

不过，自我反省不是一件容易的事情，也不是一件令人愉悦的事情。一个人每天都要反求诸己，分析自己一天的得失，这是一件痛苦的事情。那么，如何进行反省呢？

首先，我们要正视自己的弱点，明白自我反省的必然性。要知道，人会"长于责人，拙于责己"或以"自我为中心"。反省要求的是"反求诸己"，而不是找他人的不是。反省像镜子，通过它可以洞观自己的心垢。

成功学专家罗宾认为："我们不妨在每天结束时反省：今天我到底学到了些什么？我有什么样的改进？我是否对所做的一切感到满意？"若每天能提高自身并且过得很快乐，必然能够获得丰富的人生。真诚地面对这些提出的问题就是反省，其目的就是要不断地突破自我的局限，省察自己，实现成功。

其次，反省需要自我追问。比如，"念自己有几分不是，则内心自然气平；肯说自己一个不是，则人之气亦平"，"自知其短，乃进德之基"，都是很好的反省方法。

除此之外，自省还可以写日记或静坐冥想，只在脑海里把过去的事拿出来检视一遍。只要我们都关注自身的发展，就应该反省。

如果我们能时时这样去反省，就能平和身心，善结人缘，力求进取，最终开创幸福的生活。

多反省自己，少责怪他人

要纠正别人之前，先反省自己有没有犯错。

——海　子

与人相处，要有包容之心，多反省自己，少责怪他人，更无须针锋相对；与人为善，与己为善，体现着一种宽容与大度。与人相处，应常怀善意、常施善举，豁达大度、不计小怨；与人相处，应容人之过，和睦共事，取人之长，补己之短。

《荀子·劝学篇》中说："君子博学而日参省乎己，则知明而行无过矣。"就是说，品德高尚的人应该广泛地学习并且每天检查反省自己，那么他就会智慧明达，行为没有过错了。

有一次，曹操带领军队走到麦田边，对部下说："不准踩踏麦苗，违者斩。"突然曹操的马冲进了麦田，曹操说："如果我自己立法却犯法，怎么来带领军队呢？可我是将军，不能被杀，就让我自罚吧！"

说完，就用剑削下了一缕头发。

多反省自己才是君子所为。

《醒世歌》中有言"静候常思己之过"，顾名思义，就是劝诫人们反省自己。尤其是在出现问题需要找原因的时候，大家都习惯把责任推卸给别人，很少有人能够主动去反思自己的过错。在这方面，廉颇不失为自省的典范，当意识到自己的错误，可以放下大将的身份亲自登门拜访负荆请罪，这也是一种胸襟。

蔺相如因"完璧归赵"和"渑池之会"为赵国立了大功，被赵王十分看重，赵王封蔺相如做上卿，这一职位就比当时的赵国大将廉颇还高，廉颇认为蔺相如没有在战场上立过功，却得了这么高的职位，心里很是不服气。

因此，廉颇就对别人说："我廉颇在战场厮杀多年，战无不胜攻无不克，每一份功劳都是靠自己拼了命为国献身得来的，可是他蔺相如有什么能耐，只是靠着一张嘴皮侥幸立了点功，因此就爬到我的头上，我不服气。如以后在路上碰到他，我定要教训他一番，让他颜面扫地。"

廉颇的话传到了蔺相如的耳朵中，蔺相如就躲着廉颇，也请了病假不上朝，以免与廉颇见面。廉颇一时没逮到机会，有一次在路上碰到了蔺相如，蔺相如却急忙让车夫调转马头。蔺相如的门生们对此很是看不过去，就问蔺相如，为什么见到廉颇就像猫见了老鼠一样躲着他，胆子也太小了，如此丢面子，这还怎么让门客们以后追随他。

蔺相如说："各位想一想，廉将军和秦王相比，哪个更厉害？"

门客们都说："当然是秦王更厉害。"

蔺相如说："秦王我都没有怕，难道会害怕廉将军吗？诸位都知，秦国不敢来侵略我们赵国，就是因为武有廉颇，文有蔺相如，如果我们两个闹不和，就是削弱赵国的力量，到时候秦国必然会趁机攻打我们，将相不和国家怎么安稳，所以，我躲着廉将军也是为了赵国好。"

这话被廉颇知道了，很是惭愧，于是廉颇反省了自己，背着荆条到蔺相如府上请罪，至此将相两和成为生死之交，同心协力为保家卫国出力，传为一代佳话。

有很多人的心里不平衡是因为过分关注了别人，关注别人的升迁发达，认为他们被命运所偏爱，因此对他们产生贬低、排斥和敌对的心理。

像故事中的廉颇，当知道是自己的错后，不仅感到惭愧，还负荆请罪。是啊！蔺相如不计较，不争抢，那是以大局为重，心胸宽广。所以说，我们一定要调节好自己的心态，以免给自己带来麻烦。

善于反省自己的还有一个特别的例子，那就是开辟了一代盛世"贞观之治"的唐太宗，他虚心纳谏，厉行俭约，轻徭薄赋，使百姓休养生息，各民族融洽相处，国泰民安。

在唐太宗在位的23年里他总共颁布了28份"罪己诏"，每一封都不是作秀，而是切实意识到自己的错误，主动承认并改进。

罪己诏中的一个案例是，在贞观年间，广州都督党仁弘原本是唐太宗非常看重的人才，可是他在位期间却贪污腐败，收敛了大量钱财，

195

被群臣弹劾，按照律法应该处以绞刑。可是唐太宗出于私心，不舍得杀掉他，于是发了一道圣旨撤回了绞刑的判决，改为流放边疆。

后来唐太宗反省了一下，认为自己为了一己之私罔顾国家法律很是不该，作为君王更应该起到带头作用，于是他就召集群臣检讨自己说自己不该失信于民，因私心乱国法袒护党仁弘。检讨完自己唐太宗就颁布了一道"罪己诏"——在处理党仁弘这件事情上，我犯了三大罪过：一是知人不明，用错了人；二是以私乱法，包庇了罪人；三是奖罚不明，有失公正。

唐太宗因偏袒了爱将便下"罪己诏"来告知天下人。正所谓"修己而不责人"，唐太宗的气度、修养一目了然。帝王反省自身过错，成为普通百姓效仿的榜样，人人和谐相处，由此展开一代贞观之治，这和皇帝的勤于反思、采言纳谏不无关系。

现在有的人却恰恰相反，总是喜欢把罪责推给别人，对自己的过错不以为然，还去责怪和批评他人。到底是谁犯的错，人们其实心里都有数。过错真的可以开脱吗？当然不是，那不过撑一时场面罢了！遇到问题能主动承认错误，从错误中反思自己并加以改进，这才是成长和进步的王道。

不懂得反省自己，总是抱怨他人的人会变得越来越让人讨厌，人们会渐渐疏远他们。"一个不知自重和自责的人，他的行径就跟一棵草一样，浑身没有骨气，卑躬屈膝，轻浮得左右动荡。"这段话来自《五卷书》，说的是不懂得自责的人，就是没有担当的人。

事实上，世上矛盾纷争，十有八九源于只知一味指责对方，而不能反观、审视自身的态度。此时，责人不如责己，责人只会加重矛盾，并无益于解决问题，责己能主动反省，有利于自身改进。

有过则改，善莫大焉

大胆的假设，小心的求证；认真的做事，严肃的做人。

——胡　适

索福克勒斯说过："一个人即使犯了错，只要能痛改前非，不再固执，这种人并不失为聪明之人。"确实，承认错误并不是自卑，不是自弃，而是一种诚实的态度，一种睿智，是一种大智慧！

《世说新语》中有这样的故事：

周处年轻时凶暴强悍，任性暴戾，与河中的蛟龙和山上的白虎并称为"三害"。

于是，百姓们就劝周处把猛虎和蛟龙杀了，其用意是——不管周处把猛虎蛟龙给杀了，还是猛虎与蛟龙把周处给吃了，都会少一个祸害。

听到这样的话，周处的好胜心和荣誉感一下子就有了。于是，他整理了行囊就走了。三天三夜过去了，周处也没有回来。

很自然地，人们就以为他已经被蛟龙或白虎吃掉了，还大摆筵席，互相庆祝。可没想到，周处并没有死，而是杀掉了猛虎蛟龙。当他回到乡中，听说了这件事，才醒悟过来：原来，百姓们把他当成了一大害。自此以后，周处改过自新，成为一名英雄。

勇于承认自己的错误是一种英雄的行为！正是因为勇于承认自己的错误，周处才从一个被乡亲厌恶唾弃的祸害变成了一个真正的英雄。

左丘明说："人谁无过？过而能改，善莫大焉。"《周易·益·象》中有这样一句话：见善则迁，有过则改。见到美好的人和事就努力学习，有了错误就马上改正。

中国的传统思想一直鼓励认错改错的行为。要知道，什么错都不犯的人不可能存在，重要的是犯了错能及时改正。

在《韩非子·喻老》里有这样一个讳疾忌医的故事。

蔡桓公早就听说名医扁鹊医术高超，就请了扁鹊来给他看看。扁鹊在蔡桓公身边站了一会儿，说："大王，您皮肤上有点小病。要是不治，恐怕会向体内发展。"

蔡桓公说："我一向健康，什么病也没有。"

扁鹊走后，蔡桓公就表露了不满说："这些做医生的，总喜欢给没有病的人治病，医治没有病的人，才容易显示自己的高明！"

过了十来天，扁鹊又来拜见蔡桓公，说道："大王，您的病已经发展到皮肉之间了，现在不治疗的话还会加深。"

蔡桓公没有理睬他。扁鹊退了出去，蔡桓公又不高兴。

过了十天，扁鹊再一次来拜见，对蔡桓公说："大王，您的病已经发展到肠胃里，再不治会更加严重。"

蔡桓公又没有理睬他。扁鹊退了出去，蔡桓公又不高兴。

又过了十天，扁鹊老远望见蔡桓公，就掉头跑了。蔡桓公觉得奇怪，派人去问他："为什么你这次见了大王，一声不响地跑掉了？"

扁鹊解释道："皮肤病用热水敷烫就能够治好；发展到皮肉之间，用针灸的方法可以治好；发展到肠胃里，服几剂汤药也还能治好；可是现在已经病入骨髓，那是掌管生死的神才能管的，医生已经无能为力了。如今我看大王的病已经深入骨髓，所以我不再请求给他医治！"

五六天之后，蔡桓公浑身疼痛，派人去请扁鹊给他治病。扁鹊早知道蔡桓公要来请他，几天前就跑到秦国去了。没多久，蔡桓公病死了。

讳疾忌医的典范非蔡桓公莫属了，后人常常拿讳疾忌医来说那些害怕别人的批评而掩饰缺点的人。桓公死在了讳医忌医上，也死在有过不改上。对人们来说，犯错是再正常不过的事情了，但是明明别人已经指出了你的错误，不听取，就会像讳疾忌医的蔡桓公一样，最终坏在自己的不听劝和不悔改上面。

很多人就像固执的蔡桓公一样，即便别人指出了错误，依然死不悔改。孔子的学生子路曾说过："人告知以有过，则喜。"如果有人能告知他犯错的地方，那是一件值得庆幸的事，那样就可以改掉自己未能发觉的错误了。

有过则改，是一种从古至今都被提倡的美德。人只有循着"知错能改，善莫大焉"这条真理，才能一步步地走进他想要的人生。

自省是人生的必修课

自省是自然发生的真诚的愧耻。

——胡　适

自省是一把梯子，一把连接天与地的穿云梯，它可以助你一步步登上最高境界。北大校长胡适在《人生大策略》一书中说："自省是自然发生的真诚的愧耻。"

胡适是一个善于自省的人，他一生的成就正得益于此。

胡适幼年丧父，母亲冯顺弟将丈夫教给自己的《论语》章句学以致用，以曾子名言"吾日三省吾身，为人谋而不忠乎？与朋友交而不信乎？传不习乎"鞭策和勉励胡适。

每天临睡前，母亲就坐在床沿上，叫胡适站在床前的搁脚板上"省吾身"：今日说错了什么话，做错了什么事，该背的书是否已背熟，该写的帖是否写完。母亲督促胡适自省之后，又对儿子讲述父亲生前的种种好处，并勉励儿子说："我一生只晓得你父亲是一个完全的好人，你要学他，不要丢他的脸。"

天天如此。而最终，胡适就成了一个诚实正直的人。

胡适的成就当然有着多方面的原因，但不可否认的是，与他童年时期受到母亲严格而又适当的家教分不开，这一点有他自己的话为证："我的第一个恩师便是我的母亲。"她的"吾日三省吾身"的教导让胡适终身受用。

自省是一种工具，一种能够使人恍然大悟、并不断完善自我的工具。

自省是一段驾驭骏马的缰绳，我们挥动缰绳，骏马飞驰，像离弦的箭一般，直奔前方，但关键时刻，我们也要猛然拉起这缰绳，让马急停下来，因为前面就是万丈深渊。这就是悬崖勒马，而自省就是这勒马的缰绳。

汉武帝刘彻统治的后期，征讨频繁，王公贵族大量修建宫室，百姓负担沉重，各地不断出现农民的起义反抗。针对这些情况，汉武帝多次下诏，推行一些改革措施，限制一部分享有特权的贵族和官员，但是收效不大。

有一次，武帝在山东广饶巡幸，看见农民们正在田间辛勤劳动，不禁想起自己征讨频繁、劳民伤财的做法。于是，他亲自拿起农具，到田里同农民一起劳动，并且说："我当上皇帝以来，所作所为太没有收敛，使得天下百姓忧愁痛苦，现在想起来后悔不已。从今以后，凡是办事伤害百姓、铺张浪费的人，一律罢免官职！"

后来，搜粟都尉桑弘羊请求武帝派人到新疆轮台修筑堡垒，驻扎军队，以便在这个地区长久驻扎下去。

汉武帝早有悔过之意，乘桑弘羊请求屯边的机会下达诏书，对过去的行为进行自责。他在诏书中说："在这以前，有人曾经请求按百姓人口每人增加三十钱，作为戍边之用。这实际上是加重老弱孤寡者的困苦，这是让天下不得安宁的行为，我不忍听到有这种事出现。"

武帝决心对政策作重大改革，在诏书中说："当务之急在禁止苛捐杂税和加重百姓负担的暴政，以农业为根本，大力发展农业。"这个诏书被称为"轮台诏"。

从此以后，汉武帝思富养民，任命大鸿胪田千秋为丞相，封为富民侯。任命农学家赵过为搜粟都尉，大力推广"代田法"，进行轮流耕作，以恢复地力。赵过还改进了很多农具，把它们从中原推广到边远地区。

经过两年时间，由于减轻了徭役赋税，发展农业，西汉王朝的社会经济得到恢复和发展，社会渐趋安定。汉武帝刘彻在位54年，励精图治，为了维护国家北方的安全，多次派卫青、霍去病等大将征讨匈奴，连破匈奴大军，迫使匈奴外迁，从而保证了北方的安全。但汉武帝有一次去忠烈村，看到那里的人们食不果腹，衣不蔽体，处处一片荒凉。他去与一位失去右腿的男子说话，只听那男子道："陛下，什么时候再打匈奴，我还要上战场！"

汉武帝此时大悟，连年的战争已让百姓民不聊生，经济衰落，不能再打了。于是，汉武帝下了一份"罪己诏"，集中精力发展经济。

试想，如果刘彻继续出兵匈奴，汉朝必定是一个短命的王朝。可见，自省能让人恍然大悟，不至于一错再错。

无独有偶，唐太宗李世民也是一个很懂得自省的人。

公元643年，直言敢谏的魏徵病死了。唐太宗很难过，流着泪说："夫以铜为鉴，可以正衣冠；以史为鉴，可以知兴替；以人为鉴，可以明得失。今魏徵殁，朕失一鉴矣！"

这句话的意思是说："一个人把铜作为镜子，可以照见衣帽是不是穿戴得端正整齐；用历史作为镜子，可以看到国家兴亡的原因；用人作为镜子，可以发现自己做得对不对。魏徵一死，我就少了一面好镜子了。"

李世民在晚年反省了自己的错误，他对太子李治说："你应该找古代的贤明帝王为学习的典范，像我这样的不足以效法。我做了许多错事，比如锦绣珠玉不绝于前，宫室台榭常有兴造，犬马鹰隼没有不去的地方，行游四方又劳民伤财，都是大错，你不要以为这都是好事，总想学着去做。"

李世民的自省，体现出了他虽然贵为皇帝，但是善于纳谏、不断自省的高尚品德。

上至君王，下至百姓，自省都是他们手中的"金钥匙"，常常自省就能不断地进步。

"人非圣贤，孰能无过"，希望你能通过"自省"这把"万能钥匙"矫正过失，扬长避短，精益求精，发展自我，完善自我。自省是人生的必修课，只有把自省作为每日功课，你的人生才会与众不同！

敢于听从内省的直觉

我要进行我人生的又一个重要的选择——我听到了北大对我的心灵的呼唤。我选择北大，毫不犹豫的，是一种坚定的、无可替代的"唯一"。

——谢冕

内省的本身就有一种力量。它带来的礼物会有很多，比如：健康、乐观、平和、有深度、有爱心、有创造力……你不会忘记了袁了凡先生改写命运的重要时刻吧？他经云谷大师指点迷津，静思内省，最终大彻大悟，彻底改变了那本已注定的命运。其中，他通过内省，视角变了，一下子从困顿中跳了出来，柳暗花明。

谢冕教授常说这句话，就是"最大的成功就是选择了北大"，这也是内省的力量帮他做出的选择。因为这一选择，他获得了最长久的快乐。他认为是北大给了他知识，给了他崇高的理想、坚定信念、远大的抱负、宽广的胸怀，给了他自强不息的精神。一个忠于心底呼唤的选择，成就了他无悔的人生。可见，在人生的关键处，内省让生命变得简单而清新，在面临抉择时，听从内省的直觉是多么至关重要。

人生千姿百态，各行各业的选择千千万万，而选择的决定性作用，会让许多人犹豫彷徨，毕竟每一次的选择都与我们今后将处的社会位置和人生状况紧密相连。如何选择，我们不妨像谢冕教授那样，多听听自己内心的呼唤，听听自己心底的声音，这样才能清楚自己真正想做的事情，无论结果怎样，都不会留下遗憾和悔恨。

宋朝时期的卫仲达，在翰林院里当官，有一天，在睡梦中，他的魂魄被鬼卒拘引到了阴间。

地狱里主审他的阴阳判官，命令手下的掌管文书的办事员，把他在阳间所做的善事、恶事两种记录本子送上来。等册子拿到一看，记录恶事册子，多得竟摊满了一院子；而记录他善事的，只有一个小册子。主审官吩咐拿秤来称称看，那堆了满院的许多恶册子，重量很轻；那一本记录善事的薄册子，反而很重。

"我年纪还不到四十岁，怎么会犯这样多的过失、罪恶呢？"卫仲达问道。主审官说："只要一个念头不正，就是过失或罪恶，都记录在案。譬如看见女色，动了坏念头，即是犯过，就被记录了下来。"

卫仲达又问道："那个善册子里，记的是什么？"

主审官回答道："皇帝有一次想要兴建大工程，即修三山地方的石桥。你上奏劝皇帝不要修，那地方人迹罕至，免得劳民伤财。这里记录的就是你写的奏章。"

卫仲达疑惑地说："我虽然写了奏章，但皇帝没有采用，后来还是动工修造了。我的劝阻并没有阻止那件事情的进行。这份奏章，为什么还能有这么重大的力量呢？"

主审官讲："虽然皇帝没有采纳你的意见，但是你这个念头很对、很真诚，在为千百万老百姓着想，目的是让百姓免去劳役。倘若皇帝接受你的意见，那么你的功德就更大了！可惜的是你平时产生的恶念太多，所以善的力量与恶的力量中和，因此减少了一半，而你的官位，本来可升至宰相，现在也就没有指望升到宰相了。"卫仲达大吃一惊，醒了过来。

自此以后，他常用这件事来教育家人和儿女，注意端正思想，摒除淫邪及各种恶念。后来卫仲达的官位，居然真的只做到了吏部尚书，而没有能做到宰相。

在这里我们姑且不论古人借用何种方式来教化人们行善去恶，仅就卫仲达这种内心的反思来看，他告诉自己，要多做好事，不去做恶事。他听从了这种心底的呼唤，为人生道路做了好的铺垫。

卫仲达的恶，只是空有恶念而已，并没有去做，尚且折损了他现世的福报；而卫仲达的善，只是空有其言，而并未被皇帝所采用，但是他这个善的力量，竟然却胜过了堆满整个庭院恶册子的力量！我们从这个例子，可以知道一个人的直觉、一个人心底的渴望实际上在做事之前就已经显露出来。那么对一件事是不是去做的判断，就是你是不是听从内心直觉的过程。可见念头的起动处，就决定了未来的结果，念头起动处就是祸福之门。

所以，每一个人都要加强自身修为，提高自身修养，让心中常驻善念，常驻为多数人谋利益的信念，那么内心的直觉就会提升档次，听从内心的直觉就会做出正确的选择。荀子在《劝学》中写道："君子博学而日三省乎己，则知明而行无过矣。"说的就是道德高尚的人一方面要博学，另一方面要反求自身，敢于听取反省后的直觉，就能知识日增，防患于未然，减少过失。

夏朝的时候，有扈氏率兵入侵，夏禹派他的儿子伯启率军抵抗，结果伯启打了败仗，他的部下将领都很不服气，要求继续进攻，再打一场。但是伯启说："不必打了，我的兵比他多，地也比他大，却被他打败了，这里面的原因一定是我的德行不如他，带兵方法不如他的缘故。从今天起，我一定要努力改正过来。"

从此以后，伯启都起得很早，吃粗茶淡饭，穿简朴的衣服，拼命地工作。他爱护百姓，体恤百姓，把有才干的人委以重任，对有品德的人毕恭毕敬。一年的时间过去了，有扈氏知道了，不但不敢再来侵犯夏朝，反而自动率领人马投降了。

无论什么时候，假如能像伯启这样，进行自省，虚心地检讨自己，敢于听从内省的直觉，马上改正有缺失的地方，那么最后的成功一定是属于你的。

因此，我们要懂得内省，它是一个人省察自己、认识自己的手段，是让你能够看到自己的外在、内在的活动表现，让自己变得更好。聆听内省的直觉，就能依照心灵活出真正的你自己，活出无怨无悔的自己。

躬身自省方能立事

我受了10年的骂，从来不怨恨骂我的人。有时他们骂得不中肯，我反替他们着急。有时他们骂得太过火，反而损害骂者自己的人格，我更替他们不安。如果骂我而使骂者有益，便是我间接于他有恩了，我自然很愿挨骂。

——胡　适

自古以来，中国人都把"自省"看作德行修养的标准之一，一个能够时常自省的人，能省察自己言行，有利于及时发现自己身上的缺点。当出了问题时，面对批评时，不会过多地怨天尤人，而是先从自己的身上找原因。

很多人都明白这个道理，可是，很少有人能够做到。

鲁迅曾在《写在〈坟〉后面》一文写道："我的确时时解剖别人，

然而更多的是更无情面地解剖我自己。"

世人多喜欢将鲁迅归类成一位批评家，因为他对当时社会局面、人性丑恶、世事险恶所论述的观点极为犀利和深刻。然而，不要忽略鲁迅的深刻来于对社会的失望，也来于对自我的深度反省。

"向来是不惮以最坏的恶意来推测中国人"的鲁迅，冒天下之大不韪。其实，鲁迅也"向来是不惮以最坏的恶意来推测自己"，他的一生都在与旧劣观念论战，与反动文人论战，与反动统治论战，也注定了他必须先更新自己的观念，追赶上时代的潮流才行。

不经过深刻的自我检讨，鲁迅是写不出那样的文章的，说他是一个批判家，也可以称之为一位"自我批判大师"。

说起批判来，这是生活中时常见到的字眼。然而，多数人的批判都是对着别人，批评别人好像都是张口就来，等到要自我批评的时候，就张不开嘴了。自我批评是自我认知的必要手段，可以让我们剖析自己，正视自己。不适时地进行自我批评，我们的自我膨胀意识和自以为是的傲慢态度就会越来越严重，在这种傲慢态度的驱使下，我们就更听不得别人的批评了。

当然了，自省不完全等于自我批判，还包括自我肯定。逆境时要自省，顺境时更要自省，在自省中总结过去，规划未来。

春秋时期，宋国人司马耕拜孔子为师后，坚信儒家学说。他曾问孔子："什么样的人才算仁德？"

孔子说："一个有仁德的人，心思敦厚，说话时总好像克制着，不肯轻易出口。"

司马耕不太明白，又问道："说话时保持克制，不轻易出口，就算合乎仁德吗？"

孔子解释说："既然做事不肯苟且敷衍，那么说话时怎么会不考虑就轻率说出口呢？"

司马耕又问孔子："何为君子？"

孔子说："君子就是不忧愁、不恐惧的人。"

司马耕不解道："不忧愁、不恐惧，就算是君子了？"

孔子说："因为君子擅长自我反省，光明正大的行事，没有愧疚可言。那自然就没有恐惧和忧愁了。"

司马耕这才明白了孔子的话。

孔子之所以没有一开始就把答案告诉司马耕，就是因为担心以司马耕的性格，很难接受这样的建议，非但起不了正面引导他的效果，还可能适得其反，让他拒绝接受这样的想法。孔子告诉司马耕，想成为一位君子，就必须时常自我反省，改掉自己身上的毛病，才有可能成功。

孔子的批评无论对人对己都有一股仁德之风，语句不多，却能点明奥义，号召世人多加自省，才能多些收获。

自省往往能够看到一些别人看不到的缺陷，这些被你深深地隐藏起来，或者被你刻意地遗忘掉的缺陷。然而，危机却不会因此消失，它会在你的人生中埋下炸雷，你若不反省自己，去排除掉，那么必将威胁到自己；自省可以做到"知无不言，言无不尽"。面对众人的时候，人们只希望表现出自己美好的一面，伟大的一面，因此常常自欺；自省就相当于给自己做一次全身体检，通过这次体检，身上那些虚荣、贪欲、欺骗、不诚信、怨恨等，都会被扫描出来，作为"木马"病毒被清理出去。

总而言之，生活就是不断发现自我的历程，与其平静而绝望地活着，不如点燃内心的魂火，来一场对自己的大批判，像鲁迅一样，以"最坏的恶意"去揣测自己。也许生活依旧平静，但是，你不再是绝望的人，而是能够着眼自身、展望未来的人。

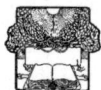

第十四课

坚守底线，有所为有所不为

生命正因为有所坚持，才能有所拓展。正如"拾金不昧不足恃，舍生取义何须悯"，是为了坚持而展现的大智大勇。正如陶渊明所说："不戚戚于贫贱，不汲汲于富贵。"不为贫贱而忧虑悲伤，不为富贵而匆忙追求。只要能够保持自律，那便能保持志气与骨气，便能自得于世。

志者不饮盗泉之水，廉者不受嗟来之食

人的美德犹如名贵的檀木，只有在烈火的焚烧中才会散发出最浓郁的芳香。正如恶劣的品质会在幸福而无节制中被显露一样，最美好的品质也正是逆境中而灼放出光辉的。

——季羡林

人需要时刻给自己订立一条底线，建造一方雷池。有底线的人做事才能有分寸，惧雷池的人才能恪守法度戒律。为人需要高洁、不能受腐败诱惑的思想情操。

乐羊子在路上行走时，曾经捡到一块别人丢失的金子，拿回家把

金子给了妻子。

妻子却说："我听说过，有志气的人不喝盗泉里的水，廉洁的人不接受嗟来之食，何况是捡取失物贪求利益而玷污了自己的品行呢？"乐羊子听后十分惭愧，就把金子扔到荒野里，然后远出拜师求学去了。

乐羊子妻不但不收丈夫拾来的金子，而且用"志士不饮盗泉之水，廉者不受嗟来之食"的典故说服丈夫，进一步指出因贪小利而失大节的危害，使乐羊子非常惭愧，知错就改并远寻师学。

做人就必须具备高尚的品德，做事就必须有坚韧不拔的精神。俗语："渴不饮盗泉水，热不息恶木阴。"其意在于：就算口渴也不要去饮用被污染的泉水，就算燥热难耐也不要在不好的树木下乘凉。

清代河南巡抚叶存仁的故事常被人引用，因其既坚守了个人操守又兼顾了人情世故，可谓尽善而尽美。

叶存仁在一次离职时，僚属们为避人耳目，就在深更半夜用小船给他送了一批礼品。叶存仁既不想私藏暗吞，又不愿生推硬挡，就写下了一首诗，巧妙地加以拒绝："月明风清夜半时，扁舟相送故迟迟。感君情重还君赠，不畏人知畏己知。"

叶存仁此举成千古美谈。假如叶存仁收下礼物，其实并没有人知道，声誉也不会因此受损。可是他知道，收下这些礼物，会超出自己内心的底线，人生操守不会再圆满。

同朝代的张伯行说过："一丝一粒，我之名节；一厘一毫，民之脂膏；宽一分，我受赐不止一分；取一文，我为人不值一文。"拥有这种强大的自制力、约束力，张佰行成为"天下清官第一"实至名归。

齐朝时，有个叫甄彬的人，家中贫困，常去市场里抵押物品以换得急用的钱财，等稍宽裕些再去把物品赎回。

有一次，他用一束苎麻到荆州长沙西库作为抵押换钱，后来赎回苎麻，在苎麻里发现用一条手巾包着的五两金子，甄彬把金子送还西库。

管理西库的人非常吃惊，说："早先有人用金子抵押换钱。当时仓促未能记录下这件事，你却能在见到后归还，恐怕是从古到今都没有这样的事。"于是用一半金子作为酬谢，两人往复推辞了十多次，甄彬坚决不肯接受。

管理西库的人赞叹地说："五月天气仍然穿着皮袄背柴草的人，竟然是拾金不昧的君子！"

后来，甄彬被任命为郫县县令，将要去上任之前，去向太祖皇帝辞行，同去辞行的有五人。太祖皇帝告诫一定要廉洁谨慎，唯独对甄彬说："你昔日有还金的美名，所以不再以此告诫你了。"

无论什么时候，自律心对自己和身边的人都能够产生巨大的约束力，甚至能够对天下人产生影响力。就如伯夷叔齐不食周粟饿死在首阳山上，在人们心中化为了忠诚的象征。

无论从文、从武，为官、为民，看古、论今，自律永远是值得称赞和奉行的美德，而自律之人也始终是美德的化身，行走在人间的天使，自律的魅力仿若君子之风吹开了人们心头的皱褶。

坚守做人底线

凡是引诱所以能成为引诱，都因为他是抵抗力最低的路径，最能迎合人的惰性。

——朱光潜

虽然每个人都有独特的行事原则，但我们都应该有做人的底线，知道自己该做什么，不该做什么。正如那句老话所说的："有所为，有所不为。"

春秋战国时期，鲁国有这样一条法律规定，即为了维护鲁国人的尊严，凡是到其他诸侯国旅行的鲁国人，若看到有鲁国籍人被卖为奴隶的，可以花钱将其赎回。回到鲁国后，所费金钱皆可到国库去"报销"。

据说，孔子的一位弟子在"国外"巡游时，恰巧遇到了一个鲁国籍的奴隶，于是便花钱将其赎出并带回鲁国。

孔子的这位学生为了显示他追求"崇高道德"的决心与真诚，事后未到国库报销，而由自己承担了赎买奴隶的一切费用，别人都说这个人品格高尚。

奇怪的是，孔子知道此事后非但没有任何赞扬的表示，反而严厉地训斥了他一顿，大骂这个学生，说这个学生做错了。别人奇怪，又赎了人，又不去报销，这不是好事吗？不是品格高尚吗？

当后来孔子被问及为何训斥学生时，据说孔子做了如下解释：花自己的钱去赎买奴隶，虽然为国家省了这些钱而显得道德很高尚，但是如果对这种"道德行为"大加鼓励和渲染的话，那么那些原本会用国家的钱赎回鲁国籍奴隶的人，就很可能会放弃赎买的机会，以避免和那些具有"高风亮节"的君子形成鲜明的对照，从而不去背"见利忘义"的恶名。结果，这种掏自己腰包为国家着想的"道德行为"，最终只能事与愿违，使更多的鲁国籍奴隶难以被赎回。

孔子的话有道理，他说的这种情况在现实生活中经常出现。本来是想做好事的人，却在无形中做了坏人。所以说，无论是好事还是坏事，做事都要有原则，有底线。做自己该做的，不做不该做的，不要把自己看作是"无私的大圣人"。

无论在什么样的社会，社会道德状况永远与每个人的生活息息相关。当人们都丧失了自己的做人底线，必然导致普遍性的道德缺失和

211

秩序混乱，让人们的生活处在互相猜疑的阴影之中。这时，谁还能抱着事不关已的心态？谁还会认为保持做人底线只是个人的事？

一个技艺精湛的木匠，一直效忠于他的主人，主人对他也非常好。闲下来时，木匠经常对主人吐露心声，说一辈子都要报答主人，以报知遇之恩，而主人也被他诚恳的话打动了，对他更好了。

直到有一天，主人让木匠选用最好的木料，用来建造一座结实的木屋。不过，他并没有说明木屋的用途，只是再三叮嘱木匠一定细心一点，用点心。于是，木匠就暗自揣测，主人把木屋建在离村庄这么远的荒郊野外，木屋前还开垦了几十亩荒地，看来他不是要种瓜就是想种菜。所以，这根本就不需要那么结实的木料，只要能够支撑一阵子也就算万事大吉啦！就这样，木匠第一次认为揣摩到了主人的心思，就自己做主了。当时，他挑选了一些朽木和残椽搭建木屋。没过多久，木匠在主人要求的时间内按时交差。

看到成型的房屋，主人惊呆了，这才说出了建造木屋的原因，说是感激木匠多年来照顾他、陪伴他，并且如此忠心。于是，他要把这座木屋赏赐给他，把门前的荒地也随之赠予他，并要让他能够支撑门户，不再受穷。

听到这里，木匠感到十分羞愧。

为主人辛苦半生的木匠师傅，凭着他超常的手艺，给主人建造了无数结实的木屋，可到头来轮到给自己建屋之时，却恰巧搭建了一座次品木屋，如此行家里手之下的败笔之作却只得自己承受。

细细想来，人生亦如此。一生一世的辛勤劳作，没有安逸享受，看似烦琐平淡和波澜不惊却平实而圆润，如若我们有一次越线的行为抑或不经意的失误，都有可能导致终生的遗憾。我们应该保持做人的底线永远不能逾越，一定得守住心灵的洁净和情操的高尚，把自己的精湛和完美展示给别人……

现在，就让我们都从自身做起，坚守底线，坦荡做人，用心做事。只要在心底筑起道德的长城，笃信"有所为有所不为"，相信这个世界一定会更加有序，更加和谐美好。

大丈夫有所为有所不为

我只说自己懂了的话。吃不透的话，不要围着乱嚷嚷，不要跟着瞎说，免得自己后悔。

——任继愈

朱熹曾经说过："唯能不为，是以可以有为，无所不为者，安能有所为耶。"这句话告诉我们一个道理：干事业，应该有所为而有所不为，唯其如此，才能终有所作为。

"大丈夫有所为，有所不为"这句话不仅蕴含着一种生活理念，也蕴含着一种生活态度与处世之道。

比如：三国时期的诸葛亮，非常感激刘备对他的知遇之恩，于是就辅佐刘备、刘禅父子二代。虽然他掌握着军政大权，但却没有过二心，"鞠躬尽瘁，死而后已"，就是形容他忠贞壮烈的一世；关羽千里送嫂，投宿在外，为了避免传出什么话，宁愿一个人在外面冒着大雪站一夜，也不进屋里暖和一下……

他们的行为都令人佩服。在佩服的同时，我们也不得不赞扬一下他们恪守着做人的底线，真正做到了大丈夫有所为，有所不为。

而在现实生活中，人们总会忽略了这个道理，有时为了一己私欲，甚至触及道德底线。下面，我们来看一下这个故事，看它给我们什么启示：

在古罗马时期，一个寒冬的夜晚，阿拉伯人正坐在自己的帐篷中，外面是呼啸的寒风，里面则比较暖和。

过了一会儿，门帘被轻轻地撩起来了，原来是他的那头骆驼，它在外面朝帐篷里看了看。

阿拉伯人很和蔼地问它："你有什么事吗？"

骆驼眼泪汪汪地说："主人啊，外面太冷，我冻得受不了了。我想把头伸到帐篷里暖和暖和，可以吗？"

仁慈的阿拉伯人说："没问题。"

就这样，骆驼就把它的头伸到帐篷里来了。过了不久，骆驼又恳求道："能让我把脖子也伸进来吗？"

阿拉伯人没想太多，便又答应了它的请求。

就这样，骆驼把脖子也伸进了帐篷。很快它又说："这样站着很不舒服，其实我把前腿放到帐篷里来也就是占用一点地方，我也可以舒服一些。"

听到这句话，阿拉伯人说："说得也对，那你就把前腿也放进来吧。"于是，阿拉伯人挪动一下身子，为骆驼腾出了一点空间。

又过了一会儿，骆驼又摇晃着身体说："其实我这样站在帐篷门口，外面的寒风引进来，你也和我一起受冻，我看倒不如我整个儿站到里面来，我们都可以暖和了！"

可是帐篷实在是小得可怜，要容纳一人一骆驼是不可能的。

但是，主人非常善良，他说："虽然地方小了点，不过你可以整个站到里面来试试。"

不料骆驼进来的时候说："看样子这帐篷是容不下我们两个的，你身材比较小，最好站在外面去，那样这个帐篷我就住得下了，而且空间能被充分利用。"

接着，骆驼就开始挤主人，甚至把主人挤到了帐篷外面……

故事中的骆驼在主人的善良下，得寸进尺，竟然忘记主人的恩情，把主人挤在帐篷外。而主人呢？虽然他对骆驼发了善心，做到了"有所为"，但他却因为自己没有底线，一点点让自己处于帐篷外的寒冷之中，这就是没有做到"有所不为"！

做人不仅要"有所为"，还要"有所不为"，不能只做到前者，忘记后者，更不能做了后者，不做前者。要知道，如果一个人没有底线，最终倒霉的常常就是自己。

对于故事中的主人和骆驼如此，对我们来说也是如此。一个人，只有记住自己的底线，明白自己该做什么，不该做什么，可以试着做什么，不可以试着做什么，你就不会出现闪失，不会像故事中善良的主人一样。

总之，我们做人要懂得明辨是非，时刻清楚自己该做什么、不该做什么，并懂得坚守"大丈夫有所为有所不为"的道德底线，才能做到问心无愧，才能在人生路上从容而行。

该拒绝时要敢于说

因为我的理论有相当把握，不能不坚持，学术的尊严不能不维护，只得拒绝检讨。

——马寅初

在飞速发展的社会中，各种新奇的事物不断涌入我们的生活，让我们眼花缭乱，欲拒无从。有些人在面对这些新奇事物时，毅然地选择拒绝，而有些人，却左右摇摆，不知道该如何选择。

拒绝？还是不拒绝？他们犹豫着，挣扎着，有时还影响自己的工作，甚至生活。其实，当有人向你提出于情理，特别是于法规不合的要求时，你即使有"能力"也必须拒绝。

选择拒绝，我们便能清醒地保护自己，更理智地对待周围的事物；

选择拒绝，坚持自己的原则和个性，才不会落入世俗的桎梏中。

杨震公正廉洁，不谋私利。他任荆州刺史时发现王密才华出众，便向朝廷举荐王密为昌邑县令。后来他调任东莱太守，途经王密任县令的昌邑（今山东金乡县境）时，王密亲赴郊外迎接恩师。

晚上，王密前去拜会杨震，俩人聊得非常高兴，不知不觉已是深夜。王密准备起身告辞，突然他从怀中捧出黄金，放在桌上，说道："恩师难得光临，我准备了一点小礼，以报栽培之恩。"

杨震看到这些金子，惊讶地说："以前正因为我了解你的真才实学，所以才举你为孝廉，希望你做一个廉洁奉公的好官。可你这样做，岂不是违背我的初衷和对你的厚望？你对我最好的回报是为国效力，而不是送给我个人什么东西。"

但是王密不识好歹，还坚持说："三更半夜，只有我知、你知。不会有人知道的，请收下吧！"

杨震立刻变得非常严肃，声色俱厉地说："你这是什么话，天知，地知，我知，你知！你怎么可以说，没有人知道呢？没有别人在，难道你我的良心就不在了吗？"

王密顿时满脸通红，赶紧像贼一样溜走了。

杨震就是一个有底线、敢于拒绝的人，哪怕是到今天，故事里所蕴含的道理也是依旧适用的。人生中有许多缠绕你的问题、难题，有主有次，有轻有重，一个底线没守住，往往会产生连锁反应，致使你纵有再大本事，也难以施展开来。

学会拒绝、敢于说"不"，是对自我操守的坚持，是发自良心的一种自卫。

而东汉王莽就是没有守住底线，最后落了一个悲惨的下场。

王莽在年幼的时候，父兄早亡，王莽结交贤士，声名远播。做官后礼贤下士，清廉俭朴，他的儿子杀死家奴，王莽逼其儿子自杀，得到世人好评，深受爱戴，不论是在朝野还是在民间他都享有很高的声誉。

后来，王莽任大司马，兼管军事令及禁军，手握实权。只是，王莽最后却没有善终，死前还被割舌。

这是为什么呢？就是因为他没有守住自己的底线，在赞誉面前他变得飘飘然，陶醉在溜须拍马中，他开始不满足屈居人下，于是他意图通过篡位来获取更大利益。

但事实证明他错了，很快他就在农民起义面前败下阵来，死后还留下终身骂名。

王莽的例子告诉我们，不守住底线会给我们的人生带来很大的影响。一个人只有守住底线，在合乎底线的范围施展自己的计划、目标和行动，这样才能脚踏实地，才能处于不败之地。

总之，每个人都应该有自己的原则和底线，对于与自己的原则和底线相悖的事，一定要学会拒绝。

君子爱财，取之有道

财富和荣誉其实是道美丽的风景，只能欣赏。只要出于面子做的事，几乎都会失败。

——俞敏洪

提到金钱，有人会说金钱是人类最伟大的发明！它可以衡量大部分具体事物的价值，为人类的文明做出重大的贡献，使人类从以物换物的营商手法进步到现代的社会中股票、地产、金融等以货币为媒介的公开交易平台……

虽然金钱对人类有很大的功用，但也制造出一连串的问题。比如：有人认为"有钱能使鬼推磨""金钱是万能的，没有买不到的东西！"

"世界上的一切都可以被明码标价"……

于是，一些人就想尽各种办法去获取金钱。其实，人爱钱没有错，但要懂得"君子爱财，取之有道"的道理，如果用卑鄙的手段去获得，为了钱不择手段，那只会得不偿失。

大家都知道清朝的大贪官和珅，那么，他一开始就是贪财之人吗？他又是如何一步步走上万劫不复之路的？

和珅小时候家里很穷，日子过得很清苦。三岁时，母亲因难产去世，后来父亲病重，在他九岁时死去。之后，和珅由父亲的偏房和家丁养育长大。

他自幼勤奋好学，终于考上了咸安官官学，凭借着自己的聪颖和才学踏上了仕途。

最初，和珅为官时一心报效国家，更在二十六岁时就任管库大臣，管理布库，他从这份工作中学习到如何理财，他勤朴地管理布库，令布的存量大增，他凭借这些才干，得到了乾隆的赏识。

乾隆四十五年正月，和珅查办李侍尧贪污案，后被提升为户部尚书。李侍尧案审结后，李侍尧被判斩监候，李侍尧和他的党羽一大份财产被和珅私吞，加上乾隆的赏赐，和珅初尝掌握大权大财的滋味。

四月，和珅长子丰绅殷德，被乾隆指为十公主额驸，领受乾隆赏赐黄金、古董等，百官争相巴结。和珅起初不受贿赂，但日子一长，和珅开始贪污，他广结党羽，形成一股大势力。

从此，权力在手，钱财诱惑。和珅走上了贪污的黑暗之路，再也没有回头。

金钱已经完全控制了和珅，它将和珅变为自己的奴隶，看他为了自己"赴汤蹈火，如痴如醉"。但金钱是没有感情的，和珅对它百般呵护和崇拜，也没有"获其芳心"。而在他最得意的时候，把他推向了深渊。

金钱变成了三尺白绫，缠绕在和珅的脖子上，把他带向了地狱。

贪婪和卑鄙的取财之道使和珅最终自取灭亡。金钱本无好坏之分，但取了不义之财，为富不仁，只会让人唾弃，甚至会给自己带来灾难。

第十五课

慎言笃行，言词不过枝叶，实干才能结出果实

古人云："不积小流，无以成江海，不积跬步，无以至千里。"说的就是要想成就大事，必须从小事做起的道理。其实，所有的点滴小事都是成功的重要积淀，讲再多华丽的誓言，都不及脚踏实地做好每一步来得紧要。

不驰于空想，不骛于虚声

凡事都要脚踏实地去做，不驰于空想，不骛于虚声，而唯以求真的态度做踏实的工作。以此态度求学，则真理可明。以此态度做事，则功业可就。

——李大钊

不论是什么事情，只要不空想，有勇气开始去做，不论多难的事情，只要脚踏实地，一步一个脚印，终会成大事。俗话说"千里之行，始于足下"，路是人一步一步地走出来的，只有实干的人才能成就大事。如果静不下心来，只沉迷于空想和假象中，那任何问题都不能被解决，最终会弄得一事无成。

据史书记载，楚霸王项羽年少时对待学习用心不一，学书识字不

220

多久就没兴趣了，想去学剑术，练剑时间不长又腻了，又欲学兵法。

其叔父项梁对此大动肝火，但项羽却是"壮志凌云"，回答起来振振有词："学书识字，能认会写自己的名字就足够了；剑术学得再精，也不过是学了'一人敌'的本事，微不足道；要学就学'万人敌'的本领。"

这番话打动了项梁，于是便又开始向他传授起兵法。起初，项羽还学得挺有兴致，孰料时间一长，又故态复萌，依然浅尝辄止。结果没有一样能够坚持到底。

项羽少年时代养成的坏毛病给他日后的"霸王事业"埋下了深深的隐患。他在楚汉战争中最终败北，与他性情浮躁、缺乏恒心，常常驰于空想有很大的关系。

俗话说得好："100 次心动不如一次行动！"因为行动是改变一个人、拯救一个人的标志，是一个人能力的证明。光会说、光心想，都是虚的，对事业的成功没有一点好处。

古时候，四川境内有两个和尚，一个穷和尚和一个富和尚。

有一天，穷和尚对富和尚说："我打算到南海拜佛去，你看怎么样？"

富和尚说："您凭借着什么去南海呢？"

穷和尚说："我只需要一个盛水的水瓶、一个盛饭的饭碗就足够了。"

富和尚说："我几年来一直想要雇船，沿着长江顺流而下去南海，尚且没有成功。你恐怕不行！"

到了第二年，穷和尚从南海回来了。把到过南海的这件事告诉富和尚，富和尚的脸上露出了惭愧的神情。

四川距离南海，有好几千里路程，富和尚不能到达，可是穷和尚到达了。一个立志求学的人，难道还不如四川边境的那个穷和尚吗？

因此，自己依靠着聪明与敏捷而不努力学习的人，是自己毁了自己；不受自己的愚笨平庸所局限而努力不倦地学习的人，是可以靠自己努力学成功的。

许多人做事都有一种习惯，习惯于准备到"万无一失"时，才开始行动。实际上这是"惰性"在作怪，所谓的周密计划只不过是一个不想行动的借口而已。

与其在等待中枯萎，不如在行动中绽放

有人天资颇高而成就则平凡，他们好比有大本钱而没有做出大主意，也有些人天资并不特异而成就则斐然可观，他们好比拿小本钱而做大生意。这中间的差别就在努力与不努力了。

——朱光潜

如果认真观察的话，不难发现，在我们周围不乏这样的人，他们才华出众，志向高远，却一直在某个普通的岗位上郁郁不得志。究竟是什么阻挡了这些"金子"散发自己的光彩？

是等待！

一些人认为，成功是需要条件的，比如天时、地利、人和等等。的确！成功需要一定的条件，但关键还在于人的行动。

回顾人类历史，人类生产方式从原始的采集一直发展到如今的数字化生产，其中经历的进步与成功难以尽数。如果事事都需要条件完备再行动，那么处在原始社会的祖先只能停在那个时代"茹毛饮血"了。所以，成功在很多时候并不需要多少条件，需要的是我们能够及时地展开行动。

在很久之前，有一个庄园主很有钱，他拥有着大量的土地，在他儿子16岁的时候，他去世了，管理家产、经营家产的重担就落在了少年的肩上。

那时的农业极为落后，广阔的田地还没有圈起来，连一条像样的路也没有，更不用说有什么桥了。那些买卖牲口的商人要到南边去，只得和他们的牲口一起游过河。更甚者，农夫不知道如何灌溉和开垦土地。

少年意识到，要想生活有所改变，就得先改变生活了多年的环境。他决心要为村子修建一条方便快捷的道路。他把这个想法告诉了那些老者，当老者们知道了这个年轻人的想法后，都嘲笑他异想天开，不知道天高地厚。尽管如此，少年也没有因为别人的意见而放弃。

他召集了大约2000名的劳工，在一个夏日的清晨，他和劳工们一起出发，以自己的实际行动鼓舞着大家。经过了长达2年的艰苦劳动，一条以前仅仅只有6英里长的充满危险的小道变成了连马车都能顺利通行的大路。

村子里的人看着眼前的大路，不得不为自己的无知而羞愧，也为年轻人的毅力和能力所折服。少年没有就此停止自己的行动，后来他修建了更多的道路，还建起了厂房，修起了桥梁，把荒地圈起来加以改良、耕种。他还引进了改良耕种的技术，实行轮作制，鼓励开办实业。

大家都很奇怪这个年轻人永远有着别人想不到的主意。过了几年，在少年的带领下，这个曾经一度很贫穷的小村庄里的人们都过上了富裕的生活。

从这个故事我们看到，那些越是成就伟大事业的人，反而越是"没有条件"的人。成功需要条件吗？实际上，条件于成功来说只是个充分条件而不是必要条件。弱者等待条件，强者创造条件。离开了主观努力，再好的天时、地利、人和也只能形同虚设。没有行动，再多的准备都只能是原地踏步。同样，不仅对于成功，当我们遇到困难的时候也应抱有如此的心态。再困难的处境，也不可能没有一线希望。所以，寻找机会，努力积累并耐心等待着，你终有脱困而出的机会。

过分依赖于客观条件，反而会阻碍人的成功。只有及时地行动和不懈地努力才是永恒不变的成功之道。行动起来，你会将坏事变为好事，将泥泞铺成坦途。

在这个世界上，每个人都会有自己的理想和目标。但是我们很多人都只是想一想，并没有付诸行动，那么一切都无法实现，没有任何意义。一个人的一生中，行动决定一切，行动高于一切。

通常来说，一个人即使有了创造力，有了智慧和才华，拥有了财富和人脉，并且有详细的计划，如果不懂得去使用这些资源，不愿意或者不敢采取行动，那么这一切都只能说是对这些资源的最大浪费。

所以说，我们应该主动寻找机遇，创造成功的条件，而不是等待机遇，等待他人为自己安排好一切。要知道，成功是等不来的，即使它近在眼前，也需要我们伸手去抓住它。

做大事请先从小事做起

巨大的建筑，总是一木一石叠起来的，我们何妨做这一木一石呢？我时常做些零碎事，就是为此。

——鲁　迅

古人云："不积小流，无以成江海，不积跬步，无以至千里。"意思是说，要想成就大事，必须从小事做起。其实，所有的点滴小事都是成功的重要积淀。

清末重臣曾国藩曾在家书里这样写道："书、蔬、鱼、猪，早、扫、考、宝。"这句话的意思是：书，就是要勤读书。蔬，就是要种菜。鱼，就是要养鱼，湖南是水乡，有很多鱼塘。猪，就是家里要养猪。早，就是早晨要早起，不要睡懒觉。扫，就是扫地，扫屋子，一屋不扫何以扫天下？所以曾家子弟，任你多金贵，都要亲自打扫卫生。考，是祭祀祖先，心怀敬意。宝，就是不仅要和家里人和睦相处，还要和邻居、族人、乡邻能和睦相处，人爱人，才是无价宝。这八个字，曾国藩要求曾家每一个子弟，都要身体力行，坚持不辍。这实际上是在教育曾家子弟在做小事情上训练自己，只有常常训练这些小事情，把小事情做好，才能在其他领域，把大事情做好。

俗话说得好："积小善终成大德，积小成终成大功。"但在现实生活中，有很多人满怀壮志，却不屑从身边的小事认真做起，他们实际上没有弄明白，任何伟大的事业都是由小事组成的，都是从许多人不留意的身边事做起的，经验和教训也由此慢慢地积累起来。

东汉时有一位叫陈蕃的少年，他自命不凡，心里总是想干一番大事业。

一天，父亲的朋友薛勤来访，看到他独居的院子龌龊不堪，便对他说："孺子何不洒扫以待宾客？"

陈蕃回答说："大丈夫处世，当扫天下，安事一屋？"

薛勤当即针锋相对反问他："一屋不扫，何以扫天下？"说得陈蕃哑口无言。

陈蕃之所以不屑于扫一屋，无非是想显示自己胸怀大志，欲"扫天下"。这种精神诚然可贵，但是，他没有意识到"扫一屋"是"扫天下"的人生创业前提。凡事总是由小至大，日积月累，集腋成裘的，任何事都有它的初始环节和基础步骤，因此，要"扫天下"，成就一番事业，必须从"扫一屋"做起，从身边的小事做起。

假如一个人片面地认为只有宏图大业才算是真正的大事，而根本不关注那些鸡毛蒜皮的事情，那么，很可能会被小事弄得焦头烂额。一个人要想在残酷的社会竞争中立于不败之地，就必须始终警惕那些容易招致失败的小事。

有两个以拾破烂为生的亲兄弟，整天盼着能够发财。一天，财神决定帮他们一次，让他们发一次财。那天，兄弟俩早早起来，拿着布袋照常出去拾破烂，但是那天，连平日里最小的破烂都没有，整条街好像被大扫除过一样，只剩下财神零星撒下的一寸长的小铁钉。

哥哥看到铁钉就一个一个捡拾起来。弟弟却对哥哥的行为不屑一顾，说道："一两个铁钉值几个钱？"当老大捡了一袋子铁钉的时候。老二有点儿后悔了，也打算回头去捡，但是一颗钉子也没有找到，因为都被老大捡走了。老二心想：反正老大那袋铁钉也值不了几个钱，心里安慰着自己，继续向前走。

没过多长时间，兄弟俩人几乎同时看到了一家收购店，店门口挂着一个牌子，上面写着："本店急收一寸长的铁钉，一元一枚。"老大换回了一大笔钱，老二后悔不迭，捶胸顿足。

因为对待小事的态度不同，同样的经历，却造成了不同的结果。其实，任何伟大的事业都离不开细节的积累。只是有的人肯从小事做起，有的人却对小事不屑一顾罢了。

可是，如果连小事都做不好，又怎么能做好大事。俗话说"一口吃不了一个胖子"，诚然，饭要一口一口吃，事情要一件一件地做，路要一步一步地走。纵观众多成功人士，他们的成功哪一个不是从做好小事开始的？没有小事的积累，哪来大事的成功；没有做小事的经验，又怎么能做得好大事？

古时候，师傅带着徒弟远行，途中发现了一块马蹄铁，师傅让徒弟捡起来，徒弟懒得弯腰，假装没听见。师傅看在眼里，嘴上什么也没说，而是自己弯腰捡起了马蹄铁。路过一个村镇的时候，师傅用它从铁匠那里换了三文钱，买了二十颗樱桃藏在了袖中。

二人继续前行，经过的是茫茫戈壁荒野。师傅断定徒弟已经非常口渴了，于是悄悄地掉出一颗樱桃，徒弟看见地上有樱桃，赶紧跑过去捡起来吃掉。师傅一边走一边丢樱桃，每次只丢一颗，徒弟狼狈地弯了二十次腰。

于是，师傅笑着对他说："要是你之前弯一次腰，这回就不会弯二十次腰了。小事不做，将来就会在更小的事情上不断操劳。"

的确，多数人的成功，并不是因为运气或者自身条件好成就了事业，而是因为他们能够注意去做容易被常人忽略的小事。那些总想着做一两件轰轰烈烈的"大事情"，让自己一下子就取得成功的人，常常不愿意做小事甚至对小事不屑一顾，也就不可能做出一番大事业来。

实际上，无论是小事大事，在刚开始时都不好做，都没有可循的模式，但小事相对容易些，小事做多了，量变到质变，大事情也就做成了。

总之，我们所从事的事业，是由千千万万的"小事情"组成的，没有"小事做好，大事做实"的态度，就只能是空谈。所以，做大事请先从小事做起，只有做好每一件小事，才能成就大事。

行动决定人生价值

此身应该做而且能够做的事，就得由此身担当起，不推诿给旁人；此时应该做而且能够做的事，就得在此时做，不拖延到未来；此地位应该做而且能够做的事，就得在此地位做，不推诿到想象中的另一地位去做。

——朱光潜

很多人在讲起人生价值时说得头头是道，甚至还为实现自己的人生价值制订了详尽计划：第一步做什么，第二步做什么，第三步……可是给自己定了很多计划，却很少实行过。

要知道，再好的计划也不能代替身体力行，再好的计划没有行动，也只是一场黄粱美梦。因此，实现自己的人生价值，就需要付出实际的行动。

有一位李老汉，家宅建在一条河的旁边。由于地势低洼，天下大雨时，经常碰到水患，于是李老汉决定搬家。但是，这家人推崇平等，所以李老汉的"一言堂"是发挥不了作用的。

一天，有个过路人告诫李老汉："天将降大雨，洪水欲至，为什么不搬家？"李老汉于是召集众人，开了个家庭会议。

会议从晚上开到第二天天亮，虽认识到了洪水的危害，但会议没有结果。

第二天，又有过路人告诫李老汉："洪峰就在不远处，赶快搬家，不要犹豫呀！"李老汉又聚集众人，召开了家庭会议。

但是，会议从晚上开到第二天早上，仍然不能决定是搬还是不搬。

这时，有人来警告说："赶快搬家，如果晚了，洪峰来到，将有灭顶之灾呀！"李老汉慢吞吞地说："容我再与家人开个会议，商量一下。"

最后，洪峰来到，而李老汉全家人还未决定是否搬迁就全部被淹。

上述故事中李老汉的一家人，可谓光说不练的"典范"。家住临河，又逢大水将至，本已是十万火急，他们却不慌不忙地一议再议，而且屡议不决。他们本来早就可以迁居，因为耍嘴皮子延搁了下来。后来也来得及搬迁，又是因为耍嘴皮子丧失了时机。到了最后，他们因为喋喋不休的争论，让自己错失了良机。直到大水即将灭顶，争论依旧喋喋不休，真可谓"死不悔改"。

美国著名的哲学家爱默生曾告诫年轻人说："当一个人年轻时，谁没有空想过？谁没有幻想过？想入非非是青春的标志。但是，我的青年朋友们，请记住，人总归是要长大的。天地如此广阔，世界如此美好，等待你们的不仅仅是一对幻想的翅膀，更需要一双踏踏实实的脚！"

　　而在生活中，我们经常会看到一些胸怀大志的人。比如：刚从大学毕业的年轻人，一开始就梦想着能得到一份好工作，拿到高薪，还能施展自己的才华。几年之后，自己就可以西装革履地站在大众面前，骄傲地谈论着自己的成就。但是，现实的残酷一次次告诉他们：不要空想了！如果不采取行动的话，只会让自己变得一无所有，一事无成。

　　所以，我们现在要起而行动，为成功，为致富而行动。此时，我们可以把目标当作是建筑一座高楼大厦，而理想是我们的计划，行动就是为大楼添砖加瓦。只有行动起来，才能让理想的大楼拔地而起，才能真正实现我们的人生价值。

尝试是成功的第一步

　　空谈之类，是谈不久，也谈不出什么来的，它始终被事实的镜子照出原形，拖出尾巴而去。

——鲁　迅

　　试想，如果爱迪生只是躺在被窝里提出一个个构想，而不肯亲自尝试，又怎能让那些构想变为发明，成为触手可及的现实？如果没有持之以恒的韧性和执着，没有成百上千次的实验尝试，他又怎么能发明白炽灯，成就改变人类生活方式的伟大发明呢？如果小说家儒勒·凡尔纳在被出版社退稿后，就不再尝试，不坚持，又怎么会有今天蜚声中外的佳作呢……

　　很多时候，我们需要的不是动听的理想或者合理的借口，而是亲自的尝试。有人说，迈开第一步就是成功的第一步。因此，我们应该学会尝试。要知道，尝试，才会开启成功的大门，但不尝试，只空想，我们连成功的大门在哪儿都不知道。

有这样的一个故事：

在汉光武帝时期，会稽爆发了一场大瘟疫。没几天的时间，就死了一万多人。面对如此惨景，县令钟离意十分苦恼，饭吃不下，觉睡不着。每天，他都在不断地责怪自己："百姓遭难，我无法解救，还算什么父母官！"

后来，钟离意冒着生命危险，一家一家地去慰问病人和家属，还下令用重金招募医生研制新药。经过大家的努力，新药被研制出来了，可是新的问题又来了，药中有几味有毒的草药，不知会不会带来什么副作用……正在这时，钟离意挺身而出："这不是很简单的问题嘛，让我来试就是了！"说完，不顾大家竭力阻挡，夺过药就喝了下去。

他喝过之后，没有任何中毒的迹象，可见药研制成功了。于是，药就被分发了下去。很快，瘟疫被控制了，钟离意紧皱的眉头也舒展开了。

如果钟离意没有大无畏的精神，没有敢于尝试的精神，那恐怕疫情还会蔓延，到一发不可收拾的地步。可见，敢于尝试是开启成功的第一把钥匙。

无独有偶，海尔电器也是有着尝试的精神，所以才获得了成功，才被广大人民群众所熟知。毫不夸张地说，在中国，恐怕没有人不知道海尔电器的吧！即便是在欧、美以及亚洲其他国家，海尔也有着一定的影响力。

在2000年，海尔全球总资产达167.5亿元。可有谁能够想象：海尔的前身却是一个濒临倒闭的集体小厂？在短短的十几年间，海尔竟发生了如此翻天覆地的变化，这其中的奥秘是什么呢？经过了解后，我们才知道，原来：海尔电器的成功，就在于它努力尝试、不断拼搏的精神。

由此可见，尝试无论是对个人来说，还是对一个企业来说，都有着至关重要的作用。尝试，往往需要付出常人难以想象的艰辛，但也常常能创造出骄人的成绩。不去尝试，我们永远不会知道自己能做什么；不去拼搏，我们什么也做不成。尝试，会让我们更加了解自己；拼搏，会让我们更加相信自己。

戏剧大师莎士比亚有句话："本来无望的事，大胆尝试，往往能够成功！"亲爱的朋友们，让我们努力尝试吧！让我们努力拼搏吧！在不断地尝试与拼搏中，我们将会变得更自信、更坚强、更完美！

认真踏实地做好每一件事

从此我不再仰脸看青天，不再低头看白水，只谨慎着我双双的脚步，我要一步一步踏在泥土上，打上深深的脚印！

——朱自清

人们常说："世界上的事，怕就怕'认真'二字。"在《现代汉语词典》里，对"认真"二字的注释是：严肃对待，不马虎。实际上"认真做成事"说着容易，做起来很难，因为能否把一件事情做成功的影响因素很多。但无论怎样，态度是首要的，首先要有认真的态度，因为认真的态度是做成事的前提。

人生不过短短的几十年，那么如何在这有限的时间里用心做好每件事，踏实过好每一天，这是每个人都应该思考的问题和具备的态度。

如果你具备了认真的态度，并且能够认真对待所做的每件事情，那么你无论在哪里都会脱颖而出。因为认真对待工作中的每一件事，无论大事小事，这是一个人的素质和品质的体现。

然而，纵观古今，不认真踏实做事几乎是个普遍现象。有一则这样的故事：

寺庙里有一个小和尚负责撞钟，一个月下来，看到师哥师弟们在烈日炎炎下浇菜种地挥汗如雨，暗自庆幸，觉得自己只需要"做一天和尚撞一天钟"而已。

有一天，寺庙的主持宣布调小和尚到后院劈柴挑水，说他不能胜任撞钟一职。

小和尚很不服气地问："我撞得钟难道不准时、不响亮？"

老主持耐心地告诉他："你撞得钟虽然很准时，也很响亮，但钟声空泛、疲软、不浑厚，没有把钟声的节奏感撞出来，钟声缺乏感召力。可知你心不在此，敲钟事虽小，你也没能做好。"

没能认真踏实地做事，小和尚丢掉了职位。

由此可见，即便是小事，也绝不能因此而轻视。一个人认真踏实地做好一件事容易，难的是认真踏实地做好"每"一件事。荀子说"积土成山，风雨兴焉""积水成渊，蛟龙生焉"，他用比喻来论述大由小生、积少成多的道理。"骐骥一跃，不能十步；驽马十驾，功在不舍。""泰山不拒细壤，故能成其高；江海不择细流，故能就其深。"告诉人们滴水石穿、绳锯木断的道理。成功就在于不懈的坚持，正如雕刻，如果刻几下就停下来了，那么腐烂的木头也刻不断；如果不停地刻下去，那么金石也能雕刻成功。

他接着说："积善成德，而神明自得，圣心备焉。"这是要教导一个人"勿以善小而不为"，集小善而成大善，从而具备圣心的道理。对一个人来说，"积善"达到"成德"的境界，需要数十年的坚持，也是认真做好"每"件事的必然结果。

只有脚踏实地，一步一个脚印，不畏艰难，不怕曲折，坚韧不拔地干下去，才能最终达到目的。相反，一个人如果不认真做事很可能会造成巨大的损失，给自己带来不必要的麻烦，追悔莫及。下面就有这样一个事例：

从前，黄河岸边有一片村庄，为了防止黄河水患，人们筑起了巍峨的长堤。

　　一天，有个老农偶然发现河堤上蚂蚁窝猛增了许多，心想这些蚂蚁窝会不会影响长堤的安全呢？他要回村告诉乡亲们。在路上，他遇见儿子，就把这件事告诉了儿子。

　　儿子听了不以为然地说：这么坚固的长堤，还害怕几只小小蚂蚁？正在犹豫的老农便和儿子重新下田干活了。当天晚上风雨交加，黄河里的水猛涨起来，咆哮的河水从蚂蚁窝渗透出来，继而喷射，终于堤决人淹。

　　这就是常说的"千里之堤，毁于蚁穴"，这个故事告诉人们不认真对待小事情最终会造成巨大的损失。

　　原北大校长胡适先生曾说："你知道中国最有名的人是谁？提起此人，人人皆晓，处处闻名。他姓差，名不多，是各省各县各村人氏。你一定见过他，一定听过别人谈起他。差不多先生的名字天天挂在大家的口头，因为他是中国全国人的代表。"

　　差不多先生常常说：'凡事只要差不多，就好了。何必太精明呢？'他小的时候，他妈叫他去买红糖，他买了白糖回来。他妈骂他，他摇摇头说：'红糖白糖不是差不多吗？'他在学堂的时候，先生问他：'直隶省的西边是哪一省？'他说是陕西。先生说，'错了。是山西，不是陕西。'他说：'陕西同山西，不是差不多吗？'……

　　有一天，他忽然得了急病，赶快叫家人去请东街的汪医生。那家人急急忙忙地跑去，一时寻不着东街的汪大夫，却把西街牛医王大夫请来了。差不多先生病在床上，知道寻错了人；但病急了，身上痛苦，心里焦急，等不得了，心里想道：'好在王大夫同汪大夫也差不多，让他试试看罢。'于是这位牛医王大夫走近床前，用医牛的法子给差不多先生治疗。不过一点钟，差不多先生就一命呜呼了。

　　差不多先生差不多要死的时候，一口气断断续续地说道：'活人同死人也差……差……差不多，……凡事只要……差……差……不多……就……好了，……何……何……必……太……太认真呢？'他说完了这句话，方才绝气了。

他死后，大家都称赞差不多先生样样事情看得破，想得通；大家都说他一生不肯认真，不肯计较，真是一位有德行的人。于是大家给他取个死后的法号，叫他做圆通大师。他的名誉越传越远，越久越大。无数无数的人都学他的榜样。于是人人都成了一个差不多先生。然而中国从此就成为一个懒人国了。"

胡适先生用寓言的方式对"差不多先生"进行了辛辣幽默的讽刺，通过文章可以让人强烈地意识到做事认真的重要。

因此，我们不要轻视自己所做的每一件事，即使是最普通的事，也应该全力以赴、认真踏实、尽职尽责地去完成。如果马马虎虎、三心二意地做事，那么永远也不可能做出什么成绩来。

第十六课

谦虚笃学，成功在于不断丰富自己

没有人生来就是博学多识的，成功源于不满足已有的知识，不间断地学习，去打破已有的陈规，去接受新鲜的事物。君子见贤思齐，能在反省中朝着更美好的一面去努力，而不是狂妄自大。放低自己的态度，谦虚好学，笃定行为，这才是君子之道。

天才在于不断丰富自己

我哪里是天才，我只是把别人喝咖啡的工夫都用在了工作上了。

——鲁　迅

在这个世界上，有很多被称为"天才"的人，其中有些人从没有间断过学习，努力丰富自己的知识，甚至到了"学到老活到老"的状态；而有一些人，由于中断学习，不丰富自己，从"天才"慢慢变成了庸才。

在宋朝，有一个十分聪明的小孩叫方仲永，他出生在一个普通农家。有一天，四五岁的仲永大哭起来，经过了解后，家人才知道他是要写诗。

于是，父母就借来了纸笔，只见方仲永在纸上写下了一首诗，而且还有题目。为此，父母觉得很震惊：一个这么小的孩子竟然能写诗？就这样，方仲永的故事就传开了，他被人们誉为"神童"。

后来，有一些达官贵人就让方仲永写诗，还资助他。有的人说："仲永真是神童啊！这真是我们村子里的骄傲。你一定要好好培养，为我们争光！"

而方仲永的父亲可不这么认为，他觉得既然儿子是天才的话，那就没必要再去培养了！于是，到了方仲永十二三岁的时候，他的水平也没有什么进步，和同龄人写出来的诗没什么差别。到了近三十岁的时候，他的诗歌还停留在原来的水平，甚至远远落后于同龄人。

从这个故事看出，一个人纵然天生聪明绝顶，才华横溢，但如果忽略了学习，不丰富自己的知识，最后也会变成"庸才"。

可见，天赋固然重要，但后天的努力更重要。如果我们像方仲永那样，仗着自己有些才气，就懈怠学习，忽略学习，终究会变成一般人。即使我们没有像他那样的天赋，但也可以经过后天的努力，让自己变成一个"天才"。

晋平公政绩出色，学问也不错。在他70岁的时候，他依然还希望多读点书，多长点知识，总觉得自己所掌握的知识实在是太有限了。可是70岁的人再去学习，会遇到很多困难，所以晋平公对自己的想法还是不自信。

于是，他去询问一位贤明的臣子师旷——一位双目失明、博学多智的老人。

晋平公问师旷说："你看，我已经70岁了，年纪的确老了，可是我还很希望再读些书，长些学问，又总是没有信心，你觉得是否太晚了呢？"

　　师旷回答说："您说太晚了，那为什么不把蜡烛点起来呢？"

　　晋平公不明白师旷在说什么，便说："我在跟你说正经话，你跟我瞎扯什么？哪有做臣子的随便戏弄国君的呢？"

　　师旷一听，乐了，连忙说："大王，您误会了，我这个双目失明的臣子，怎么敢随便戏弄大王呢？我也是在认真地跟您谈学习的事呢。"

　　晋平公说："此话怎么讲？"

　　师旷回答说："我听说，人在少年时代好学，就如同获得了早晨温暖的阳光一样，那太阳越照越亮，时间也久长；人在壮年的时候好学，就好比获得了中午明亮的阳光一样，虽然中午的太阳已走了一半了，可它的力量很强，时间也还有许多；人到老年的时候好学，虽然已日暮，没有了阳光，可他还可以借助蜡烛啊，蜡烛的光亮虽然不怎么明亮，可是只要获得了这点烛光，尽管有限，也总比在黑暗中摸索要好多了吧？"

　　听到这样一席话以后，晋平公恍然大悟，高兴地说："你说得太好了，的确如此！我有信心了。"

　　就像师旷所说的那样，只要获得了一点烛光，尽管有限，也总比在黑暗中摸索好多了。换句话说，就是学到的东西多少不要紧，因为无论多少，都是自己获得的。再往深了说，就是一个人想要学习，什么时候都不晚！

　　已经70岁的晋平公都有想学习的念头，那年轻的我们，有什么资格和理由不去丰富自己呢？一个人究竟懂得多少东西并不重要，更重要的是要学会学习，因为只要学习就会有新的知识。

　　总之，世界上没有天生的天才，非学无以成才，读书是知识积累的最好方法，书是人类的精神食粮，是一个优秀人士的必备之物。当我们研究成功人士的事业时，常常发现：他们的成功可以追溯到他们拿起图书的那一天。

学习是一种能力，也是一种态度

只有不断学习，才能完善自我，只有完善自我，才能与时俱进。

——李 莹

一个国家，要靠知识去发展它；一个正确的理论，也要靠知识去总结；迷信思想，更需要知识来推翻或改造。再加上，当今社会是一个科学技术日新月异、处处充满竞争的社会，学习知识也就成了人生的头等大事。

可以说，没有知识，很难立足于这个社会，更不要说服务于社会，对社会有所作为了。

古代有一个人叫匡衡，他出生在一个农民家庭，生活十分贫困。他从小就很渴望读书，可是父母没有能力供他上学，甚至连书本也买不起，匡衡只好向别人借书来看。

某天晚上，匡衡很希望在睡前读一读书，但由于家中穷得连灯油也没有，根本没法点灯读书。正当匡衡发愁时，忽然发现丝丝的光线正从墙壁的缝隙中透射过来，原来这是邻居的灯光。

由此，匡衡心生一计，便用凿子把那小缝挖大成一个小洞，然后捧着书，倚在墙边，利用那点微弱的光线阅读。从此，匡衡每晚就借邻居的灯光埋首苦读，最后成了著名的学者。

无独有偶，还有一个故事也很著名，叫作囊萤夜读，故事主人公叫车胤。

车胤家贫，没钱买灯油，而又想晚上读书，便在夏天晚上抓一把萤火虫来当灯读书。

后来他先后曾任中书侍郎、侍中、国子监博学、骠骑长史、太常、护军将军、丹阳尹、吏部尚书，最后还被朝廷封为关内侯与临湘侯。职守功勋，颇极一时之盛。

古人尚且如此，何况今人。在这个"知识经济"时代，我们必须注重自己的学习能力，必须能够勤于学习，善于学习，并且终身学习，才能在竞争激烈的社会中立于不败之地。

许多走向成功之路的人，就是因为有着学习的态度，并抱着这个态度向知识的高峰攀登。慢慢地，他们就具有了渊博的学识、独特的见解、优雅的谈吐……

可以说，学习不仅是一种能力，也是一种态度！比如，伟大的革命战士列宁就有着良好的学习态度和能力。他坚持了终身学习的习惯，就算是在沙皇的监狱中，他也不忘读书。

列宁曾在彼得堡被关押了 14 个月。在这 14 个月之中，他利用监狱图书馆读了 14 个月的书。他一边读书，一边收集各种资料进行研究。

一天，列宁的姐姐在探望他时说："听说你的案子快要结案，你很可能快要出来了。"列宁却风趣地说："还早咧，我的资料还没有收齐呢！"

列宁在一生之中都极重视读书与学习。在其逝世的前几个月，他还在一篇文章中这样写道，"我们一定要给自己提出这样的任务：第一是学习，第二是学习，第三还是学习，然后是检查，使我们学到的东西真正深入血肉"。

诚如列宁所说，人生需要不断地学习，要有一个好的学习态度。只有这样，人生才不会有遗憾，才会有意义，即使是明白一个小小的道理、突破几道难题这样微小的进步。

试想，如果我们没有一个好的学习态度，遇到难题就退缩或被其他的一些小事干扰，就会开小差，转移视线，那最终的结果是什么？

那可能是一事无成，甚至是给平坦的道路上搬来绊脚石。这可不是危言耸听！我们举个例子来说：在一场考试中，为什么有的人就能对答如流，而有的人却咬着笔头很是苦恼？

根本原因就是有的人不学习，没有一个好的学习态度！没有一个学习的态度，那自然就没有学习所带来的能力和能量了。

所以，我们应该不断地学习，学习是一种能力，也是一种态度，它会影响我们整个人生。

不断充实自己才不会空虚

做一件事，倘无恒心，是很不好的。

——鲁　迅

在生活中，经常会听到一些大学生或上班族抱怨：好无聊，好空虚……归根结底，这是他们太"闲"了！因为学习不忙，工作不多，空出了大量的时间。

有句话叫"只有油充足了，车才能行得更远；只有气充满了，球才能跳得更高"，同样，人生过得充实了，才不会觉得空虚，才不会浪费宝贵的生命。

正如保尔所说的那样，只有使自己更充实，在临死时才会感到幸福，而不会为自己空虚的一生后悔。那么，如何充实自己呢？最简单、最直接的方法就是丰富内心，丰富知识。

北宋著名学者、政治家、军事家范仲淹在童年时期就酷爱读书。由于家境清贫，上不起学，10岁时住进长山醴泉寺的僧房里发愤苦读，每天煮一小盆稀粥，凝结后，用刀划成四块，早晚各取两块，再切几根咸菜，就着吃下去。

庙里的老火头僧很佩服范仲淹这种精神，时常称赞他。范仲淹说：

"一个人如果不读书，只知饱食终日，贪图安逸，那种生活是毫无意义的！"

范仲淹为了开阔眼界、寻访良师、增进学识，便风餐露宿，千里迢迢来到北宋的南京应天府（今河南商丘），进了著名的南都学舍。在学舍中，他昼夜苦读，"未尝解衣就枕"。在冬夜里，读得疲倦时，他就用冷水洗洗脸，让头脑清醒过来，继续攻读。

古人尚且爱书如命，现代人又是怎么做的呢？

科学界的巨人爱因斯坦在中学时代，非常喜欢读那些自然科学的故事，关于陨星、地震、风暴等方面的书，都会如饥似渴地阅读。

在苏黎世联邦工业大学时，他曾为自己制订了一份学年、学期和每月的读书计划，依次阅读柏拉图、拉谟、笛卡儿和牛顿、麦克斯韦等人的著作。

就是在不断的读书与学习中，他才积累了如此渊博的知识，并在此基础上提出了他那超越时代的狭义相对论。

学习是如此迷人，学习是如此有用，学习使一切不可能变得皆有可能，正如萧楚女所说："人永远是要学习的。死的时候，才是真正要毕业的时候。"

所以说，无论是谁，学习都应该始于生命之初，终于生命之末。下面，我们再来看一则哲理故事，它完美地给我们诠释了知识的重要性。

古希腊时期有一个赌徒，他沉迷赌钱，把家产输得一干二净，最后老婆带着孩子离他而去。

正巧有一位无聊的富翁和他打赌，要求他待在一间小房子里，不准跨出房间半步，否则就输了。但是，赌徒可以提出任何要求，只要不跨出房间半步，什么都可以满足，生病了，也可以叫医生进房中医治。赌期为 10 年，如果赢了将获得 60 万元。

在这种情况下，赌徒开始看书，本来他是为了那些钱而看的。渐渐地，他爱上了看书，但是与此同时，富翁的身体也是每况愈下，经济状况也开始变得不好，到了约定那天，富翁已经穷得家徒四壁了。

这个时候，赌徒对富翁说："你的情况我早就知道了，说实话，我非常感谢你，感谢你给了我 10 年的学习时间，让我学到了不少东西，也明白了不少道理，还发觉自己以前的行为多么荒唐和无知，60 万元的赌金我也不要了，现在在我眼里，区区 60 万元怎么能和我满脑的知识相提并论呢。"

正如我们所看到的那样，因为有了书的存在，赌徒不仅不感到空虚，反而觉得生活充足。最后，他的那句"区区 60 万元怎么能和我满脑的知识相提并论呢"，为我们再一次指明知识的重要性。

天道酬勤，一寸光阴不可轻

时间，就像海绵里的水，只要你挤，总是有的。

——鲁　迅

晋朝陶渊明曾说："盛年不重来，一日难再晨，及时当勉励，岁月不待人。"陆机在《短歌行》曰："人寿几何？逝如朝霞。时无重至，华不在阳。"

人生短短几个秋，说起来也是弹指一挥间。所以，我们不应该去浪费光阴，而是应该勤奋一点。所谓"多一分耕耘，多一分收获"，只要你付出了足够的努力，就算没有看到直接的收益，将来也一定会得到相应的回报。

少年时期的鲁迅非常勤奋好学，他把每一分、每一秒都用到了学习上。当别的孩子在院子里玩耍的时候，鲁迅在识字看书，当小小年纪的他坐在火炉旁边为久病的父亲煎药时，他还要手里捧着一本书。

偶尔有一次，他因为上学迟到受到了先生的责备。为了提醒自己早早地上学读书，他特意在课桌上刻了一个"早"字，自此以后，他上学再没有迟到过，而且时时早，事事早。

后来，鲁迅在江南水师学堂读书，第一学期成绩优异，学校奖给他一枚金质奖章，他立即拿到南京鼓楼街头卖掉，然后买了几本书，又买了一串红辣椒。每当晚上寒冷时，夜读难耐，他便摘下一颗辣椒，放在嘴里嚼着，直辣得额头冒汗。他就用这种办法驱寒坚持读书。就是这样，鲁迅把大量的时间用来读书，得以让自己在知识的海洋里自由徜徉，从而奠定了他在文学上极深造诣的基础。

鲁迅几乎每天都在挤时间。他说过："时间，就像海绵里的水，只要你挤，总是有的。"在鲁迅的眼中，时间就如同生命。也因此，鲁迅最讨厌那些"成天东家跑跑，西家坐坐，说长道短"的人，在他忙于工作的时候，如果有人来找他聊天或闲扯，即使是很要好的朋友，他也会毫不客气地对人家说："唉，你又来了，你就没有别的事好做吗？"

鲁迅能取得如此成就，也证明了天道酬勤。人生中任何的辉煌成就都得益于勤奋。世界上没有任何东西可以替代勤奋，教育不能替代，权势不能替代，财富也不能替代。没有人能只依靠天分就获得成功。上苍给予了天分，而勤奋将天分变为天才。

所谓"天道酬勤"，上天偏爱于勤奋的人，只垂青于孜孜不倦追求的勤勉者。一分耕耘，一分收获，那些天才式的人物成功也是百分之一的灵感加上百分之九十九的汗水。

商辂是明代近三百年科举考试中第二个"三元及第"的人，当时人们赞誉他称"我朝贤佐，商公第一"。商辂一生勤奋刻苦，志向高远，遇事好勤思熟虑。

商辂小的时候，家境非常贫寒，每天晚上因没有灯烛夜读而发愁，后来就劈来松明点燃照明，"俯而读，仰而思"，直至深夜，不知疲倦。无钱买纸买笔，就用芒干当笔，在沙盘里练字。后来他把烟灰兑水调匀当墨，用来练习毛笔字。他的书法刚劲飘逸，后成国宝。

商辂杭城乡试时，锦绣文章独占鳌头。居住在客栈里，"任凭那曲院清香，风送丝竹，读书不敢丝毫分神"。

商辂就读太学时，更是攻读达旦，学得满腹经纶，后摘取了状元的桂冠。

商辂虽然家境贫寒，但他以"一寸光阴不可轻"分秒必争的学习积极性成为明代首辅，并为我们做出了一个好的榜样。

庄子说过："人生天地之间，若白驹之过隙，忽然而已。"《资治通鉴》的作者司马光为了抓紧时间读书，用圆木做的枕头，他读书困倦时就枕着圆木睡觉，只要一翻身，枕木就会滚走，人就会惊醒。他就用这种方法来强制自己，挤出时间刻苦读书。

鲁迅先生曾经说过："节约时间，也就是使一个人的生命更加有效，也就等于延长了人的生命。"勤奋的人会得到更多的回报。上天会实现勤劳的人的志愿。有耕耘就会有收获，只要不懈努力，最大限度地完善充实自己，千方百计地提高自己的竞争实力，就会有一个美好光明的明天。

但有些人却认为：短短的人生，若不及时行乐，岂不枉来人世间一遭？于是抱着"今朝有酒今朝醉，我歌我笑如梦中"的态度，把时间都用在嬉戏中，吃喝玩乐一生。其实，这样的想法是错误的！正因为人生短暂，我们才应该争分夺秒，让自己活得有价值、有意义，并为家人、社会做出一些贡献。如果活了一生，什么都没给自己留下，那岂不是白活了？

所以说，我们不应该虚度年华，而是应该抓住当下的好时机，丰富自己的人生。

成功没有捷径，应该厚积而薄发

求速成找捷径是做学问的大忌，治学者应该厚积薄发。

——钱　穆

没有一个人的才华是与生俱来的。在成功的道路上，除了勤奋和坚持，是没有任何捷径可走的。

北大教授钱穆出身贫寒，早年多病，然而他自强不息，勤奋刻苦。虽然没有上过大学，但他通过自学，成为著名的国学大师。他既是一个博学之士，又是一个杰出的教育家。他不但教过小学、中学、大学，而且还创办大学。他涉猎广泛，素有"百科全书"之称。

钱穆教授生于江苏无锡，7岁时被送到私塾读书，12岁时父亲撒手尘世。孤儿寡母，家境贫困不堪。母亲宁愿忍受孤苦，也不让孩子辍学，微薄的收入勉强维持钱穆读完小学。辛亥革命后，社会制度更替，中学停办，因此钱穆辍学回家。

由于钱穆家境贫寒，生活困苦，没有能力上大学，所以他开始系统地自学。虽然没有上大学一直是钱穆心中最大的遗憾，但是这也成了他勤奋学习的动力。在自学的道路上，他刻苦用功、坚持不懈，功夫不负有心人，最终学业有成。

钱穆的求学历程告诉人们，成功不是一朝一夕就能获取的，而是通过脚踏实地，一步步走出来的。那些不愿意扎扎实实、辛辛苦苦地做学问，总是急功近利、急于求成的人，是不会成功的。

唐代诗人贾岛说"十年磨一剑"，做学问要有耐得住寂寞，要有坚持不懈治学的精神。西晋时的左思十年写就《三都赋》就是很好的例子。

左思出身寒微，自幼反应迟钝，长得不好看，为人木讷，不好说话。曾经学习书法、弹琴，都没有学出成绩。父亲对朋友说："这孩子智力差，笨。"

左思听到后自尊心受到了伤害，他很不服气，于是就发奋学习，以勤补拙。他着手准备写《三都赋》时，吃饭、走路想的都是文章。连家中茅厕里也放着纸笔，一旦他琢磨出了好的词句，便随时记下。

那个时候，在洛阳任职的大才子陆机也在准备写《三都赋》。听闻此事后，讥笑说："这里有个丑八怪都想写《三都赋》，他写的文章只配给我盖酒瓮。"

左思听到这话，毫不气馁，毫不动摇，并请求担任掌管国家图书典籍的秘书郎，借图书苦学苦读。他日积月累，终于花费十年时间写成了《三都赋》，使当时的达官显贵们竞相传抄，一时"洛阳纸贵"。

左思的事例很有力地说明了成功需要积累，积累需要时间。一个人"数十年如一日的勤奋"是最令人感佩的，这种"持之以恒"的精神是学术有成的人共同的特点。

司马迁的《史记》被鲁迅先生尊为"史家之绝唱"。司马迁把历史人物和历史事件写得如此有声有色、栩栩如生，很大程度上得益于他19岁那年的一次全国大游历。在游淮阴时他追寻韩信早年的足迹；到访齐鲁时，他瞻仰孔庙，细心观察儒风习俗；走到彭城时，他详细听取汉高祖刘邦的传说故事；到达大梁时，他凭吊信陵君"窃符救赵"故事中记述的夷门；等等。可以说，司马迁因为青年时有了行万里路的亲身实践，才能著出不朽的史书。

李时珍为了完成《本草纲目》的著述，他遍走四方，到处采访。他历尽千难万险，在中草药药材丰富的崇山峻岭都留下他的脚印。白天深山采药，晚上对每一株药草，从产地、栽培到苗、茎、叶、根、花果以及形态气味、功能等研究得非常深入、细致。遇到不懂的还在当地向有实际经验的郎中咨询。李时珍辛勤劳作了 19 年多，记下了数百万字的笔记，经过几十遍的反复修改，终于在 60 岁时完成了他的巨著《本草纲目》。全书分为 16 部 62 卷，共载药物 1892 种，附方 11096 个，并附图 1160 幅，价值极高。

　　由此可见，一个人想要获得成功，就要在平时多下功夫，多储备知识，多积累经验，只有这样才能为成功奠定坚实的基础。绝不能一心妄想着走捷径！要知道，成功没有什么捷径可走！

第十七课

感恩挫折，那些痛苦的时刻成就了你

生命若是一条直线地从头走到尾，那将是多么单调和乏味。只有各种经历才能让我们的人生之路更加美妙。所以，经历是人生的财富，我们不应该拒绝，而应该欣然接受。哪怕是一段弯路也有它的价值，我们都应把弯路视为命运的馈赠。

经历就是财富

有的人可能一帆风顺，有的人可能要遇到挫折。人生伴随着欢乐，也伴随着悲苦。忧患是与生俱来的。顺境是我们的愿望，而逆境则可能是生活中应有之理、应有之义。不然的话，我们又何必讲迎接挑战或参与竞争之类的话？

——谢冕

有人曾说过："经历才是真正的人生大学，经历弯路往往才能学会真理。"一部老少皆宜的《海底总动员》让许多人喜欢上了那个一片鳍残疾的黄色小丑鱼。它调皮而顽强，最重要的是它喜欢冒险，敢于做一条反向游泳的鱼。尽管父亲马林一次次地叮嘱它："尼莫，别去深海里，你有伤，你不行，你以为你行，其实你不行！"可是尼莫还是勇敢地游进了深海，开始了它传奇的冒险历程。

陈平是西汉名相，少时家贫，与哥哥相依为命，为了秉承父命，光耀门庭，不事生产，闭门读书，却为大嫂所不容。为了消弭兄嫂的矛盾，面对一再羞辱，他隐忍不发，随着大嫂的变本加厉，终于忍无可忍，出走离家，欲浪迹天涯，被哥哥追回后，又不计前嫌，阻兄休嫂，在当地传为美谈。终有一老者，慕名前来，免费收徒授课，学成后，陈平辅佐刘邦，成就了一番霸业。

竹子过冬和人的经历磨难，有异曲同工之效。冬天的竹子，表面上看起来比那些没有经过冬天的一年竹小一些，没有一年竹那么幼嫩光滑，但它的本质却致密坚实，结实耐用。

这是因为竹子在冬天里，气温的寒冷使它的成长受到阻碍。生长受到阻碍的竹子，没办法为自己求得一个良好的外在生长环境，就只有从内在来充实自己。如果再经霜冻，它会长得更坚实更细密。

同样，当人身处困境时，没办法向外发展，只能充实自己的内心，丰富自己的思想，从而使自己变得坚强耐用。竹子经历了冬天才变得密实，人经历了磨难才会成熟。

马刚是一个业务员，为了多拿一点奖金，就开始把心思花在开发客户上面。每天，他都会查电话簿，向每一个准客户发出邀请，甚至到当地的每一所学校、小区等地方寻找客户。对于他来说，再苦再累都会承受，因为能看到希望。

在马刚的努力之下，他开发了几个大客户，并拿到了公司的最高奖金。而这奖金，成了他人生的第一桶金。

他所在的公司由于要开拓其他领域，就要把这家公司转出去。这时，马刚冒出了一个念头：我何不将这家公司买下来？

说干就干！马刚明白所在公司的前景，于是就向亲友借了一些钱买下了公司。在后来，他说："那时需要几十万，这对我一个刚毕业没多久的学生来说，想都不敢想。但是，我明白只要自己努力一点，脚踏实地，一点一点去拼搏，就会有成功的可能。如果我不去努力的话，那我连一点成功的机会都没有！"

接着，他用了一年的时间联系优秀的老同学，拉他们进来入股或担任要职。第一年，他没有盈利，但是没有亏损。这也算是一个好的开头！在他忙碌工作的日子里，由于疏远了女友，女友提出分手。那段日子，他过得并不怎么好，但他还是挺下来了。

到了第二年，公司的纯利润为 20 万元。在大家调侃地叫他"马老板"，问他成功的秘诀时，他说了一句："所有的经历都是财富！"

是啊，所有的经历都是财富。只要不倒下，人生就有机会重新开始。就算是失败，那也不要担心，那只是上天给你的考验而已。

人们只有经历过苦难，才会变得更加成熟；只有走过弯路，才会更加懂得珍惜。在经历中总结、成长，才能使我们变得坚强。

不怕走弯路，就怕不走路

正路并不一定就是一条平平坦坦的直路，难免有些曲折和崎岖险阻，要绕一些弯，甚至难免误入歧途。

——朱光潜

年少时，父母总是这样叮嘱我们：做任何事情都要谨慎，不要犯错！尽管他们出于爱的善意让我们少走了一些弯路，但也大大减少了我们磨炼的机会，限制了我们勇于挑战的能力。

这也是为什么有些人做事总是小心谨慎，不敢尝试，不敢挑战。其实，走弯路并不可怕，可怕的是不敢走路！

有一个少年来到一个路口，似乎有那么一条小路若隐若现，召唤着他前进。

当他正要迈步，妈妈拦住了他："孩子，那条路走不得！"

少年说："我不信。"

妈妈说："我就是从那条路走过来的，你怎么不相信？要知路好不好走，要问过来人。"

少年说："既然你能从那条路上走过来，我为什么就不能？"

妈妈说："我不希望你走弯路。"

少年说："我不怕，我自己选择的，我要走！"

妈妈看着少年，叹了一口气说："你这孩子太倔强，那条路很难走，你一路要多加小心！"

于是，少年雄心勃勃地上路了。走在路上，少年发现妈妈没有骗他，那条路确实难走。

孩子碰了壁，摔了跟头，有时候真想停下来，但他选择了咬牙坚持，终于，他走过来了。

每个人都希望自己不走弯路或少走弯路，但走弯路也是一种磨炼，是一个调整自己、提高自己的机会。

就像旅游爬山，即使是弯路也要往前走，迟早能达到顶峰，还能让我们领略众多独特的风光。如果我们因为怕走弯路，乘坐缆车直登山顶，那就失去爬山的意义了。

有这样的一个故事：

小张曾经开了一家成人服装厂，由于受到经济危机的影响，纺织和服装都受到严重冲击，导致厂里没有货，工人们整天无所事事。

看到这种情况，工人们都按捺不住要辞职了，想另谋出路。迫于无奈，小张关闭了厂子，日子一下子过得贫苦起来。再后来，他干脆申请破产，开始找工作。

有一次在公交车上，他听见一位妈妈跟另外一个妈妈抱怨："现在孩子长得太快了，买的新衣服还没几个月，就不能穿了！丢掉又可惜……哎！真愁人哪，每次买孩子的衣服都要花上一笔钱。"

听到这里，小张心里想：我到处找工作，为什么不自己干呢？比起成人的衣服，小孩子的衣服市场更大！奔波了半个月，小张终于找到了一批便宜的库存货，由于童服的质量不错，货很快就引起了家长们的关注。没多久，他低价买入，高价卖出，赚了一笔。

几次下来，他的收入还是很可观的。在那时，身边的朋友都佩服他！因为他在服装厂上吃了亏，栽了跟头，没想到他还是执意走这个"弯路"。结果，他的"弯路"却给他带来了这么大的利润。

从故事中，我们可以知道：小张抓住了服装的质量和价格，并且不怕走"弯路"，所以他成功了！此时，我们也应明白：人生不能拒绝弯路，多走点弯路才能让一个人变得更成熟，多走点弯路才能离成功更近一点。

敢犯错，才能少犯错

人老了，许多事情记不得了。我记得的，是自己做错的事情。因为那是必须改正的。

——陈翰笙

有这样的一些人，每当他们想要行动时，总是因为怕犯错而畏首畏尾，不敢迈出第一步，最终，他们把成功寄于不切实际的幻想中，整天做着白日梦。可这样，永远都不会成功。相反，一个人犯的错越多，他可能会犯的错误就越少，离成功就越来越近。

试想：如果没有一次次错误，爱迪生还能发明电灯吗？如果没有一次次错误，约翰·纳什会提出"纳什均衡"的原创理论吗？如果没有一次次错误，袁隆平会培育出"籼型杂交水稻"吗……

所有伟大的构想与发明无不出自一次次的错误。敢于犯错，既能让我们学有所得，从而更少犯错，又会培养我们积极行动的良好习惯。

从前，有个农夫牵了一只山羊，骑着一头驴进城去赶集。三个骗子知道了，想去骗他。

第一个骗子趁农夫骑在驴背上打瞌睡之际，把山羊脖子上的铃铛解下来系在驴尾巴上，把山羊牵走了。不久，农夫偶然一回头，发现山羊不见了，忙着寻找。

就在这个时候，第二个骗子走过来，热心地问他找什么。

农夫说山羊被人偷走了，问他看见没有。骗子随便一指，说看见一个人牵着一只山羊从林子中刚走过去，准是那个人，快去追吧！

于是，农夫急着去追山羊，把驴子交给这位"好心人"看管。等他两手空空地回来时，驴子与"好心人"却已经没有了踪影。

此时，农夫才恍然大悟自己上当受骗了！

农夫感到很懊悔，又很伤心，他一边走一边哭。当他来到一个水池边时，却发现一个人坐在水池边，哭得比他还伤心。

农夫开始嘀咕起来：还有比我更倒霉的人吗？就问那个人哭什么，那人告诉农夫，他带着两袋金币去城里买东西，在水边歇歇脚，洗把脸，却不小心把袋子掉水里了。

农夫说，那你赶快下去捞呀！那人说自己不会游泳，如果农夫给他捞上来，愿意送给他20个金币。农夫一听，便多留了个心眼，他望了望浅而透明的池水，并没有发现什么可疑的东西。

农夫问："那么贵重的东西，他怎么能那么不小心呢？你洗脸的时候是把金子抓在手里了？"

那人听到这话，愣了一下，支支吾吾："啊，是绑在腰间的，绳子松了，我一弯腰就掉下去了。"

"我很想帮你，但是我也不会游泳。你看水也不深，看你的身高，应该到你胸口的位置。不如这样吧，你下去捞金币，我找根绳子拉着你！"

那人看农夫不上当，便大手一挥扭身走了。

"喂，不要你的金币啦？"农夫大声喊道，那人头也不回。农夫心想：哈，幸亏我吸取了上次的教训！如果我下水找金子，那我口袋仅剩的钱也会被他拿走吧。

故事中的农夫在没出事时麻痹大意，出现意外后惊惶失措，而骗子抓住他的这些性格弱点，轻而易举地行骗成功。再遇到第三个人时，他就吸取了教训，多加思考，最终识破了骗子的伎俩。

所谓"吃一堑长一智"，如果吃了堑，长了智，也是一种经验教训。等以后再遇到类似的情况，就不会再吃亏了！总而言之，错误本身并不可怕，可怕的是错得没有价值。

跌倒了，想一想再爬起来

一个人只有在低谷当中才能学到东西，那段低谷时期经历的事情就成为后面做事时一把衡量该不该做、如何做的尺子。

——史玉柱

在人生路上跌倒是每个人都会遇到的事情，但对于强者来说，跌倒一次不算什么，只要跌倒了重新站起来，就可以抬头挺胸，继续往前走；只要一步一个脚印地前进，无论多大的挫折都勇敢地面对，最终挫折就会向你低头。很快，你就能到达成功的彼岸。

有句话说得好："不经历风雨怎能见彩虹。"没有失败就不知道成功的喜悦。

有一只蜘蛛，在两棵树之间织了一个网。可天有不测风云，天突然下起雨来了，刚刚织好的网一下子就被打落下来，蜘蛛狠狠地摔了下来。

可蜘蛛并没有放弃，而是继续织网。它一直织呀织呀，每一次失败，它都在反复地想自己为什么失败。就这样，在一次又一次的失败里，蜘蛛终于在一个避风的地方把网织成了！

看完这个寓言故事你从中知道了些什么？也许有人会说：“蜘蛛又不像我们人，有着聪明的大脑，我们已经很聪明了，干吗要学它？它总是失败，还不知道换一个目标前进，真是蠢到家了！”

可这有时也是我们的缺点。当我们真正跌倒的时候，每个人采取的态度和做法却是大相径庭的！比如：有的人跌倒了，马上爬起来继续赶路，似乎忘掉了刚才发生的一切；而有的人会在跌倒的地方坐了一会儿，仔细分析自己跌倒的原因，分析这条路走通的可能性，然后再爬起来，大踏步前进；还有另外的一种人，干脆在跌倒的地方赖着不起了，甚至破口大骂上天的不公，自己为什么这么倒霉之类的。

不管怎么样，我们都应该学习并欣赏第二种人，跌倒了，就要冷静地分析其中的原因，争取以后不会再犯同样的错误。这种人不会怨天怨地，也不会在无谓的伤悲中浪费自己的时间。

俄国著名的物理学家曾说过：“平静的湖面练不出精悍的水手，安逸的环境造不出时代的伟人。”可见，挫折在人生道路上是不可避免的。挫折本身并不可怕，可怕的是经受挫折之后一蹶不振。

纵观历史，每一位伟人与名人背后都有着不可言喻的辛酸与痛楚。其实，我们的成功也一样。要想成为一颗闪亮的珍珠，就要经受住磨炼。不经历风雨，怎么见彩虹，没有人能随随便便成功！要知道，胜利的桂冠是由荆棘编成的，成功的道路是由失败延伸而来的，经历失败原来就是一种成功，正如人要学会走路，就不要怕摔跤！

人的一生就是上天设置的一个游戏关卡，这个游戏中有快乐、有悲伤、有挫折、有困难。而我们要做的，就是要通过关卡。在过关卡的时候，就算是失败了，也要微笑着对自己说：没关系，我可以再来！

不是每条路都通往罗马

当你遇到大的困难的时候，当你有很强大阻力或者强大敌人、竞争对手的时候，是否还会坚持，当你有很多诱惑的时候，是否会改变自己的想法，这些因素在人生成长过程中，每个人都会遇到。

——李彦宏

俗话说：条条大路通罗马。然而，在人生的道路上，并不是每一条路都是康庄大道，它可能是一条岔路口。

他出生在绘画世家。按照父母对他的期望，他应该把精力放在绘画上，但他好像对父母的安排并不是太感兴趣，还常常背着父母去做一些投资方面的工作。

在学校里，他偷偷地做投资贷款，专业地收取贷款的费用，这在学生中属于前所未有的事情，这让校长也感到十分无奈。为此，他几度被父母领回家。每到此时，他都会痛下决心地表达自己的意愿，说自己唯一的长处是绘画。

在绘画方面，他的确有天分，但他前行的道路并非坦途。他的画作虽然在校园里引人注目，但就是无法吸引大师们的注意力。就这样，几次大奖都与他擦肩而过。

25岁那年，他在全美的一次绘画大赛中又一次败北。一怒之下，他烧毁了自己的全部画作，并且发誓不再手握画笔。那天，他喝了很多的酒，直至倒在马路上。

醒来时，他发现自己身边有一个面目和善的老人。老人笑着对他说："我早就注意你了，你在校园里的恶作剧我全知道。我是一家贷款公司的负责人，正在寻找一位投资方面的天才。"

"可我只是一个画画的人，不是什么投资方面的天才。"

"给你讲个故事吧！古时候，许多人慕名前往罗马，因为那儿是高手云集的地方。但去罗马的路太挤了，一个小伙子苦苦寻找了多年时间，仍然没有成功。一日，他路过一个十字路口，问一位老者，这条路是通往罗马的吗？老者说，不，是通往佛罗伦萨，你去吗？"

"年轻人说，我要去罗马，不去佛罗伦萨。"

"老者却意外地说道，没有道路通罗马，只有一条路去佛罗伦萨。"

"年轻人后来想了想说，好吧，我去佛罗伦萨。他到了佛罗伦萨后，意外地找到了自己失散多年的亲人，后来在那儿安居，成家立业，安度晚年。"

他听完故事后恍然大悟："是呀，如果没有道路到达罗马，去佛罗伦萨也是情理之中的事情。"

于是，他毅然放弃了经营十多年的绘画事业，开始经营股票与投资。2010年年底，他成了股神巴菲特的接班人。巴菲特选择他的理由是：他是个投资方面的天才。

每个人都有一个明确的目标，但是现实往往让人不得不承认：当初你笃定的目标很可能会随着时间的迁移而改变，并让你知道曾经坚持的目标并不一定适合你。此时，你就要重新思考或做出改变，才可能找到真正适合自己的事业和发挥的空间。

接受痛苦才能忘记痛苦

如果不能"忘"，或者没有"忘"这个本能，那么痛苦就会时时刻刻都新鲜生动，时时刻刻像当初产生时那样剧烈残酷地折磨着你。这是任何人都无法承受下去的。然而，人能忘，渐渐地从剧烈到淡漠，再淡漠，终于只剩下一点残痕。有人，特别是诗人，甚至爱抚这一点残痕写出了动人心魄的诗篇，这样的例子，文学史上还少吗？

——季羡林

现实生活中，总有人在面对痛苦时，喜欢用酒来麻醉自己。他们认为喝醉了，痛苦就忘记了！谁知第二天早晨醒来时，那铭心的疼痛还是丝毫没有减退。其实，要想忘记痛苦，首先要做到：接受痛苦。

俗话说："一个努力记住痛苦的人，他必定总在痛苦中生活。"所以，一个人要想生活得幸福快乐，必须努力忘记那些痛苦的往事。这就要学会接受痛苦，释怀痛苦。

一只蝉蛹正痛苦地躬着背颤动，极力要突破蝉壳。小孩见此情景，便生出恻隐之心，帮助蝉蛹扒下蝉壳。蝉儿很感激小孩的帮助，因为他减轻了自己的痛苦，但是，它不知道自己因此失去了飞翔的能力；小孩也很得意，断定自己做了一件好事，因为他不知道自己毁掉了蝉儿飞翔的梦想。

原来，在生命成长的过程中，有些痛苦是必须经历的，绕过了痛苦，也就绕过了成功。这个例子说明有一些痛苦是必须接受的。

无独有偶，下面的故事也正是这样。

一只蚌跟它附近的另一只蚌说："我有个极大的痛苦，在身体里边，它沉沉的，圆圆的，让我很难受。"另一只蚌则骄傲地说："感谢上苍，我身体里毫无痛苦，里里外外都很健康。"这时一只螃蟹经过，听到了两只蚌的谈话，说道："是的，健康的蚌啊。你同伴的痛苦，源自体内一颗异常美丽的珍珠。"

有些痛苦是生命中注定的，只有接受它，换个角度去认识它，才能忘却痛苦，让生活变得快乐、有滋有味起来。

而不经受痛苦的洗礼，生命也显得弱不禁风。这就像没有寒冷的冬天，生命平淡如水。正因为哭过，笑容才更灿烂；正因为走过，人生才斑斓。越过痛苦，才能一步步走向欢乐，走向成熟。

有这样的一个故事：

一艘游轮正在地中海蓝色的水面上航行，上面有许多正在度假的已婚夫妇，也有不少单身男女穿梭其间，都十分开心。其中，有位爽朗、和悦的单身女性，大约60来岁，也随着音乐怡然自得。这位上了年纪的单身妇人，也曾遭丧夫之痛，但她可以毅然开始自己的新生活，重新展开生命的第二度春天，这是经过深思之后所做的决定。

她的丈夫曾是她生活的重心，也是她最为关爱的人，但这一切已经过去。幸好她一直有个爱好——画画。她十分喜欢水彩画，这是她的寄托。她忙着作画，哀伤的情绪逐渐平息。而且由于努力作画，她开创了属于自己的事业。

有一段时间，她很难和人群打成一片，或把自己的想法和感觉说出来。因为丈夫一直是她生活的重心，是她的伴侣和力量。她认为自己不美丽，又没有万贯家财，因此在那段近乎绝望的日子里，她不断问自己：如何才能使别人接纳我、需要我？

50多岁就失去了自己生活的伴侣，是令人十分悲痛的事。但时间一久，这些伤痛和忧虑便会慢慢减少乃至消失，从痛苦的灰烬之中建立起自己新的幸福。她曾认为："我不相信自己还会有什么幸福的日子。我已经不再年轻，孩子也都长大成人，成家立业。我还有什么地方可去呢？"她得了严重的自怜症。好几年过去了，她的心情一直都没有好转。

后来，她觉得孩子们应该为她的幸福负责，便搬去与一个结了婚的女儿同住。事与愿违，她和女儿都很痛苦，甚至恶化到大家翻脸成仇的地步。这位妇人又搬去与儿子同住，但也好不到哪里去。之后，孩子们共同买了一间公寓让她独住。慢慢地她找到了自己的答案——

要使自己成为被人接纳的对象，需要自我奉献，而不是等着别人来给什么。明白之后她擦干眼泪，换上笑容，开始忙着画画。她也抽时间拜访亲朋好友，尽量制造欢乐的气氛。很多寂寞孤独的人之所以会如此，是因为他们不了解爱和友谊并非是从天而降的礼物。一个人要想受到他人的欢迎或被人接纳，首先要付出。要想让别人喜欢我们，的确需要尽点心力。她开始成为大家欢迎的对象，经常有朋友邀请她吃晚餐，或参加各式各样的聚会，而且她还在社区的会所里举办画展。

后来，她参加了这艘游轮的"地中海之旅"。在整个旅程当中，大家都很喜欢她。她对每一个人都很友善，在旅程结束的前一个晚上，她的舱是全船最热闹的地方。她那自然而不造作的风格，给每个人都留下深刻印象。

从那时起，这位妇人又参加了许多类似这样的旅游，她明白要把自己贡献给需要她的人。她所到之处都留下友善的气氛，人人都喜欢她。她也终于走出了生活的阴影，变成了一个开朗乐观的人，找回了属于她的快乐和幸福。

痛苦是时时刻刻存在的，它犹如野草，有"野火烧不尽，春风吹又生"的生命力。当痛苦划过心灵深处，令我们柔弱的心灵流出鲜红的血时，我们应该接受痛苦。只有这样，才能赢得生活的快乐并快乐地活着。

第十八课

心怀坦荡，人不能选择命运，但可以选择心态

人生不如意十之八九，活在当下，走在路上，总难免磕磕绊绊，我们唯有以一颗平常心面对生活中的一切繁杂，只有这样我们的生活才可以更美好，我们的人生也才能够变得更加绚丽多彩，我们的心境才会更加开阔，我们的眼界才会更加宽广。只有这样，我们才有可能站在世界之巅，俯视脚下的一切。

用平常心对待人生百态

"悦亲戚之情话，乐琴书以消忧"，"采菊东篱下，悠然见南山"，到达天人合一，物我两忘的境界，达到了无功力的诗意境界。这种人生的平凡，就是返璞归真的平凡，当是人生的最高境界。

——周国平

有人出生在富豪之家，也有人出生在贫民之家，有人出生在官宦之家，也有人出生在布衣之家……由于出生的家庭不一样，命运也可能会有所差别。虽然我们无法选择自己的命运，无法决定自己在什么样的家庭中出生，但是我们可以选择良好的心态。

无论世态如何变化，我们都依然可以安守着心里的那份淡泊与宁静。

清朝康熙年间，康熙帝刚刚登上帝位，为了抑制鳌拜的野心，康熙和鳌拜一直在暗地争斗。有一次，鳌拜找理由杀了康熙一个心腹大臣，康熙非常受打击，觉得自己年纪小，不是鳌拜的对手，甚至像寻常孩子一样，扑到祖母怀里哭起来。

孝庄太后为了激励康熙，给康熙讲了这样一则故事：

临近中秋的禅院里一片荒芜之象，只有几根稀稀疏疏的杂草迎风摆动，没有丝毫生机。有一天，老和尚见到这样的情景，就去集市买了一袋草籽回来，交给了小和尚，并对小和尚说："你自己选个地方把这些草籽种上吧。"

小和尚非常开心地拔掉那些杂草，很小心地把草籽撒在他选中的地上。看着那一片撒有种子的土地，小和尚的眼前好像出现了一片绿油油的草地，花草丰美，蜂飞蝶舞，呈现出一片繁茂的景象。

这时候，天空忽然沉下来，刮起了一阵风。小和尚非常惊慌，马上跑去告诉师父："师父，不好了，草籽都被风吹跑了！"

老和尚非常镇静地回答他："不用慌，随它去吧！被风吹走的草籽都是瘪的、空的，留着也没用，不碍事。"

小和尚听了师父的话，稍微放心了一些。但是，没过多长时间，又飞来了很多麻雀，在土地上空盘旋。小和尚这次更加惊慌，又喊道："师父！不好了，麻雀把咱们的草籽都吃了！"

师父依然不慌不忙地回答小和尚："不用慌，随它去吧！反正草籽有的是，鸟是吃不完的，肯定还能剩下很多的，不碍事。"

小和尚撇了撇嘴，虽然心里纳闷，但是没再吭声。又过了一会儿，天空突然下起了大雨。小和尚这次更急了，慌慌忙忙地跑到师父那里去，大声叫道："师父！这次真完蛋了，大雨把咱们的草籽都冲跑了！"

师父依旧那样镇静地回答小和尚："不用慌，随它去吧！雨把草籽冲到哪儿，草籽就在哪儿发芽，不碍事。"

小和尚这下子再也忍不住了，心里很生气，暗自想道：怎么师父老是说"随它去吧""不碍事"呢！

但是，小和尚却没想到，来年春天，原来荒芜的禅院里居然到处都长满了绿油油的小草，甚至比小和尚原来设想的最好的情况还要多上好几倍。

这时候，老和尚走过来，摸着正在欣喜地看着小草的小和尚的头，非常亲切地说道："我早告诉你了，随它去吧，不碍事的，你看现在的确是这样吧。"小和尚非常不好意思地低下了头。

讲完这个故事，孝庄什么也没说，直接站起来去浇花了。康熙坐在那里，想了好久，他终于明白，自己最缺少的就是一颗平常心，是自己太过急切地想摆脱鳌拜的束缚反而无法斗得过鳌拜。

后来，康熙沉下心来积蓄力量，终于一举拿下鳌拜，成为千古明君。

保持一颗平常心，并非是看破红尘后的一切无所谓，更加不是在无所追求中游戏人生，无所作为，而应该是努力培育一种宽容博大的淡泊情怀，成了固然高兴，但是败了也要微笑面对。

故事中老和尚口中的"不碍事的"就是一种平常心的表现，也正是这种平常心孕育出了绿油油的小草。有句老话说得好，"有心栽花花不开，无心插柳柳成荫"，讲的也是同样的道理，有时候我们退一步，不一定是放弃，而是更好地掌握事态的发展。

无论成功失败，都要保持一颗平常心，成功值得骄傲但并不能因为骄傲而失去了自我，因为那只不过是人生的一个驿站，如果太过骄傲，我们就无法知道走出驿站的下一步是什么，也许是更大的成功就在那里等着我们，也许是失败。

所以，我们一定要做到得意不忘形，失意不失态，一年四季，春夏秋冬，有晴空万里的白天，同样也有雷电交加的夜晚。但是我们一定要明白，只有狂风大雨才能洗净空气中的污浊。如果我们能这样看待世间的种种，那么我们也就有了一颗平常心，也找到了我们自己的人生路。

少计较，宽容他人就是宽容自己

> 任何一个人，包括我自己在内，以及任何一个生物，从本能上来看，总是趋吉避凶的。因此，我没怪罪任何人，包括打过我的人。我没有对任何人打击报复，并不是由于我度量特别大，能容天下难容之事，而是由于我洞明世事，又反求诸躬。假如我处在别人的地位上，我的行动不见得会比别人好。
>
> ——季羡林

宽容不但是一种智慧的境界，也是一种非凡的气度，宽容是对人对事的接纳，更是一种精神的成熟与心灵的丰盈。俗话说"在宽恕别人的同时，也就是宽恕自己"，在接受了别人的同时，也让自己的心胸更加开阔，宽容不但是对别人的释怀，也是善待自己的智慧做法。

荀子有句话是这样说的："群子贤而能容罢，知而能容愚，博而能容浅，粹而能容杂。"雨果也说过："世界上最大的是海洋，比海洋更大的是天空，比天空更广阔的是人的胸怀。"不错，大凡有大作为者，都有一颗宽恕别人的心。

世界上有千万种性格的人，也因此对事物的见解也各不相同。如果我们缺少了宽容的意识，每个人都各执己见，那么见面只能是一起争吵，怎么可能一起共事从而创造和谐美好的生活呢？这时候，只有宽容才能让大家更加和谐地沟通，达到我们预想的结果。宽容不但是人与人之间友好沟通的桥梁，也是维系情谊的纽带。因此，人与人之间更需要宽容。如果我们学会了宽容，那么我们的生命中就会多一点空间，生活也会充满阳光。

有一天晚上，老禅师在禅院里散步，偶然发现墙角边有一把椅子。他一看，就猜到肯定有人违反寺规越墙出去了。但老禅师并没有声张，而是把墙边的椅子拿开，自己蹲到那里。

没过多长时间，正如老禅师所料，一个小和尚就在黑暗中踩着老禅师的脊背跳进了院子。直到小和尚双脚着地时，他才发现自己刚才踩的不是事先放在那里的椅子，而是自己的师父。小和尚非常害怕，一时说不出话来。

不过，师父并没有罚他，而是非常平静地对小和尚说："夜深天凉，快去多穿一件衣服，小心着凉。"

小和尚红着脸跑进了房间。从此以后，小和尚再也不违反寺规，擅自越墙出去玩了。

小和尚知错能改固然值得我们学习，但是老禅师的教育方法更值得我们深思。通过这个故事，我们可以看到老禅师宽宏大量的性格，在他明知道小和尚违反寺规的情况下，包容了小和尚的错误。我们也可以明白，教育比惩罚更重要。

如果当时老禅师怒斥小和尚，效果不一定尽如人意，很可能导致小和尚表面上信服，而心里不服气，会认为老禅师管得过严，管得过死，有可能再次做出违反寺规的事来。

老禅师这样做，不但让小和尚得到了宽容，同时也宽容了自己。如果他很生气地教训惩罚小和尚，不但小和尚会伤心难过，老禅师也会非常生气，自己心里也不会好受。

包容不但意味着理解和宽容，也可以让对方看到自己的心境，让对方更加相信自己，还可以表现出一个人宽宏大量的气度、坚强以及力量，何乐而不为。

下面有这样一则故事：

一天晚上，岳飞刚刚回到家里，就听见兵器库里发出轻微的响声，岳飞曾经嘱咐过下人，没有经过他的允许是不能进入兵器库的。

"是小偷!"岳飞反应过来了，他马上冲进兵器库。果然不出所料，一个只有十几岁的孩子正在那里摆弄着他的宝剑。

这个孩子头发蓬乱，脸庞瘦削，一身的粗布衣服，上面还有好几个破洞。毫无疑问，这个孩子就是一个小偷。岳飞用结实的身躯挡在了门口，准备叫人来抓住这个小偷。这时，岳飞看见孩子的眼睛里充满了惶恐、胆怯和绝望。岳飞非常熟悉那种眼神。一瞬间，岳飞想起了很多往事，而愤怒的表情也被微笑所代替。

岳飞问他："你是岳飞将军的外甥吗? 我是他的大管家。前两天，岳将军说过你要来拿他的宝剑，没想到你来得这么快!"

那个孩子顿时一愣，但是很快就回应说："我舅舅出门了吗? 我想先出去转转，待会儿再回来。"

岳飞点点头，然后问那位正准备将宝剑放下的少年："你很喜欢这把剑吗?"

"是的，我非常喜欢练武，但是一直练得不好。"少年低着头回答。

"那你为什么不拿着宝剑去练习一下，我想岳将军一定很高兴看到你练剑。"岳飞语气平缓地说。孩子抬起头来，疑惑地望了他一眼，但还是拿起了宝剑。

临走的时候，孩子突然看见岳飞脚上穿了一双军靴。等级森严的宋朝，管家是不可能敢穿一双军靴的，岳飞也注意到了孩子的眼神，但并没有说什么。

第二天一早，岳飞正在花园练剑，岳夫人端了茶过来，看见岳飞手里的剑就问他："将军今天怎么换了这把剑，你最心爱的那一把呢?"

岳飞停下来，拿起茶喝了一口，缓缓地说道："哦，那把剑，我把它送人了。"

"送人？怎么可能！那把剑可是你最喜欢的，别人碰一下你都不让的。"岳夫人有些不相信。

"是的，剑的确是好剑。但是在我手里它只能杀人，现在它可能救了一个人，我情愿这样做。"岳飞看见妻子并不明白他说的话，就将事情的经过告诉了妻子，然后他问道，"你觉得我这样做对吗？"

岳夫人若有所思地说道："你是对的，我真希望能对这个孩子有所帮助。"

5年后，岳飞领兵抗金，有一次岳飞率领众将士把金兵围在一个山坡上，但是山坡易守难攻，攻打了几次也没有攻上去，这时候有人来报，说帐外有一名士兵求见岳飞，岳飞把那名士兵传进帐来，问他有什么事。

士兵说，他愿意带领一小队人组成敢死队从后坡悄悄上去刺杀对方主帅。岳飞思来想去，觉得可以一试，于是就同意了他的要求。临行之前，那名士兵抽出腰上的宝剑问岳飞，可还记得这把剑，岳飞当然知道，这把剑就是当年送给那个小偷的那把剑。

"您给我的这把剑，虽然值很多钱，但是我没有卖掉它，而是用它来练武，希望有朝一日能够成为和您一样的大将军、大英雄。现在老天爷开眼，让我能为您尽一份忠。"

岳飞虎目含泪，双手扶起跪在面前的士兵，斟满了一碗酒，为这名士兵送行。

当天夜里，山上燃起熊熊大火，岳飞知道他成功了，马上率领人马冲上山去，由于对方主帅被杀，军心大乱，岳飞轻易地攻下山坡，全歼金兵。

那名士兵提着金兵主帅的人头，奋勇杀敌，立下一大战功，从此以后成了岳飞的左膀右臂。

岳飞正是用一颗包容之心宽恕了小男孩的"偷盗"行为，小男孩才可以迷途知返，心中重新燃起了改变逆境的熊熊烈火，最后还取得了一定的成就。这就是宽容的力量。如果当初岳飞没有包容小男孩的行为，狠心地把他抓起来，那么一个军事人才也将被彻底地毁灭。这样的结局不管是对小男孩来说还是对岳飞来说，都没有任何好处。

岳飞的这个故事告诉我们：一定要有包容之心！要包容他人的过错，也要包容自己的过失。我们不能只懂得包容别人，而无法宽恕自己，每当自己犯下一点无心之错，就耿耿于怀，不断自责，这样很可能使事情恶化，我们应该宽恕自己的过错，并且找到方法，弥补因为自己的过失而造成的损失。

因此，在和别人相处时，我们一定要包容他人的不足，赞赏他人的优点，这样我们才可以真正地与之友好交往。同样对方也会对我们留下好印象，在我们出错时，别人也才会包容我们。

与其抱怨不公平，不如看淡不平事

古人说："文武之道，一张一弛。"有张无弛不行，有弛无张也不行。张弛结合，斯乃正道。提倡糊涂一点、潇洒一点，正是为了达到这个目的的。

——季羡林

世间事没有绝对的公平，所有的公平都是相对的。有的人看见别人开着豪车、住着别墅就埋怨世事不公，他却没有看到，别人在没日没夜努力奋斗时候的辛苦；有的人看见别人长得漂亮，工作能力强，就抱怨世事不公，她却没有看到，别人在早起晚睡，丰富自己的知识……

我们与其抱怨不公，倒不如端正自己的心态，将不平之事看淡。下面这个故事或许会对我们有些启发。

苏辙从小学习就非常努力，但是他无论怎么学都无法得到老师的重视，每次先生布置的作业他都第一个完成，先生让背诵的课文，他也能背得非常熟练，但是先生对他始终不理不睬，反而重视那些不如他的孩子。

苏辙非常不满意，但是没有说什么。他暗暗发誓，总有一天，先生会看到自己的努力，等以后自己长大金榜题名时，不怕别人不知道自己的才华。

但是老天爷仿佛偏偏和他作对一样，几次考试，苏辙都名落孙山，这让他苦闷不已，他觉得自己的努力都白费了。他总是感叹自己怀才不遇，上天不公。

有一天，苏辙怀着郁闷的心情来到一处山坡上独自饮酒。这时候他的哥哥苏轼走过来，看见他闷闷不乐，就问他为什么。苏辙将酒一饮而尽，向哥哥诉说了自己的遭遇。

苏轼把酒倒上，并没有说话，而是耐心地听着弟弟的抱怨。苏辙从小时候的不受重视一直抱怨到现在名落孙山，好像老天爷故意在和自己做对，从小到大没有什么事能如自己所愿。一边抱怨，两兄弟一起喝了不少酒，苏辙似乎想借酒浇愁。

苏轼听完弟弟的抱怨，站起来，一挥手把桌子上的酒壶打倒在地，苏辙准备的酒正在快速地洒出来。他一看，马上蹲下里把酒壶拿到桌子上放好，大声质问哥哥想干什么。

苏轼一笑，对弟弟说："你为什么那么快就把酒壶扶起来呢？"

苏辙气愤地回答："如果不扶起来，酒不就洒光了吗，洒光了还怎么喝？"

苏轼接着说："你为什么不是抱怨我把酒壶打倒，也不是埋怨这个酒壶站得不牢，更不是诅咒怨恨这酒也跟你作对呢？"

苏辙一听，愣了一下。他好像想到了什么，望着远处的天空不说话了。苏轼接着说："当酒壶倒了，我们首先想到的是把酒壶扶起来，而不是抱怨和诅咒酒壶，其实我们的生活就和这个酒壶一样，很可能会出现很多我们不想出现的状况，但是却无法控制，这时候我们只有把诅咒和怨恨放下，扶起酒壶，才不至于把酒洒光，也只有这样，我们才可以明白生活的真谛。"

苏辙听了恍然大悟，面带微笑，欢喜而去。从此，他更加努力，终于实现了抱负。

这个世界压根就不是根据公平的原则而创造的，所以我们没必要抱怨上天的不公平，就像故事中的苏辙一样，当所有的事情都不顺利时，我们应该想办法实现下一个目标，而不是抱怨命运的不公平。

虽然生活中的不公平让我们感到痛苦和无奈，但如果我们经常抱怨命运，不仅无法让自己快乐起来，很可能还会加深这种痛苦。

因此，我们一定要学着看淡不公平的事情。学会了看淡不公，才不会使其在我们的心里造成涟漪，也不会因此愤世嫉俗，乃至对生活失去信心。

那么，我们应该怎样看淡生活中的不公呢？

首先，要改变衡量公平的标准。因为有了公平，才会有所谓的不公平，不公平是一种进行比较后的主观想法，如果我们改变了比较的标准，往往就可以在心理上消除不公平的想法，当遇到挫折时，我们可以想想失败的原因，找到了原因也就不觉得是不公平了。比如，当我们看见有人比我们幸福时，看看别人做出的努力，改变了衡量公平的标准，也就不会觉得有那么不公平了。

其次，要通过自己的奋发努力来求得公平。实际上，人人都需要得到别人的肯定和尊重。因此，有很多我们自己看起来不公平的事情其实正是自己不成熟的观念和言行造成的。我们在生活中总会遇到不公平的事，在遇到这些事的时候，我们可以通过自己的努力使其公平，这样我们就可以得到别人的尊重，自己也不会为了那些事而闷闷不乐。

再次，不要事事苛求公平。我们往往是因为受到伤害才会觉得这个社会不公平，实际上，这个世界上根本就没有绝对的公平。所以，切记不要任何事都拿着一把公平的尺子来衡量。这个世界上是没有公平的尺子的，我们不能苛刻地要求公平，遇事不能钻牛角尖。

这样，我们的生活就会少一些心烦，多一些愉悦；少一些愤怒，多一些快乐！

消除忌妒心，做一个心胸坦荡之人

越是任何没有成就的人，他就越是忌妒那些有成就的人，而越是忌妒，他就越是不可能取得任何成就。

——刘师培

一个人总会有这样那样的弱点，嫉妒心也是其中之一。忌妒心理是一种毁坏性相当强的不良心理，有时它是一种比仇恨还恶劣的情绪。忌妒心不但会增加忌妒者自身内心的痛苦，还会破坏其人际关系，也可能给他人带来伤害，从而影响自己和别人的正常工作和生活。

奥赛罗在嫉妒，林黛玉在嫉妒，周公瑾在嫉妒，甚至连神话故事中那些顶天立地的天神也在嫉妒。嫉妒使他们苦恼、失态、疯狂，又使他们变得真切而凄楚，决绝而苍凉，不能不引起人们加倍的关怀和同情。

世界著名数学家和哲学家罗素曾说过："忌妒尽管是一种罪恶，它的作用尽管可怕，但并非完全是一个恶魔。它的一部分是一种英雄式的痛苦表现；人们在黑夜里盲目地摸索，也许走向一个更好的归宿，也许只是走向死亡与毁灭。要摆脱这种绝望，寻找康庄大道，文明人必须像他已经扩展了的大脑一样，扩展他的心胸。他必须学会超越自我，在超越自我的过程中，学得像宇宙万物那样逍遥自在。"

的确，这几句话说得不无道理，嫉妒心完全可以转化为一个人的原动力，从而让自己更加成功，嫉妒甚至是推动社会发展的必要条件。

我们经常说"天外有天，人外有人"，不管我们做得多好，在这个世界上总会有人比你做得更好、更优秀。当我们遇到比自己更加优秀的人时，会出现嫉妒心理很正常。此时，千万要控制住自己的情绪，不要让忌妒影响我们的行为。我们只有告别忌妒，才可以把自己拉回到应该走的道路上来，否则就会陷入不自知的深渊。

那么，我们应该怎样克服、转化忌妒心呢？

首先，要培养豁达的人生态度。在我们出现嫉妒心理时，我们一定要提醒自己："天外有天，人外有人""强中自有强中手"。世界之大，总有人在某些方面比我们优秀，我们不能否认这一事实，因为我们都不是完人，总会有些方面不如别人。

一旦认识到了这个客观规律，我们就可以勇于承认他人比自己强的事实，并且能够学会由衷地欣赏别人，从而虚心地向他人学习。这样一来，我们不但可以学到别人的长处，时间一长，在我们变得优秀的同时，还可以培养一种豁达的人生态度。

其次，要转移注意力，给自己一个不忌妒的理由。通常来讲，在我们有很多事情需要去做的时候，我们也就没有时间忌妒别人了。所以，我们应该积极参与各种对我们或者对社会有益的活动，比如努力学习、勤奋工作等，让自己真正充实起来。如果遭遇失败，我们可以想办法缓解自己因为失败而带来的心理上的不平衡，可以自己给自己找一些理由来达到心理上的平衡，不再忌妒别人。当我们看到一个人比自己强的时候，就想办法通过学习或者工作让自己忙碌起来，甚至可以给自己加油打气，让自己通过努力超过他。这样一来，忌妒的毒素也就不会滋生、蔓延。

　　再次，要看到自己的长处，化忌妒为动力。当我们的嫉妒心理出现时，眼睛里看到的都是这个人的优点而无法看到他的缺点，反过来却无法发现自己的优点，而只能看见自己的缺点。这样就陷入了一个误区，从而导致恶性循环，致使自己苦闷不已。

　　实际上，所有人都有比不上别人的地方，一旦别人在某些方面超过我们时，我们可以下意识地想一想自己比对方强的地方，无论对方多优秀，我们也会有一些地方比对方强。如此一来就会让自己失衡的心理天平重新恢复到平衡的状态。

　　总而言之，如果我们可以借忌妒心理的强烈意识去奋发努力，以此来升华这种忌妒之情，把忌妒转化成为成功的动力，把消极转化为积极，那么我们就能超过别人！那么出现嫉妒心理嫉妒别人也就不再可怕，可怕的是我们无法控制这种嫉妒，这其中的关键要看我们能否正视忌妒，从而克服忌妒。

得到时坦然，失去时亦坦然

　　我不看重鼻子，不相信命运，不承认目前形势，却尊敬时间。我不大在乎生活上的得失关心，却了然时间对于这个世界同我个人的严重意义。我愿意好好地结结实实地来做一个人。

　　　　　　　　　　　　　　　　　　——沈从文

　　余秋雨曾经说过："坦然是一种失意后的乐观，坦然是沮丧时的一种调试，坦然是平淡中的自信，更是欣喜之际的镇定。"

　　宠辱不惊，闲看庭前花开花落；去留无意，漫随天边云卷云舒。人生得意，则用坦然之心处之；遭受挫折，仍以坦然之心待之。得失坦然，才能积极乐观，才能在人生的道路上大步前行。在这个纷杂的社会中，世俗的风雨会影响自己，但是舵掌握在自己的手中，何去何从，由自己定。走自己的路，让别人说去吧。

人生就这么一辈子。得失，都是过程，都是经历。即使得到的东西再多，死时也不能带走，对于那些靠欺骗、巧取豪夺、处心积虑等手段得到的东西，是多么不值得，不但败坏了自己的名誉，而且还浪费了自己的精力，使生活变得毫无意义。

在纽约市中心办公大楼里有一个开货梯的人，左手齐腕被砍断了。一天，有人问："缺少了一只手，会不会觉得难过？"

他淡定地回答："不会，我根本就不会想到它。只有在要穿针引线的时候，才会想起这件事情来。"

在阿姆斯特丹有一座15世纪的老教堂，在它的废墟上留有一行字：事情既然如此，就不会另有他样。

在漫长的岁月中，你一定会碰到一些令人不愉快的情况，它们既然是这样，就不可能是那样。因此，我们要乐于接受必然发生的情况，接受所发生的事实，这是克服可能发生的任何不幸的第一步。唯有学习坦然面对失败和痛苦才能拥有真正的幸福，让生命中无可避免的困境、失败、障碍、疾病与痛苦都转变成创造成功、奇迹与完美的力量。

很显然，环境本身并不能使我们快乐或不快乐，我们对周遭环境的反应才能决定我们的感受。必要的时候，我们能忍受得住灾难和悲剧，甚至战胜它们。我们也许以为自己办不到，但我们内在的力量却坚强得惊人，只要肯加以利用，就能帮助我们克服一切。

这并不是说，在碰到任何挫折的时候，都应该极力忍耐接受，那样就成为宿命论者了。不论哪一种情况，只要还有一点挽救的机会，我们就要奋斗。可是普通常识告诉我们，当事情是不可避免的——也不可能再有任何转机时——为了保持我们的理智，就请不要再"左顾右盼，无事自忧"了。

没有人能有足够的情感和精力，既抗拒不可避免的事实，又能利用这些情感和精力去创造新的生活。面对生活中那些不可避免的暴风雨时，你可以选择弯下自己的身子，你也可以自不量力地去抵抗而被摧折。

有这样的一个故事：

有一天，一位外国人在轮船的甲板上看报纸，突然之间，一阵大风刮来，把他头上的新帽子刮进了大海。这位先生摸了摸脑袋，看看正在飘入海中的帽子，继续看起报纸。

"先生，你的帽子被刮入大海了！"

"哦，知道了，谢谢！"说完他继续看报纸。

"你……怎么不……"

"我为什么非要感叹一番呢？"

"您的帽子价值几十美元呢！"

"是的，我正在考虑如何省钱再买一顶呢！我的确感到惋惜，但我能让它飞回来吗？"

我们很敬重这位先生的豁达和潇洒：失去的已经失去了，何必为此而烦恼伤心或者耿耿于怀呢？俗话说，人有悲欢离合，月有阴晴圆缺，人生中的得失乃人之常情，天下没有不散的筵席，失去的只是暂时的，追求才是人生的永恒。

人生道路总是有高有低，生活中也总是有得有失。每一天我们都是在得失中度过的，失去的已经失去，也许今生都无法得到，但你会得到另外的一切，没有了这份缘分，还会有另外的缘分等着你；没有了这份事业，还会有另外一份事业在等着你。所以，我们没有必要为得到而沾沾自喜，更没有必要为失去黯然神伤。只要我们坦然面对现实，尽力而为，用智慧和勤劳的双手，去耕耘人生的田地，我们的人生就会绚丽多彩，无怨无悔！

总之，当面对生离死别，我们何不换一种情绪。离开有时候也是一种解脱，人本来就会有生老病死，痛苦难过只会让逝者更难以安息。

学会换一个角度看世界，在这个光怪陆离的世界里，冷色调的身旁就是暖色调。没有什么会永远不变，得之坦然，失之淡然，才是应该保持的人生哲学。

第十九课

看淡名利，不为名所累也不被利所困

　　人生短暂，在短暂的人生历程中，一定要学会不断"减负"，始终保持清心寡欲，像申纪兰说的："保持一颗平常心，少存那些非分之欲，克制自我，泰然处之，那样你就会拥有一个恬淡、幸福的人生。如果你无休止地满足自己的索取，你一定会无所适从，迷失灵性。"有节制、合理的欲望，才是人们应该拥有的，知足方懂快乐，满意才能无求。

淡泊名利是人生的最高境界

　　那些不和别人比较，专注于自己世界的人们是幸福的。他们热爱自己的学习，热爱自己的工作，热爱自己的生命。生命的本质在于生命的乐趣，这一乐趣是持久而宁静的，不是转瞬即逝的。因此，这一乐趣必须来自心灵而不是来自现实世界对于物质的拥有。和物质的满足相比，心灵的富足是真正快乐的源泉。

　　　　　　　　　　　　　　　　　　　　　　　　——俞敏洪

　　"淡泊名利"的意思是——要有一个度，而不是为"名利"不择手段，为"名利"损人利己、急功近利，甚至是为"名利"所累。

在现实生活中，一个人能否在单位里谋到个好的职位，能否拥有车房，似乎已成为评价一个人事业是否成功、人生是否辉煌的标准。为此，很多人终身追求名利，于是就出现了挖空心思、不择手段将竞争对手踩倒，拼命在领导面前邀功的现象；见别人好时，心存妒忌，看着不顺眼，终日觉得委屈；做工作时，不再那么单纯，瞻前顾后，左右揣测领导心思，逢迎领导意愿……

但与此同时，我们也被拥塞其间，不得喘息；那些名利、荣辱得失、是非利害，都是牵动我们的绳子……经常会听到人说"好累"！是啊，如果没有把握对名利追求的度，没有正确摆正它在生活中的意义，那么它不能给人带来真正的快乐，而是影响生活，甚至是毁灭生活。

所以说，我们应该看淡"名利"，并有一个内心的"度"。

春秋时期，介子推在关键的时候帮助了晋文公。

当时，晋文公还是公子的身份，正遇上宫廷内乱，被迫在外流亡。

介子推一直跟随在公子左右，鞍前马后地效劳。然而，这种流亡的生活居无定所，清苦至极。

一天，他们途经一处荒凉之地，前不着村，后不着店。公子已经饿得走不动了。

介子推看见公子饥饿难耐，脸色苍白无力，咬了咬牙，走到大家看不到的地方，用刀从自己的腿上割下一块肉。他找来柴枝生火，煮成了肉汤让公子吃。公子特别好奇他从哪找来了食物，但忍不住饥饿，端起碗就将肉汤吃了个精光。

公子顿时感觉有了气力，就问介子推此肉何来。

公子看见了他下身的衣衫有血迹，介子推只好如实回答。

公子万分惊讶地看着他，眼泪夺眶而出。

后来，晋公子成了晋文公，对当时陪他流亡的人进行了封赏。晋文公刚开始忘了介子推，而介子推自己也没来邀功，晋文公很是后悔，就派人去请他。

可是，介子推最鄙视那些争功讨赏的人。他打好行装，同母亲悄悄地到绵山隐居去了。

人活在世界上，无论贫穷富贵，还是穷达逆顺，都免不了与名利打交道。在这个过程中，有的人为追逐名利孜孜不倦，而有的人淡泊名利，带有一颗平常心。故事中的介子推就是这样，对国家的奉献是不求回报的，对追功逐利的行为是鄙弃的。可以说，他是一个淡泊名利的人。

威廉·詹姆斯曾说过："我们每个人在内心深处都觉得，对于生命持一种无忧无虑的淡泊态度，将抵偿他自身的一切缺点！"

的确，淡泊不仅是一种生活态度，也是让人生登上最高塔的推手。居里夫人就是一个站在名利场上却淡泊名利的人。

居里夫人一生获得各种奖金 10 次，各种奖章 16 枚，各种名誉头衔 107 个。但她对自己的成功却完全不在意。

一天，一位朋友来她家做客，忽然看见她的小女儿正在玩英国皇家学会刚刚颁发给她的金质奖章，于是惊讶地说："天啊！居里夫人，得到一枚英国皇家学会的奖章，那可是极高的荣誉，你怎么能给孩子玩呢？"

居里夫人淡淡地笑了笑，说："我是想让孩子从小就知道，荣誉就像玩具，只能玩玩而已，绝不能看得太重，否则就将一事无成。"

居里夫人的这句话不仅是对朋友说的，对女儿说的，也是对后人说的。如果我们把荣誉、名利看得太重要，它可能并不会青睐我们。如果我们能淡泊名利，凡事看得淡一点，那说不定还能"无心插柳柳成荫"呢！所以说，面对名利，我们应该保持一颗平常心，淡然处之。

莫在名誉里寻找安慰

我给现代年轻人一个忠告，这就是多念书，少信宣传。学问往上看，享受往下看。

——张中行

《红楼梦》中有一首《好了歌》："世人都晓神仙好，唯有功名忘不了；古今将相在何方？荒冢一堆草没了。世人都晓神仙好，只有金银忘不了；终朝只恨聚无多，及到多时眼闭了。"曹雪芹对人们追逐功名、金钱的刻画，可谓入木三分。

人活在世上，无论贫富贵贱、穷达逆顺，都免不了要和名与利打交道。以前，绝大多数人看名誉淡如水，视事业重如山。而现在，有些人则对个人名誉看得过重了。

过重的名誉思想给人带来无穷的烦恼。树立正确的名誉观，对我们每一个人都是十分必要的。

在如何正确对待名誉问题上，有些人也能意识到应该把名誉看得淡一些，可一旦到了调职升职、立功入党、职级考评的时候，往往是"看得破，忍不过；想得到，做不到"。于是，忍不住还要去争一争，心里总觉得不平衡。

那么，怎样才能解决这个问题呢？

首先，要做到信仰至上。人生总会有所追求，一个人如果心中没有远大的目标，势必会看重眼前的名誉。要淡泊名和利，无私奉献，总要有让人肯为之奉献、为之牺牲的东西。

其次，要做到不攀比。要记住，做好自己就好，因为人外有人，如果硬要一个个去比，比不完，也比不过。一山还有一山高。

有一个好的名声固然重要，但也不要为了留名而留名，违反初衷的事情是会适得其反的。

面对名誉，宠辱不惊是一种高境界。

唐太宗时期，有个叫卢承庆的人，为官清廉，做事认真，讲求实际。他当时是考工员外郎，这是隶属于吏部的官职，主要负责考察官员。当时，考察官员有级别标准，先大体分成上中下，然后每一级再分成上中下，比如：最好的是上上，差一点的是上中，以及中中、中下、下下之类。

有一次，卢承庆考核一个兼督运粮的官员。

这个人在运粮食的过程中，由于翻船把不少粮食掉进了河。因此，卢承庆只给他定了一个中下，并告诉他："没给你弄个下下就是照顾你的面子了。你把船都弄翻了，国家的粮食损失了那么多，所以只能给你中下这么一个评价。"

可是，这个运粮官得到中下的评语，一点也没生气着急，反而谈笑自若，该怎么着就怎么着。

卢承庆觉得，我给他这么低的一个评价，他都没生气，说明他认识到了自己的错误，这人还行。从这点上来讲，这个人有认错表现，有责任心，改个中中吧。

改成中中后，这个运粮官也没因此而高兴。卢承庆心想这个人真绝，"宠辱不惊"，无论怎样，他都能坦然面对。

他又调查到，那次船翻了，不是他管理不善造成的，而是因为突然遇到刮大风，把粮船给吹翻了。总之，不是人为的原因。卢承庆一想：我给他中中看来也不合适。又改成了中上。这个运粮官还是没有因此而特别高兴。

从那以后，卢承庆对他印象就变得好了，之后在吏部考核的时候，就提拔了他。

莫强求，莫担忧。清者自清，是金子，总会发光的。人生在世，很多时候宠辱得失并非为自己所能轻易控制的，要做到宠辱不惊，需要有看淡世事的胸怀。

《庄子·田子方》中有这样一个故事：

肩吾问孙叔敖："三次出任令尹却不显出荣耀，你三次被罢官也没有露出忧愁的神色，起初我确实不敢相信，如今看见你容颜是那么欢畅自适，你的心里究竟是怎样的呢？"

孙叔敖说："我哪里有什么过人之处啊！我认为官职爵禄的到来不必去推却，它们的离去也不可以去阻止，我认为得与失都不是出自我自身，因而没有忧愁的神色，况且我不知道这官爵是落在他人身上呢，还是落在我身上。落在他人身上呢，那就与我无关；落在我的身上，那就与他人无关，我正心安理得悠闲自在，我正踌躇满志四处张望，哪里有闲暇去顾及人的尊贵与卑贱啊！"

由此，我们可以看到孙叔敖心性之宽阔、豁达，这正是人生的高深修养和极大智慧。要知道，一个人得奖了，受表彰获得称赞是美丽的，为之高兴是自然的事情。但美丽总会过去，鲜花开得再艳丽总会有枯萎的时候。

对于这一点，我们一定要很理智、很清醒。生活之中真正值得骄傲的不应该只属于过去，只属于现在，更属于未来！

拥有一个好的名誉固然值得欣慰，受到鼓舞。可是，这个名誉是暂时的，不是一辈子的，就算值得骄傲和自豪也只能是暂时的，它不能也不应该成为自己炫耀的资本，而应该要成为我们的一个新的起点、一种新的动力！

智者不轻易为外物动心

假使做事要面面顾到，那就什么事都不能做了。

——鲁　迅

一个不轻易为外界事物动心的人，懂得如何处理自己与外界的关系——他不会为钱财而抛弃自己的人格，出卖自己的朋友；不会为个人的私情而置功德大爱于不顾，自私自利不讲情面；不会为虚荣的名声而颠覆自己的价值观念，被金钱、权利所诱惑；不会被别人的权势和暴力吓倒，将自己的正义感和公平观念弃之一旁而不顾。

真正不动心的人，懂得自己应该坚持什么，懂得外界的金钱、权利、名声、爱欲都是虚无的，就像六祖惠能那样，时刻保持一颗清净的心，才能够不被俗世凡尘遮蔽眼睛。

佛教禅宗第五代祖师弘忍大师是有名的得道高僧，他在湖北的黄梅开坛讲学的时候，手下就已经汇集了弟子五百余人，香火称得上十分旺盛。然而，随着年纪的增长，找一个有慧根的弟子来继承衣钵就成为一个刻不容缓的事情，弘忍大师很是心焦，因为他并不知道哪个弟子参透了佛法，开了慧根，目前也没有看出这个苗头。

在弘忍大师的五百余名弟子中，要数他的大弟子神秀和尚最有灵性，佛法参得最透，是大家公认的禅宗衣钵的继承者。神秀也想继承，但是为了不让别人觉得他有私心杂念，心里想着功名利禄，于是半夜起来，悄悄地将自己对佛法的感悟作成一首偈子，刻在寺院的墙上。他是这样写的："身是菩提树，心为明镜台。时时勤拂拭，勿使惹尘埃。"意在强调修行的作用。

第二天，众僧看见了偈子，都知道是神秀作的，在弘忍大师的面前就故意夸偈子作得好。而弘忍大师却不满意，他认为神秀还没有完全参透佛法的奥义。

没过几天，厨房里烧火做饭的火头僧惠能听见了大家的议论，听了他们的解释后，惠能觉得写偈子的人还没有完全明白佛法的奥义，就想自己作一个偈子，刻在那个偈子的旁边，以正视听。由于惠能没读过书，不识字，所以他只好央求别人帮助他刻在墙上，偈子的内容是这样的："菩提本无树，明镜亦非台，本来无一物，何处惹尘埃。"

弘忍大师看到这个偈子后，心里很是宽慰，他知道自己的衣钵可以传承下去了。当夜，他就把惠能喊到禅房里，给他讲解了《金刚经》，并传了衣钵。

其实，惠能的偈子禅意就是讲：世界本来就是万物皆空的，如果真的看穿了世界，没有什么能逃得开一个"空"字，心本来就是空的话，任何事物从心而过，不留痕迹，就无所谓抗拒诱惑，无所谓克制自己了。

惠能的境界比神秀高了一层，所以弘忍大师将衣钵传给了他。

的确，不动心的人就应该做到以"达观"的心态看世界。这不仅是一种境界，更是一种修行，要做到"不动心"并非一朝一夕就能完成，就像一座大厦，只有为自己建立一个稳固的根基，才有摩天的恢宏。

但有人就说了：那不过是一个故事！现如今，我们在物质和技术的巨大变革中应接不暇，各种诱惑有如洪水猛兽般袭击着我们的生活模式、价值观念、行为方式。面对这些诱惑，除了"不动心"就没有别的方法了吗？

确切地说：没有！

只有做到不动心，才能够让我们"肉体无痛苦，心灵无纷扰"；只有做到不动心，才能够不被生活的苦难吓倒，才能够排除万难，追求我们的理想，过上我们想要的生活；只有做到不动心，才能在纷乱的世界中清心寡欲，体会生命的本质；只有不动心，我们才不会心浮气躁，怒不可遏。

珍惜自己的名誉，看淡自己的利益

我的经验是：毁或无妨，誉倒可怕，有时候是极其"汲汲乎殆哉"的。

——鲁　迅

俗话说"雁过留声，人过留名"。如果一个人想要成功，就要更加重视名誉，它的重要性是远在利益之上的，甚至超过生命的重要性。一个人如果拥有好的名誉，不仅可以得到他人的尊敬和欢迎，还能得到别人的信任和重托。同时，好的名誉不仅可以提升自己的威信，还可以抬高自己的形象。好的名誉可以使一个人得到更多机会，获得更多的支持，这样在拼搏的路上就能得到贵人相助，大大增加了成功的可能性。

莎士比亚曾说："每一个人都重视自己的生命，但是勇者珍惜名誉甚于生命。"名誉的意义是很多人都懂得的。但是在这浮华的世界中，人们是很容易被利益所诱惑的，当欲望控制了我们的思想，那么名誉的概念就不复存在了，最终就会因为追求利益而名誉扫地。

历史上有很多珍惜名誉的仁人志士，他们注重个人修养，有崇高的道德追求，有高尚的操守意识。在各种利益的诱惑下，他们毫不犹豫地选择了珍惜名誉，恪守情操，实在让人佩服。纵然我们只是普通人，我们也应坚持做人的原则，拒绝同流合污，拒绝各种诱惑，时刻保持着一颗洁净之心，珍惜我们的名誉。

包拯是历史上最有名的清官。他从青少年时代起，就开始立志要为国家出力，"竭忠死义"。

包拯仕途的起点是知县，后历任知府、转运使等地方行政长官；担任过监察御史等监察大臣、三司户部副史等掌理国家财政的高级官员、都部署等军事要职；当过外交使节出使辽邦；最有名的是做过天章阁待制、龙图阁直学士，所以后人称他为包待制、包龙图、包学士。

包拯在开封任知府虽仅一年多的时间，但死后，开封百姓却在开封府署旁边建了一座包公祠，以纪念和供奉他。

包拯一生清廉简朴，从不讲究排场，即使做了大官，穿着仍与布衣时一样；对贪污深恶痛绝，在给仁宗的奏疏《乞不用赃吏》中说："廉者，民之表也；贪者，民之贼也。"他一生严于律己，身体力行。他在端州任知州，整顿吏治，打击贪污，深受百姓欢迎，离任时当地精制一好砚相送，他都婉言谢绝，"不持一砚归"。

包拯一生铁面无私，不避权贵，执法如山。对皇亲国戚、宦官权贵的不法行为，一律极力主张绳之以法。大力平反冤狱，是包拯生前与死后深为百姓所赞扬和称颂的主要内容。

包拯在当时和后世都享有盛名，特别是在死后，作为清官的典型形象，被不同体裁的文艺作品大肆渲染，使之带有神奇色彩。随着国际上文化交流的进展，包拯这个历史人物和艺术形象还赢得了世界的声誉。虽然史料中包拯的形象与艺术作品中的形象相差悬殊，但包拯的一生，既能得到封建最高统治者的赏识，也受到处于水深火热中的下层人民的拥护和爱戴，作为清官的榜样确实是非常典型的。

古人为官清廉，现在社会中的领导干部应该学习古人，为人民大众造福，在工作中，要志存高远，清正廉洁，又要勤奋敬业，身体力行，真正为民办实事、解难事、做好事。还要在求真务实中创造业绩，以心无旁骛的执着精神，一切以地方发展为上，以人民利益为重，始终保持积极进取、奋发有为的工作状态，用心干事，专心谋事，和谐共事，为崛起建功，为百姓造福，创造更多经得起实践检验的政绩。

《墨子·修身》说过："名不徒生，而誉不自长，功成名遂。名誉不可虚假，反之身者也。"在社会中生活的人们，要非常看重自己的名誉，把名誉看成是"人的第二生命"。而要想获得好的名声，就要增强道德修养，自觉不做有损自己名誉的事情。

名誉的裁定是一把寒光逼人的双刃剑，好的一面可以让美德濡养四方，让丑恶聚焦于众，坏的一面可以让名誉被错位或颠倒了，往往会让好人痛心，坏人得意，君子皱眉，小人欢心。一个人要想有好的名誉，就要从小做起，从现在做起，珍惜来之不易的名誉，生活中时时检点自己的言行，让自己的名誉之树长青。

总之，一个人活在世上，要堂堂正正。不求名誉有多大，但愿名誉莫玷污，因为盛衰荣辱、宦海沉浮、明星闪隐都在转眼之间，而真正的名誉则是心灵之美。

无欲则刚，功名利禄过眼忘

到了今天名利对我都没有什么用处了，我之所以仍然怕，是出于惯性，其他冠冕堂皇的话，我说不出。爬格子不知老已至，名利于我如浮云，或可道出我现在的心情。

——季羡林

心无欲，则生命自然显出一种刚性，才有了"壁立千仞"的峻拔，才有了"无欲则刚"的傲岸。所谓："海纳百川，有容乃大；壁立千仞，无欲则刚。"

意思是说：大海可以容纳千百条河流，因为它有这样广阔的胸怀；悬崖绝壁能够直立千丈，是因为它没有过分的欲望，不向其他地方倾倒。这告诉人们要心胸宽广才能变得伟大，要放弃无谓的享乐欲，修身养性。

在现实生活中，人们常常会喜爱和拥戴一种人，他们没有过多的私欲，性格淡然宽厚，有着高峻洁清、不染尘泥的品格，还以宽广的胸怀接纳别人，帮扶别人。从他们身上可以看到一种清心寡欲的生活态度，一种淡然的品质。他们已经达到"无欲"的境界。

所谓无欲，是抛弃那些恶欲，放下对金钱的欲望、对权势的欲望，坚持对目标的追求。当然，人不可能没有一点欲求，适当的欲求是可以的，因为它可以使人产生前进的动力，从而实现人生的目标。

但很多时候，在追求利益的过程中人们往往会触动欲望，最终把追求功名利禄当成满足欲望的一种方式。一旦如此，便会被欲望所俘虏，陷入欲望的深渊，自身的素质也就荡然无存。所以，要想提高自身素质，就要控制欲望，使自己的头脑保持清醒，掌控自我，这样才能成为高品质、高素质的人。

文学泰斗钱锺书先生，他学贯中西，一生不为名利所诱惑，他不仅仅是文学作品受人尊敬，带给大家喜悦，终生淡泊名利的人品更是受人敬仰。在有生之年，所有媒体的名人要采访他，他都谢绝了。就连中央电视台想攻破他的防线，都以失败告终，最后只能遗憾地告诉全国观众："我们最终没能在荧幕上看到钱老先生，因为钱锺书先生坚决不接受采访，我们只能尊重他的意见，但钱老的品质还是很值得大家去学习的。"

20世纪80年代，钱锺书还拒绝了在美国著名的普林斯顿大学讲学的工作机会，即使报酬再高他也丝毫不为所动。巴黎《世界报》上曾有人说过："中国有资格荣膺诺贝尔文学奖的，非钱锺书莫属。"但钱锺书并没有接受这个评价，反而在《光明日报》上发表文章，质疑诺贝尔文学奖的公正性。

钱锺书的著名小说《围城》发表以后，轰动国内外。文学界和新闻界有很多人想一睹他的风采，他都婉言拒绝了。

有一次，一位很有成就的英国女士专程来到中国拜访钱先生。经过钱锺书的再三婉拒仍然没有改变她的意愿，最后钱锺书在电话中幽默地对她说："如果你吃了个鸡蛋，觉得它的味道不错，何必一定要认识那只下蛋的母鸡呢？"

最终女士十分遗憾地回国了，虽然她没见到钱老先生，但她对钱先生的敬仰更加强烈了。

钱锺书一生都在追求精神的满足，增加文化修养，丝毫不在乎功名利禄。他的一生从不为功名利禄所动，还主动放弃了很多成名得利的机会。正是如此，他才能拥有如此丰富多彩和饱含智慧的人生。

唐朝著名诗人宋之问有一个外甥，叫刘希夷。他很有才华。某天，刘希夷写了一首《代悲白头吟》，请宋之问指点。当刘希夷诵到"古人无复洛阳东，今人还对落花风。年年岁岁花相似，岁岁年年人不同"时，宋之问禁不住称赞，忙问此诗可曾让他人看过，刘希夷告诉他未曾给他人看。

于是，宋之问说道："你这诗中'年年岁岁花相似，岁岁年年人不同'二句，着实令人喜爱，若他人不曾看过，让与我吧。"刘希夷说："此二句乃我诗中之眼，若去之，全诗无味，万万不可。"

晚上，宋之问睡不着觉，翻来覆去只是念这两句诗，想着此诗将是千古绝唱，名扬天下，要占为己有。于是宋之问起了歹意，命手下人将刘希夷害死。后来，宋之问获罪，先被流放到钦州，又被皇上勒令自杀，刘禹锡讲："宋之问该死，这是天之报应。"

中世纪时的意大利有一个叫塔尔塔利亚的数学家，在国内的数学擂台赛上享有"不可战胜者"的盛誉，他苦心研究找到了三次方程式的新解法。这时，有个叫卡尔达诺的人找到了他，声称自己有千万项发明，只有三次方程式对他是不解之谜，十分痛苦。善良的塔尔塔利亚顿生同情之心，把自己的新发现告诉了他。不料卡尔达诺却以自己的名义发表了一篇论文，阐述了三次方程式的新解法，抢占了成果。他的做法虽然在一段时期里瞒骗了人们，但真相终究还是大白于天下。

宋之问、卡尔达诺等也并非无能之辈，他们本身也是有建树的人。

就宋之问来说，纵不夺刘希夷之诗，也已然名扬天下。糟糕的是，人的欲望不满！俗话说，钱迷心窍，岂不知出名之事也能迷住心窍。一旦被迷，就令那些"聪明人"变得糊里糊涂，使原来还很清高的文化人变得既不"清"也不"高"，做出连普通人都不齿的肮脏事情，从而臭名昭著。

其实，功名利禄本就是浮光掠影，忙忙碌碌的世人总要历尽沧桑，才能参透拥有豁达人生的百般滋味。

所谓功名利禄，都不过是生不带来死不带去的身外之物。古人早有仙气四溢的顿悟诗，可谓一针见血："昨日东周今日秦，咸阳烟火洛阳尘。百年蚁穴蜂衙里，笑煞昆仑顶上人。"遗憾的是，现实社会中的名利和地位也常常被视为衡量一个人成功与否的标准。要知道，一切名利其实都是过眼云烟，终将会逝去。人生最重要的是，看淡一切，放松心情，尽情享受眼下美好的生活。

人生在世，名利都是身外之物，遇事一定要拿得起，放得下，想得开，不计较；与人能宽容对待，平等相待。有时，牺牲一点，会收获更多。在这物欲横流的社会里，很多人都感到活得很累。"名利"二字扭曲了多少人的灵魂，忙煞了多少人的身体，使人沦为名利之奴隶。或许我们做不到无欲，但可以让欲望少一些，再少一些，放下过多的欲望，保持合理的追求，以无功利之心追求梦想的实现。

生命很美丽，但也很短暂，为何我们不活得潇潇洒洒，去享受生命之美呢？我们根本不必刻意去追求功名利禄，位高不自傲，位低不自卑，淡泊名利，宁静致远，尽享淡泊宁静之生活，品味生活之美好，享受生活之快乐。

第二十课

知足常乐，人生没有完美和满分

知足者富，不知足者进取。我们在不停创造财富的同时，是不是也要适当地为快乐而活呢？每个人都在想，我要不停地为财富的积累而努力，财富是我们人生积累的目标。有多少人会想，我们要努力地去积累快乐，而财富只是饱餐果腹的工具？人生天地之间，若白驹过隙，忽然而已。知足是一种智慧，常乐是一种境界！

知足者常乐，满足自己所拥有的

一位现代中国大学教授说过一句诙谐语："老婆别人的好，文章自己的好。"在这种意义上说来，世间没有一个人会感到绝对的满足的。大家都想做另一个人，只要这另一个人不是他现在的现在。

——林语堂

知足常乐，这四个字几乎每个人都知道，很简单的四个字，却有很多人做不到。而不明白这四个字的，往往是那些不满足，看不到自己拥有的东西的人。其实，每个人都有属于自己的东西，也有不属于自己的，能满足就会开心。那些因得不到本来不属于自己的东西而闷闷不乐的人，无疑是愚蠢的！

有人会把知足常乐当作是安于现状、不思进取，但事实上，知足常乐是一种看待事物发展的心情。老子在《道德经》中写道："祸莫大于不知足，咎莫大于欲得，故知足之足，恒足矣。"这句话的意思就是要知足常乐。

知足常乐，知前乐后，同样也是透析自我，定位自我，放松自我，这样一来就可以清晰地认清自我，而不至于好高骛远，迷失方向，让自己心有余而力不足，弄得心力交瘁。

下面有一个不知足的故事：

春秋末年，烽火四起，各方诸侯征战不断。

晋国有一个叫智伯的，他野心勃勃，总是处心积虑地想拓展势力范围，终日考虑如何才能把其他诸侯打败，并想把他们的土地抢过来。

有一天，智伯的军师向他提出建议，说："现在正值深秋，各方势力都在忙着秋收，正是出兵的大好时机，不如趁现在将各方诸侯一网打尽，自己统一晋国。"

智伯听了，觉得非常有道理，于是，他就点齐兵马准备攻打当时最弱小的一个诸侯西蕴。

西蕴听说后非常惊慌，他不但实力不如智伯，而且加上现在正值秋收时节，如果把兵马调去战场，后方补给不足，不用说战败后果会很严重，就算战胜，因为错过秋收，这个冬天也很难熬过去。

此时，智伯已经兵临城下，西蕴也没有办法，只好迎战。战果不出所料，智伯大获全胜，将西蕴的土地全部占领。

这时候，智伯应该休养生息以壮大自己的实力，但已经体会到胜利的他却贪得无厌，不顾众将领反对，执意继续扩张自己的实力。

现在已经是冬天，本来已经粮草不济的晋国，如果再次挑起战事，粮草就会很难跟上，但是智伯却不管这些，依旧起兵，打算吞并赵襄子。

赵襄子同样不敌智伯，被围困在晋阳城。无奈之下，赵襄子派出使者，向韩康子和魏桓子求救。

韩康子和魏桓子得知这个消息，经过认真分析，明白了智伯人心不足蛇吞象，知道他一旦攻下晋阳城，下一个遭殃的就是自己。于是，便出兵增援赵襄子。

晋阳城下，智伯将赵襄子团团围住，本来以为破城只是迟早的事，到时候不但可以得到他的土地，还可以在城内补给粮草，甚至可以顺势进攻其他诸侯。

就在这时，探子来报，说后方出现大队人马，像是赵襄子的援兵，智伯不明白，为什么会有人愿意冒着这么大风险来帮助赵襄子。

战鼓再次响起，赵襄子出城迎战，韩康子和魏桓子在后方攻击，纵使智伯雄才伟略、实力雄厚也无法抵挡三方诸侯的夹击，最后兵败晋阳城下。

直到最后一刻，智伯才明白，原来正是自己的不知足害了自己！如果他攻下西蕴之后休养生息，来年再进攻其他诸侯，说不定就可以打败他们，从而一举统一晋国。但事到如今，只能后悔了。

这个故事就是贪得无厌的由来。故事中的智伯就是因为不知足、贪心过重，到最后引起众怒，兵败晋阳城。如果他没有那么重的贪心，守着自己的土地，以他的实力是没有人敢轻易主动挑起战事的。他原本可以安稳度过一生，却落得一个兵败丧命的结果。

当然，我们所说的知足常乐，并不是要我们在成绩簿上睡大觉，沾沾自喜，盲目地乐观，矫揉造作，狂放不羁；而是要学会运用辩证唯物主义的观点去分析问题，享受暂时的成功，乐于进取，继而乐于开拓，并且为取得更大的成功鼓足信心。

学会知足常乐，也不是要我们停步不前，而是要我们努力地向自己的目标奋斗，要用知足常乐的心理来面对自己取得的每一次进步。只要我们获得了一点点进步，那么就应该为之感到高兴，接着继续努力，直到达到目标为止。真正可以做到知足常乐的人并不多，他们的人生会更加从容，更加达观。知足常乐会让我们得到快乐，也可以让我们少一份忧愁，多一份愉悦。

因此，懂得知足，我们的生活质量才会有所提高；懂得知足，我们的眼界才会更高远；懂得知足，我们的心境才会更广阔；懂得知足，我们才会更快乐。

知足者，富也

这一本小书是用血换来的，是和着泪写成的。我能够活着把它写出来，是我毕生最大的幸福，是我留给后代的最佳礼品。愿它带着我的祝福走向人间吧。它带去的不是仇恨和报复，而是一面镜子，从中可以照见恶和善、丑和美，照见绝望和希望。

——季羡林

就像台湾漫画家蔡志忠所说的那样："如果拿橘子来比喻人生，一种橘子大而酸，一种橘子小而甜，一些人拿到大的就会抱怨酸，拿到甜的又会抱怨小，而我拿到了小橘子会庆幸它是甜的，拿到酸橘子会感谢它是大的"。

所谓"广厦千间，夜眠不过七尺；珍馐百味，日食只需三餐"。一个人无论是贫穷还是富有，高贵还是卑贱，到头来都是青冢一座。所以说，物质上的富有，不如精神上的富有，不如心态上的知足。

一说到这里，或许有人会讥讽或是不屑一顾，的确，在这个物质丰富、竞争激烈的年代，"知足"似乎已经从人们的字典里消失了。可是我们想想，在古代，没有电脑，没有手机，没有汽车，没有洋房和别墅，人们的日子还是那么恬静舒适，还出了那么多的闲云野鹤般的人物，走走停停，写诗画画，过着悠闲的田园生活。而现在，高楼林立，交通方便，人人抱着电脑、平板、手机，玩游戏那叫一个不亦乐乎！可与此同时，他们还经常在网络上发一些"无聊""空虚""活着没意思"之类的言语；富有的人千金一掷，在郊区乡村买小院儿，只为寻得一时的闲暇和快乐；一些年轻人痴迷于旅行、徒步，为的是寻找"心灵的一片净土"……

可见，丰富的物质和高科技，并没有让人们更快乐，生活更舒适。此时，有人就问了：我们一直追求幸福，那到底什么是幸福？我们追求富有，那什么才算是真正的富有呢？

明朝有个学者，叫胡九韶，由于家境贫寒，不得不在农闲时去做一些教书识字的工作，以贴补家用。即使是这样的辛劳也只能换来家人的勉强糊口，还算不上如今的小康水平。

然而每天太阳落山以后，胡九韶结束一天的劳累后，都要在门口摆上香炉，向天地拜谢，感谢上天赐给他又一天的幸福。妻子见到这个情景，苦笑着说："我们每天吃的青菜和稀粥，哪里来的幸福？"

胡九韶认真地说："我很庆幸我们全家人都能有饭吃，有衣穿，不至于挨饿受冻；我更庆幸家里没有人生病，也没有人犯罪入狱。我也庆幸生在了太平盛世，没有战争兵祸。这样的好日子，不是幸福是什么呢？"

胡九韶的心境是平和的，胡九韶的态度是知足的，因此，我们可以说，他是幸福的。他的幸福与锦衣玉食没有半点儿关系，而是来自于内心的知足，正因为如此，他的幸福才能长久。不去贪慕物质的纷繁，反而过得更滋润，更潇洒。

"心存感恩，知足惜福"，这才是一种健康的、自足的、幸福的心态。

知足是一种平和的境界，是对现有收获的充分珍惜，对目前成果的充分享受，也是对现有潜力的充分发掘。只有让自己的心底永存感恩之情，才能懂得知足，才能领略到人生的美好；只有肯定目前的状态，并保持精神上的愉快和情绪上的安定，才能超越物质的束缚，体验人生的真谛。

徐渭是明代著名的才子，他的诗画可谓是一绝，举国皆知。然而，他除了在县衙做过几年的幕后工作外，再没有任何仕途上的经历。因此，他的生活是很潦倒的，甚至一度缺衣少食，"忍饥月下独徘徊"。

不过，徐渭却没有在意过自己的处境，而是非常乐观。面对自己简陋的茅屋，他自嘲地说"风在财主家过夏，在我家过冬"，实在冷得熬不过了，他就出去"暖脚"，也就是迎着风疾走，直走得浑身冒汗；夏天屋子里同样非常闷热，他就干脆在烈日下暴晒，再回到屋子里，顿时感到清凉不少。

徐渭厌倦官场中尔虞我诈，互相倾轧，他也看不上权贵之间的阴谋诡计，口蜜腹剑。他甚至不愿卖画给当政官僚，他不想让这些丑恶的嘴脸玷污了自己的心灵。

他曾经在金陵、宣辽、北京一带游历，又在居庸关以外的宣化府等地云游四方。从这个意义上讲，他自称"一个南腔北调人"也是实情。徐渭穷困潦倒到这个地步，却能凭借着顽强的意志和安贫乐道，活到 73 岁的高龄，这在古代已经算是高寿了。

徐渭的学问对后辈的影响很大，当然了，影响最大的还是那贫而不丧志的高风亮节。清代以来著名的画家郑板桥和齐白石都十分佩服徐渭的才学，称自己连给徐渭做徒弟的资格都没有！

可见，徐渭对后世的影响之深。正是因为徐渭能够做到知足常乐，才能够在贫寒的生活环境中追求自己真正热爱的事业，最终实现自己的价值。

我们再来看看这个故事：

孔子的学生子夏，是一个内心困惑的学生，他非常刻苦，听从孔子的教诲，立志要做一个品格高尚的有志青年。读书的时候，每当读到描写圣人的情形，他就顿生对高山景行的仰慕之情。然而在实际的生活中，他看到公子哥们在享受荣华富贵，每天过着抛金撒银的生活，心里又羡慕又嫉妒。

于是，他的心里很矛盾，今天想着像圣人那样知足常乐，明天想着像花花公子一样挥金如土。这两个想法在他的心里打得难解难分，一度让他颜色憔悴，形容枯槁，身体消瘦不堪。

有一天，子夏去拜访自己的同窗曾子，曾子一见到他便惊讶地说："兄长啊，多日不见，你怎么突然间胖了许多！"

子夏有一搭没一搭地回答道："因为我战胜了自己了，没负担了！"曾子听了大惑不解，就问他到底原因在哪里。

子夏笑了笑说："以前不知道自己应该向圣人一样约束自己，还是像纨绔子弟一样放纵自己，心里很矛盾很焦虑，就把自己折磨瘦了。如今这想通了，圣贤的道德战胜了对享受的要求，卑劣的欲望也被崇高的淡泊之心镇压住了。不再羡慕别人的奢侈生活了，虽然生活清贫却很满足很快乐，心里很平静，如此一来怎么会不胖呢？"

相比物质上的享受和富有，精神上的享受和富有更富有！我们应该懂得知足，保持平和的心态，这样才能找到适合心理安慰与精神寄托。

包容不完美，才有完美的心境

每个人都争取一个完满人生。然而，自古至今，海内海外，一个百分百完满的人生是没有的。所以我说，不完满才是人生。

——季羡林

维纳斯之所以成为世人心中"美"的象征，就是因为她展示着一种缺陷美。同样的道理，人生的缺陷也是一种完美。再往深处说，人生的圆满境界不是追求完美，而是包容不完美。

汉宣帝时，丙吉担任丞相。

丙吉的车夫人品很好，平时喜欢喝酒，经常喝得醉醺醺的，但由于从来没有因为喝酒耽误驾车，丙吉也就随他去了，没有约束他。

有一次，丙吉外出，让这位车夫驾车。可没想到，这次车夫喝得实在太多了，车子刚走出不远，他就开始呕吐，把车上的座席也弄脏了。车夫见自己闯了祸，吓得面如土色，不敢吱声。

不过，丙吉也没有责怪他，说："你今天喝得太多了，把车赶回去吧。"

当相府主管知道这件事后，就狠狠训斥了车夫一顿，还想把他辞掉。但丙吉却说："他如果因喝醉酒被辞，这件事要是传出去，哪里还会收容他呢？依我看，他无非是弄脏了座席，算不上什么大罪，还是宽恕他，相信他会改正的。"

这件事后，车夫就心存感激，还痛下决心戒酒。

后来，这位车夫在外出的时候，看见驿站的骑手带着红色和白色两个布袋，那是边疆传来的紧急文书，车夫猜想，一定是边境出了什么紧急的事情。于是，车夫就到驿站打听消息，果不其然，敌人已经攻入国境了，当地的太守体弱多病，根本就不可能奋起御敌。知道了这些情况之后，车夫立刻告诉了丙吉。丙吉一听说边境有事，马上就对边境的官员进行了审查，了解到最新的信息。

正在这个时候，皇帝召见丞相和御史大夫，询问的正是边境的官员情况，御史大夫因为事先不知情，说起来自然是吞吞吐吐，而丙吉因为事先就有了准备，胸有成竹，结果当皇帝问到他时，他侃侃而谈，说得头头是道，并针对现有的情况提出了可行的救援办法。汉宣帝一看丙吉如此从容干练，非常高兴，不但采纳了丙吉的意见，还对他进行了褒奖。

退朝后，其他大臣对丙吉都十分钦佩，丙吉却感慨地说："不瞒诸位，今天是我的车夫事先打听到消息告诉了我，所以我才有所准备的。当初，他醉酒弄脏了我的座席，我宽容了他，他才会有今天的举动。所以说，每个人都各有所长，也各有所短，应当尽量容忍别人的过失，让他有改正的机会。"

丙吉不见得比御史大夫聪明多少，而是车夫帮了他的忙。正是因为丙吉对待车夫的宽厚，不因其醉酒误事而责罚他，还给了他改过自新的机会，这才使得车夫心存感激，时时想着报答他。

也正是因为他的包容不完美，才为日后种下了福根。丙吉的儿子丙显继承了父亲的爵位。丙显行为失措，曾经犯下大罪。朝廷看在丙吉的功劳上，没有追究丙显的罪行。丙家子孙都世代继承侯位，直到王莽篡汉时才绝。丙吉死后，西汉王朝因为敬重他的功劳，让其子孙世袭博阳侯，可谓福泽子孙数代。

这就是"爱出者爱返，福往者福来"的道理，丙吉看到的是人的不完美，车夫的一时之过并非不可原谅，他认为人是不完美的。因为他知道在过于追求完美的过程中，往往让人不但身心受到煎熬，甚至劳而无功，画虎不成反类犬，非但没把事情办好，反而越弄越糟糕。

吕蒙正刚入朝为官时，担任参知政事，进入朝堂时，有一位官吏在朝堂帘内指着吕蒙正说："这小子也来参政啊？"

吕蒙正装作没有听见走过去了。与他同行的人非常愤怒，下令追查那个人的官位和姓名，吕蒙正急忙制止他们。下朝以后，那些与吕蒙正同行的人仍然愤愤不平，后悔当时没有彻底追究。吕蒙正则说："如果知道那个人的姓名，就终生不能再忘记，因此还不如不知道那个人的姓名为好。不去追问那个人的姓名，又有什么损失呢？"

当时所有的人都佩服吕蒙正的肚量。

大臣中有收藏古镜的，自己说能照见两百里远的地方，想把镜子送给吕蒙正寻求升官。吕蒙正笑着说："我的脸只不过有碟子那么大，哪里用得着能照见两百里的镜子？"听见他这番话的人都惊叹佩服。从此，再也没有人敢去碰钉子了。

宽厚大度的吕蒙正深受帝王信任，真宗封禅，路过洛阳时，两次问他其子能否做宰相，他却说："诸子皆不足用，有侄吕夷简，真乃宰相器也！"

后来，吕夷简也当上了宰相，吕家一门在宋朝有五位宰相，可以说吕家是在宰相家了，而其一脉相承的便是吕蒙正的宽厚仁德。

吕蒙正和丙吉一样，不喜记人过，能够容纳别人的一时之过，容纳别人不完美的地方。他的后辈位居宰相，家族皆兴旺，这并不是偶然而是必然。

能够容纳别人的一时之过，容纳别人不完美的地方，这才是诀窍。要知道，人心是高山、海洋所不能比的，所谓"心如虚空"，就是放下固执，解除心中的框框，把心放空，让心柔软，这样我们才能包容万物、洞察世间，达到真正心中万有：有人有我、有事有物、有天有地、有是有非、有古有今，一切随心通达，运用自如。

有一次，宋太宗在北陪园饮酒，臣子孔守正和王荣喝得酩酊大醉，互相争吵不休，极为失礼。内侍就将二人抓起来治罪，太宗却派人把他们送回家。

第二天，二人酒醒之后，才想起昨夜的罪责，赶忙去宫中请罪。宋太宗笑着说道："昨夜，朕也喝醉了，不记得此事。"宋太宗他的大度、仁厚待人，励精图治，使其在位二十一年，宋朝江山得以稳固。

然而，慈禧太后却相反，一次，慈禧太后在与一大臣下棋时，对方无意中说了一句："我杀老佛爷的马。"

她就勃然大怒："你杀我的马，我杀你全家。"于是。这位大臣被满门抄斩，惨不忍睹。

宋太宗大度包容臣下，使得江山稳固。而慈禧太后却狭隘容不得别人一句笑谈，诛人全家，国人皆唾之。

这其中，无不是包容之心的作用。无论是宋太宗还是丙吉、吕蒙正，他们都怀揣一颗善心去看待世间万物，看待臣子属下，不因其小小的错失，而发怒惩罚。古往今来，大度、有容人之量是所有成功的人共同的特点。

当别人犯错时，我们需要以包容的心态来审视别人所犯的错误，诚恳接受别人的认错，能够谅解别人的无意过失。一个人的一生是漫长的，人生道路是曲折的、坎坷的，一不小心就会误入歧途。这时需要你用包容来感化他，引领他走向正确的道路。学会包容才能使他人在黑暗的深渊得到一缕阳光。

总之，一个人的心胸有多大，那么他的舞台就有多大；你能包容的有多少，你能拥有的就有多少。

从劳动中寻求快乐

我觉得人生求乐的方法，最好莫过于尊重劳动。一切乐境，都可由劳动得来，一切苦境，都可由劳动解脱。

——李大钊

世界著名画家达·芬奇曾经说过："劳动一日，可得一夜的长眠；勤劳一生，可得幸福的长眠。"劳动，是上天赋予我们的使命，也是上天赋予我们的权利，我们应该为拥有这样的权利而快乐。

而在生活中，总有一些人觉得劳动太辛苦，他们认为不劳动才是一件很幸福的事。下面有这样一则故事：

　　有一个农民日子过得十分郁闷，每天都会很早起床，到地里去干活，一直要到很晚很晚才回家，真可谓是"日出而作，日落而息"！

　　晚上，农民非常疲惫地躺在床上，望着窗外的天空，痛苦地想道："老天爷啊！我什么时候才能不过这样劳累的日子呢？这样的生活真的太不容易了！如果我每天可以不用干活，那该多好啊！"

　　每天，农民都会向着天空祈祷，希望神仙可以听到自己的愿望，并得以实现。有一天，活佛济公正好经过他的窗外，听到农民的祈祷，就敲响了农民家的门。

　　活佛济公说："如果你真的这么想，我会带你去一个地方，你可以住在里面什么都不用做！你完全可以过着衣食无忧的日子！"

　　农民非常高兴，马上对活佛济公说："我愿意！我十分愿意去那个不用干活的地方。"活佛济公看农民如此坚决，就摇了摇手中的扇子，口里念念有词。很快，农民的家就变成了金碧辉煌的大宅子，还有很多佣人。

　　济公告诉农民，以后所有的活都有这些佣人去做，他只要每天坐在那里就可以了，而且还可以享用到很多美味的食物。

　　说完，济公就摇着那把破扇子离开了。

　　农民非常高兴，那些佣人不用他吩咐就会拿来他最喜欢吃的东西，还主动把家里收拾干净，他一点活儿都不用做。

　　一开始，农民觉得这样的生活特别舒服，感到非常高兴。但是，没过多长时间，他开始觉得这样的生活无聊了，就想劳动。但是，他很快就扔掉了这样的想法，他想：我好不容易有这样轻松自在的生活，为什么要去劳动呢？

　　又过了一段时间之后，农民感到实在是无聊透了！他开始怀念起以前的生活来，那个时候他很累，但是却非常快乐。而现在，他得到了梦寐以求的生活，但怎么也开心不起来了。

时间如白驹过隙，一晃一年已经过去了。农民再也忍受不了这种生活了！他哭着对着菩萨的神像祈祷："老天爷啊，求求你让我回去吧！我再也不要过这种生活了，我好想像以前那样一边干农活，一边哼着小曲，那才是我最喜欢的人生，也是快乐的人生啊！"

这时候，济公出现在面前，笑着对他说道："现在你明白了吧！其实劳动也是一种快乐！"济公再次挥动扇子，农民的家又变回了原来的样子。

从此以后，农民开始非常快乐地享受劳动生活。

上面的故事告诉我们，劳动也是一种快乐，而并不是大多数人想的那样是我们的负担，让我们感到厌倦！所以，我们不应该讨厌劳动，而应该学会从劳动中寻找属于自己的真正的快乐。

一个人的一生，可以没有我们想象中的名望，也可以没有我们梦想中的职位，甚至可以没有足够我们挥霍的财富，但是我们唯一不可缺少的是劳动的乐趣。如果我们在劳动中只感到厌倦、疲惫与无聊，那么会觉得一生都无趣。

俄国著名的教育家乌申斯基曾经说过："如果你能成功地选择劳动，并把自己的全部精神灌注到它里面去，那么幸福本身就会找到你。"的确，如果我们把生命比作一艘船，那么劳动就是我们生命这艘大船上的帆；如果我们把生命比作一支歌，那么劳动就是我们生命这支歌的优美旋律。

我们的一生离不开劳动，劳动可以帮助我们实现自身价值，一些很简单的例子就可以说明这一点：农民劳动可以为大家种出粮食，工人劳动可以为大家制造出平时的日用必需品，警察劳动可以为大家提供一个安全的生活环境……

因此，劳动不但意味着付出，同时也孕育着收获，不但可以收获劳动成果，还可以收获一份来自灵魂深处的快乐，这样的快乐是其他方式无法实现的快乐。

那么，我们如何在辛苦的劳动中获得快乐呢？大家不妨借鉴以下方法。

首先，要用一颗感恩的心去劳动。在大多数时候，我们无法改变环境，但是我们却可以改变自己；我们无法改变事件，但可以改变心态。每次我们工作得筋疲力尽时，我们可以想想工作后取得成就，这样就会有一种成就感。这样，我们就有足够的动力去工作了。我们应该感谢我们还可以劳动，我们应该明白，我们的劳动会带给我们成就感和满足感。

其次，选择自己喜欢的工作。如果我们可以找到自己喜欢的工作，那么就可以从工作中享受到无穷的乐趣！如果我们对现在的工作不感兴趣，也没关系，我们可以培养兴趣，试着在劳动中找到自己舒适的方式。

再次，懂得有付出就会有回报的道理。虽然我们付出了辛勤的汗水，但是却可以收获丰硕的果实。没有什么比自己亲手劳动得到的果实更加香甜，也没有什么比亲手劳动得到的成就感更让我们快乐。

因此，我们千万不要拒绝劳动，而是应该用心地劳动，学会在劳动中体会到无穷的乐趣。一旦有了兴趣，在劳动中就可以得到快乐，劳动也就成了我们想要做的事了。

给自己找到快乐的理由

所用的培养方法应该能够引起内在快乐的活动：不是因为能够得外来奖励而快乐，而是因为它本身有益健康。

——梁宗岱

有人说："快乐是一天，不快乐也是一天，为什么我们不选择快乐呢?"简单的一句话，却道明了人生哲理。是啊! 同样的一天，我们为什么不选择快乐的呢? 这样看来，选择权就掌握在我们的手上了，选择什么，由自己来决定。

我们一起来看看这个故事，看看故事中的主人公是如何选择的:

在张三丰年老之后，他的身体经常出现一些小病痛。不过即便如此，张三丰每天都很快乐。他每天起床之后，都会先打一套拳锻炼身体，然后再喝一杯茶，再去吃早点，天天如此。

有一天，一心向善的富商邀请张三丰到府上住几天。张三丰同意了。接着，富商安排一个佣人带张三丰去看看为他准备的房间。佣人带着张三丰，一边走一边给他介绍，说靠窗的位置摆放了什么，靠门的地方摆放了什么，还有房内设施的颜色，等等。

张三丰一边听，一边微笑着点头，说:"嗯，嗯，很好，都是我喜欢的样子。"

佣人非常不理解，就问张三丰:"您还没有看见房间为什么就这么满意呢，还笑得这么开心。"

张三丰说:"为什么要看到房间才开心呢，反正房间已经在那里了，无论我是不是高兴，它都是那个样子，我为什么不开心呢? 我可不会傻到让一间房子里的摆设惹我不开心。"

佣人听了，感觉很有道理。

第二天，富商和张三丰一起用过早饭，就向他讨教。富商非常不理解，为什么张三丰走到哪里，无论遇见什么事，都会很开心地笑着。

张三丰微笑着回答道:"快乐是自己事先决定好的，在走到一个地方之前，你不知道那是一个什么地方，但是决定了要去，为什么不开心地去呢。同样，在我们遇见某件事情之前，我们虽然不知道会遇见什么事，但是事情发生了，我们是无法改变的，就算自己再不开心，也不能阻止已经发生了的事情，倒不如开开心心、高高兴兴地面对。"

喝了一口茶，张三丰接着说道："快不快乐，这是每天早晨醒来后就可以做的决定，安排好自己的快乐非常容易。其实，我们可以选择接受变化，并在种种变化中寻找最佳；我也可以选择担忧可能永远不会发生的'假如'。"

"比如，我可以整天在床上躺着，感觉我的身体哪些部分不太舒服，总是给我带来这样或那样的困难，这样我就会非常沮丧。但是我也可以从床上起来到处走动，对我的身体还有许多部位能工作而心怀感激。这样，我每一天都会给自己送一份礼物，只要我睁开眼睛，我就决定不去老想那些已经'发生在我身上'的事情，而是专注于我已使之发生的事情。"

听到这里，富商若有所思。

的确如此，快乐或不快乐，都是由自己来决定的。张三丰最后能那么长寿，这和他乐观的心态有着直接的关系。有人总结出了几条简单易行的快乐法则，那就是：心中不存憎恨，脑中不存担忧；生活简单；多点给予，少点期盼。

实际上，每个人都有自己的快乐，我们本身的快乐与否不是由别人来决定，而是由自己决定的。这就好比生活是一段旅程，在我们行走的过程中，会有美丽的鲜花绽放，也会有刺人的荆棘出现。有些人在这段旅途中踩到了荆棘，他们就会认为人生是苦的，终日郁郁寡欢；而有些人却在这段旅程中闻到了花儿的芬芳，他们就会觉得人生是甜的。

同样的道理，上天对每一个人都是公平的！不给我们出众的外表，就会给我们一个聪慧的头脑或幸福的家庭；不给我们优异的成绩，就会给我们一个特长或好性格；不给我们好的事业，就会给我们真挚的友谊……

因此，当我们处于困难中时，我们应该学会找到让自己快乐的理由，处涸辙以犹欢。只有这样，才会活出自己的精彩；相反，如果我们只看到痛苦的一面，不懂得给自己找一个快乐的理由，那我们的人生将会非常痛苦。与其这样，倒不如寻找一个理由，让自己绽放出最美的笑容，快乐随心。

计较是烦恼的开始

我一生写作以为是比较随意和顺性的，秉笔直书，怎样想就怎样写，写成了也不太计较个人得失和别人的毁誉。

——费孝通

台湾著名作家林清玄说过一句话："人要常有欢喜心，有虾摸虾，无虾洗裤，并常把福分给予别人。"在生活中，很多人摸到了虾，又惦记着鱼；摸到了鱼，又想着美人鱼；一边看着自己手里的东西，一边还要拿眼睛盯着别人。如果别人的虾比自己多，鱼比自己的大，就会开始计较。

追根究底，这都是我们在计较一个"所谓的平衡"，我们计较得，计较失；计较是，计较非；计较好，计较坏；计较有，计较无……慢慢地，我们就会变得唉声叹气、闷闷不乐。

有一个人幸运地获得了一颗硕大而美丽的珍珠，然而他并不感到满足，因为在那颗珍珠上面有一个小小的斑点。他想若是能够将这个小小的斑点剔除，那么它肯定会成为世界上最珍贵的宝物。

于是，他就下狠心削去了珍珠的表层，可是斑点还在；他又削去了一层……直到最后，那个斑点没有了，珍珠也不复存在了。这个人也开始闷闷不乐了……

我们平时斤斤计较于事情的对错、道理的多寡、感情的厚薄，在智者的眼里，这种认真必定是很可笑的。同样的道理，如果事事计较，反而是对自己的不宽恕。只有淡然地看待得失，才会心安理得，问心无愧，不会为扭曲而苦恼，也不会被包袱压得透不过气来。

我们不如宽容一点，学会不计较！不计较并不是懦弱、胆小的表现，而是一种宽容、一种智慧，更是一种责任。

计较是一切烦恼的根源！如果我们凡事都能不计较，那心情就会快乐很多，生活也会幸福很多。

小月初涉社会，找到了一个不错的工作，兼具挑战性和稳定性，有发展的潜力。她十分庆幸自己的好运，和同事混熟后，更觉得工作环境和人际关系都很不错。

一天，她和同事聊天，一位比她晚进公司的同事问她月薪多少，两人比较之下，她发现自己比同事的月薪少了 1000 元。

"那个同事比我晚进公司，工作能力又没我强，月薪竟然比我高！真是太过分了！"她生气地说。从此她上班也失去了原有的快乐心情。她有种被打败的感觉，就连原来因为尽全力达成目标时所带来的成就感和踏实感也弃之不顾。那 1000 元夺走了她的自尊、内心平静和自给自足的快乐。所有的事都没有改变，只因为她觉得自己比别人"少了一些"。

我们终日计较自己"够不够多"，而忽视自己内心真实需要的那份快乐。相反，如果我们解开了这个结，可能会过得更轻松、更自由。

有生活智慧的人，会有所不为，只计较对自己最重要的东西，并且知道什么年龄该计较什么，不该计较什么，有取有舍，收放自如。

漫漫人生路，想追求的东西实在太多。得失不过如此，想开了，看淡了，结果也就不那么重要了。有的人、有的事，无须太过执着，试着放手，人生将因此而不同。"世事如棋局，不执着才是高手；人生

似瓦盆，打破了方见真空。"人生没有完美，幸福没有满分，当执着成为负累，放手就是解脱。

10 岁时，应该不再计较家里给的零花钱多少，不和别人家孩子比穿名牌服装。少不更事，和人家比吃比穿，还情有可原，年纪到了一个"整数"，就该懂事了。

20 岁时，该不再计较自己的家庭出身，不再计较父母的职业。十几岁时，会和别的孩子比出身，比父母官大官小，恨不得都投生帝王之家，也是人之常情。但到了"弱冠"之年，尚无自立之志，出身贫贱而自卑，老觉得抬不起头来；出身豪富的还处处依靠父母，在家庭荫护下养尊处优，那就离纨绔子弟不远了，会一辈子都没出息。

30 岁时，已成家立业，为人父为人母，有了几年家庭生活的经验，丈夫该不再计较妻子的容貌，深知贤惠比美貌更重要，会过日子的媳妇比会打扮的媳妇更让人待见；老婆该不再计较老公的身高，明白能力比身高更有作用，没有谋生能力的老公，纵然长成丈二金刚，还不如卖烧饼的武大郎。

40 岁时，该不再计较别人的议论，谁爱说什么就说什么，自己想怎么过就怎么过。

50 岁时，该不再计较无处不在的不公平之事，不再计较别人的成功对自己的压力，不再觊觎他人的财富。半百之年，曾经沧海，阅人无数，见惯秋月春风，不再大惊小怪，历尽是非成败，不再愤愤不平。

60 岁时，如果经商，该不再计较利大利小，钱是挣不完的，再能花也是有限的，心态平和对自己身体有好处；如果从政，该不再计较官大官小，退了休，官大官小一个样，都成了退休老干部；如果舞文弄墨，当不再计较文名大小、文坛座次，毕竟"文无第一，武无第二"，只要心情愉悦，有感而发就行了。

70 岁时，人到古稀，该不再计较的东西更多，看淡的事情更广。年轻时争得你死我活的东西，现在只会淡然一笑，中年时费尽心机格外计较的东西，如今看来已无关紧要，一生多少事"都付笑谈中"。